JN427301

경영분석을 위한 고급통계학

실전사례와 응용

송두한 · 허 훈 · 이명호 공저

계축문화사

공저자 소개

• 송두한

송두한 박사는 미국 Temple대학교에서 경영학 석사, 금융경제학 박사 학위를 받았다. 2007년까지 미국 오하이오 주 소재의 Otterbein University에서 경영학부 조교수로 역임하였으며, 현재는 한국 외국어대학교 글로벌 경영학부 겸임교수로, 농협경제연구소 거시금융연구실장으로 재직하며 강의와 연구 활동을 병행하고 있다. 주요 연구활동으로는 Journal of Finance Issues에 게재된 논문을 비롯해 금융경제와 계량경영 부문과 관련된 다수의 학술 논문을 발표한 바 있다. 특히, 송두한 박사는 2008년 글로벌 금융위기와 국내 파급효과를 가장 먼저 예측하고 대응 방안을 제시한 금융경제학자로 널리 알려져 있다.

• 허 훈

허 훈 박사는 한국외국어대학교에서 경영학 석사, 박사 학위를 받았다. 2006년부터 IBK경제연구소 책임연구원을 거쳐, 농협경제연구소 연구위원을 역임하였으며, 현재는 백석예술대학교 경영행정학부 조교수로 재직하며 강의와 연구 활동을 수행하고 있다. 주요 연구 활동으로는 고객만족과 고객가치 전략과 시스템 다이내믹스 방법론을 활용한 소비자행동 연구 등 다수의 학술 논문을 발표 한 바 있다.

• 이명호

이명호 박사는 서울대학교 공과대학을 거쳐 미국 Kansas State University에서 산업공학 석사, Georgia Institute of Technology에서 산업공학 박사를 받았다. 미국 University of Massachusetts에서 경영과학과 조교수, 영국 Manchester Business School에서 객원교수, 영국 University of Bradford Management Centre에서 초빙연구원을 역임하였다. 현재는 한국외국어대학교 글로벌경영학과 교수로 재직하고 있다. 주요 저서로는 현대품질경영, 경영과학개론, 통계학개론, 경쟁우위확보를 위한 생산관리 등 다수가 있다.

머 리 말

아무리 잘 만들어진 교재도 학생들을 가르치다보면 여러 가지 점에서 한계가 있다는 것을 알게 된다. 특히, 경영통계학을 가르치다 보면, 수준이 올라갈수록 내용이 어려워 접근성이 떨어지고, 재미가 없어 자기주도형 학습에 애로가 있고, 개념보다는 기술적 측면에 치우치는 경향이 있다는 학생들의 평가가 주를 이룬다. 「경영분석을 위한 고급통계학」도 이러한 한계에서 자유로울 수 없다는 점을 인식하면서 책을 집필하기에 앞서 몇 가지 경영 이슈에 대하여 스스로 질문을 던져 보았다.

과거 개발경제 시대에 고도성장을 이룰 수 있었던 기업들이 지금의 경영환경에 노출된다면 어떤 결과를 얻을 수 있을까? 성공 여부에 대해 논박이 있을 수 있으나, 분명한 것은 기업을 둘러싼 경영환경이 변함에 따라 사업에 대한 불확실성이 크게 확대될 수 있다는 점이다. 주관적인 경험이나 직관적인 의사결정에 의존하기 보다는 분석적인 접근을 통해 사업 계획을 세워야 할 필요성이 커졌다는 것을 의미한다. 즉, 통계적 접근을 거친 최선의 선택이 사업 성공의 실마리를 제공할 가능성이 높아지고 있는 현실이다. 기업이 시장조사를 통해 수요를 정확하게 예측하고 이를 생산활동에 반영하기 위해서는 사전적으로 시장조사를 수행하고 사후적으로 결과를 활용할 수 있는 통계시스템이 구축되어야 할 것이다. 다시 말해서, 경제 현상과 경영 사례를 배우는 경영학에서 통계분석의 무게가 점점 무거워지고 있는 것이다.

통계의 의미를 개관적으로 해석하고 비판적으로 사고할 수 있는가? 가장 보편적인 통계의 정의는 아래와 같다. '수집된 자료를 정리하고 그 내용을 특징짓는 수치를 산정, 일정한 체계에 따라 숫자로 나타낸 것, 또는 학문이나 연구 분야와 관련된 자료를 수집, 정리, 분석하는 일련의 과학적인 방법'이라고 정의하고 있다. 그러나 이러한 통계의 정의가 경영활동과 밀접한 관련이 있는 실용학문으로 살아 숨쉬기 위해서는 비판적으로 분석할 수 있는 역량이 뒷받침되어야 한다. 아래의 글에서 주장하는 것처럼, 넘쳐나는 많은 정보와 자료들은 우리가 설득당하기 쉽도록 이미 통계적 가공을 거쳐 유통되는 경우가 많다. 통계에 대한 정확한 인식, 활용에 대한 신속한 판단 등을 강조하고 있다는 점에서, 정보의 홍수 속에 우리가 어떤 인식과 판단을 지녀야 할지를 보여주고 있다.

> "There are three kinds of lies: lies, damned lies, and statistics."
> Mark Twain이 자주 인용한 것으로 알려진 이 문장은 통계 작성 중에 해당 기관의 실수 혹은 고의적 변질 가능성이 농후하다는 측면에서 통계가 거짓말보다 더 나쁘다는 의미를 내포한다.
>
> ☞「세계 경제지표의 비밀(2010)」역자 서문 中

「경영분석을 위한 고급통계학」은 크게 3개 부문(제3부)으로 구성되어 있다. 제1부 '통계의 원리와 이해'에서는 기초통계와 관련된 핵심 개념을 학습하고, 제2부 '경영분석과 실전사례'에서는 경영분석 방법론을 정리하고, 그리고 제3부 '시계열 분석'에서는 지금까지 경영통계에서 소홀히 다루어온 시계열 분석 방법론에 대해 심층적으로 학습하고자 한다.

우리가「경영분석을 위한 고급통계학」을 쓰면서 가장 역점을 두었던 점은 가능한 한 경영의 실용성과 통계분석의 비판적 사고 능력 안에서 통계학의 본질을 잃지 않는 것이었다. 본서는 전반적인 통계 개념을 이론적으로 접근하는 기존의 통계 서적과는 달리 개념적 내용을 연구 논문이나 경영사례 등을 통해 독자들이 실증적으로 접근할 수 있는 방향을 제시하고자 한다. 즉, 기업을 둘러싼 대내외 환경요인(수요

조사, 공급 예측, 리스크환경 등)을 개괄적으로 파악하는 동시에 최근의 연구들을 중심으로 대표적인 분석 사례와 일반화된 방법론을 살펴보고자 한다.

특히, 이 책은 고급통계학을 공부하는 대부분의 경영학도들이 접하는 원론 수준의 통계적 활용을 토대로 작성하되, 간혹 처음 논문 작성에 직면한 학생들이 연구 과정을 따라가는데 용이하게 할 마음으로 이 글을 시작하였음을 먼저 밝혀 둔다. 따라서 기본 핵심 개념을 각 장에 제시되는 사례와 함께 분석하고 해석하는 과정을 곁들여 연구방법론의 응용력을 높이고자 노력하였다.

이 책은 경영통계에 대한 충분한 기초 지식을 지니고 있으면서도 한 차원 높은 수준에 발을 들여놓지 못한 많은 독자들에게 경영통계의 화원으로 초대할 수 있는 길잡이가 될 수 있기를 기대한다. 이 책에서는 경영 의사결정과정과 연구수행에 필요한 경영분석에 초점을 두고 불필요한 주변 개념이나 주제를 과감하게 제거함으로써, 독자들이 실전에서 적용 가능한 통계분석 능력을 향상시키고자 노력하였다.

2015년 1월

저자들 씀

차 례

제1장 Overview of Statistics

과거 경제성장 과정에서 일부 불도저식 경영으로 혁혁한 공을 세운 사업가들이 경영의 성공 사례라는 범주 안에서 높이 평가받고 있다. 과거 불도저식 경영으로 성공가도를 달렸던 사업가들이 오늘날 경영환경에서 어떤 결과를 낼 수 있을까? 우리는 여러 가지 요인들로 그들의 성공 여부에 대해 논쟁을 펼칠 것이다. 그러나 분명한 것은 사회가 변했다는 측면에서 그들이 오늘날 경영환경에 놓여진다면 성공보다는 실패의 범주에 포함될 확률이 높다는 것이다. 과거 획일화 된 사회와 달리 고객의 상품(서비스) 차별화 요구에 따라 사업가는 과학적 접근으로 사전 계획을 세워야 하는 필요성이 커졌다는 것이 가장 큰 원인이라고 생각된다. 경험에 의존하거나 직관적인 의사결정으로 사업 전략을 수립하는 것에 비해 다양한 통계 기법을 거친 최선의 선택이 오늘날 사업 성공의 실마리가 될 수 있기 때문이다. 오늘날 다품종 소량생산의 수요 욕구를 충족하는 생산 계획에서 비과학적 접근은 생산원가를 높이는 원인이 된다. 즉, 상품(서비스) 생산을 계획하는 과정에서 다양한 소비자 요구를 고려하지 않는 사업가의 직관적인 의사결정은 통계적으로 실패 확률이 크다. 다만, 시장 조사의 중요성을 인지하였음에도 불구하고, 그 정밀성을 간과해 일부 수요층만을 대상으로 한 수요 조사를 대중적 수요로 판단해 '모 아니면 도' 방식의 막연한 전략적 접근을 꾀한다면 위험 발생 빈도를 높일 뿐 아니라 그 충격 정도도 높일 수 있다. 따라서 다양성의 사회 속에서 수요에 대한 시장 조사와 예측으로 공급을 조절하는 동시에 상품(서비스) 생산 과정에서 위험의 정밀한 사전 조사 과정이 사업 성공의 기반이 될 수밖에 없는 것이다. 특히 신속하고 정확한 시장 조사 결과를 적극적으로 예측하고, 활용하는 시스템을 통해 사업에 반영해야 함은 간과할 수 없는 현실이 되었다.

이런 관점에서 경제 현상 및 경영 사례를 배우는 경상계열 과정에 통계 활용의 필요성은 더욱 확대되어 관련 과정이 체계적으로 구축되어 있다. 그럼에도 우리는 통계의 의미와 의의에 대하여 혼동하고 있는 경우가 허다하다. 먼저 일반적인 통계의 의미는 어떻게 정의될까? 그 의미와 함께 어원 형성에 대해 아래와 같이 정리하였다.

통계의 사전적 의미는 수집된 자료를 정리하고 그 내용을 특징짓는 수치를 산정, 일정한 체계에 따라 숫자로 나타낸 것이라 정리되어 있다. 또 그 학문을 사회적 관심 혹은 연구 대상에 관한 자료의 수집과 정리 후 분석하는 일련의 과학적인 방법이라 정의하였다. 나아가 통계라는 단어의 어원은 산통 속에 계알을 넣고 흔든 후 추첨하여 뽑힌 사람에게 많은 할증금을 주는 계에서 비롯되었다고 명시되어 있다.

이런 통계의 의미 인식과 함께 우리는 어떤 과정을 통해 이를 활용할 수 있을까? 우리는 이 의문 속에 해답을 가지고 있다. 다양화된 사회에서 넘쳐나는 많은 정보들은 우리가 설득당하기 쉽도록 이미 통계적 가공을 거쳐 유통되고 있기 때문이다. 따라서 통계 수치에 대한 정확한 인식, 그 활용에 대한 신속한 판단 등이 선행되어야 할 것이다. 그런 의미에서 아래 글은 정보의 홍수 속에 우리가 어떤 인식과 판단을 해야만 하는지 의미심장한 방향을 제시한다.

"There are three kinds of lies: lies, damned lies, and statistics."

Mark Twain이 자주 인용한 것으로 알려진 이 문장은 통계 작성 중에 해당 기관의 실수 혹은 고의적 변질 가능성이 농후하다는 측면에서 통계가 거짓말보다 더 나쁘다는 의미를 내포한다.

☞ 「세계 경제지표의 비밀(2010)[주)]」역자 서문 中

주) 미국 이코노믹아웃룩그룹(The Economic Outlook Group)에서 경제 동향과 위험을 예측하는 업무를 담당했던 버나드 보몰이 쓴 「The secret of Economic indicator」

우리가 일상에서 통계를 활용하는 영역은 얼마나 될까? 최근 우리 정부는 글로벌 경쟁력을 확보하기 위해 미국과의 FTA 체결에 이어 EU, 중국과도 이를 준비 중에 있다. 이 과정에서 우리 정부는 각각의 산업별로 대응 전략을 구축해 오고 있다. 그 가운데 다음 글은 FTA 체결 내용과 그에 따른 기대 효과를 우리의 화장품 산업에 초점을 맞추어 발표한 보고서의 한 부분이다.

(주요내용) 정부는 화장품 산업에 있어서 글로벌 경쟁력을 갖는 EU 및 미국과의 FTA 발효에 대비하여 화장품 인프라 구축에 2011년부터 5년간 700억원을 투입합니다. 대한 화장품 협회가 설립한 '대한화장품 산업연구원'에 **피부 정보은행을 구축하여 화장품 기업에 국가별, 인종별 피부특성을 제공**하여 맞춤형 화장품을 개발하도록 지원합니다. 또한 동 연구원에 종합지원센터를 설치하여 국가별 및 품목별 수출전략, 인허가, 특허 정보, 안전 규제 등을 중소기업에 제공하여 해외시장을 원활하게 개척하도록 지원합니다.
(기대효과) EU와의 FTA체결에 따라 2018년까지 외국명품 화장품에 대한 경쟁력을 확보하여 글로벌 경쟁력을 갖춘 중견 수출 기업 50개 이상을 양성하고 8만명 이상의 신규 고용을 창출할 것으로 기대됩니다.

☞ 본 글은 기획재정부의 「FTA 국내 보완 대책(2010.10)」내용 중 일부

화장품 산업의 보호 및 육성과 관련하여 정책적 방향성을 제공하는 이 글에서 우리가 주목하는 것은 정보은행이다. 정보은행의 역할은 국가 및 인종별 수요 조사를 목적으로 해당 통계를 수집, 관리하는 것이다. 여기서 축적된 통계는 1차 가공되어 각 화장품 회사의 사업 전략에 활용될 수 있다.

본서는 전반적인 통계 개념을 이론적으로 접근하는 기존 서적과 차별화하여 최근 학계 연구의 기초가 되는 일반적인 사례를 제시하는 데까지 발전시키고자 한다. 즉 시장에서 이루어지는 수요 조사, 공급 예측 및 그에 따른 리스크 점검 과정을 개괄적으로 파악하는 동시에 임의의 한 기업 혹은 금융기관 사례를 최근 연구를 중심으로 일반화된 방법론을 살펴보고자 한다.

본 글은 이런 경영자의 의사결정 측면에서 통계를 적극 활용해야 하는 이유를 제시하고, 수요, 공급 및 위험 관리라는 큰 주제를 중심으로 대표적인 분석 사례와 방법 등을 선행 연구들로부터 도출하고자 한다. 대부분 경상계열 학생들이 접하는 원론 수준의 통계적 활용을 토대로 작성하되, 간혹 처음 논문 작성에 직면한 학생들이 선학의 연구 과정을 따라가는데 용이하게 할 마음으로 이 글을 시작하였음을 먼저 밝혀 둔다. 따라서 각 장에 제시되는 사례와 함께 기존 연구들을 제시해 분석과 해석 과정을 곁들이고 이를 활용하는데 집중하면서 관련 선행연구의 방법론을 중심으로 통계 접근을 시도할 것이다. 다만, 분석 사례의 난이도를 적절히 보정하고 현실적으로 반영하기 위해 일반적인 거시 및 경영 지표로 대체할 것이다. 이는 다른 한편으로 선학들의 연구결과를 도출하는 방법론을 이해하는데 그 의미를 두고자 함임을 밝혀

둔다.

전체 구성은 목차에서 보았듯 처음에 경영자가 활용하는 통계가 어느 정도 의미를 부여할 수 있는지 개관하였다. 두 번째는 모든 경영 및 경제 활동에서 접하는 통계가 어떤 방식으로 활용될 수 있는지 개관하였다. 그 다음부터는 본격적인 시장 조사에 앞서 그 방법론을 파악하고자 한다. 우리는 흔히 시장 조사를 위한 설문이 '예'와 '아니오'의 단편적 응답으로 이루어져 있다고 판단한다. 그래서 시장 조사 결과 절반을 초과하는 긍정적 응답이 사업 성공으로 이어질 것이라 예상하는데, 이는 곧 큰 오류로 이어질 수 있다. 결국 시장 조사에 대한 다양한 조사방법의 이론적 측면을 재확인할 필요가 있어 이를 하나로 구성하였다.

또 경영학에서 시장 조사는 사회학의 일반화 된 구조방정식 모형이 그 체계를 강화해 보편적으로 활용되고 있다. 따라서 네 번째 장에서는 이에 따른 구조방정식 모형을 AMOS의 툴(tool)로 제시하였다. 다음으로는 시장 조사 결과 파악된 수요를 충족하는 공급 예측 과정에 대해 살펴볼 것이다.

제 1 부

통계의 원리와 이해

제2장
기초 통계의 이해

1 자료의 유형

통계는 개별 자료들이 모여 상호간에 관계를 형성하며 구체화된다. 예를 들어 어느 고등학교 3학년 학생의 2학기 기말시험 국어와 수학 시험 성적을 비교해 보자. 이 학생의 국어와 수학 시험 결과는 각각 90점, 55점이라 하자. 단순히 이 두 과목 간의 관계에서 이 학생은 수학보다는 국어에 출중한 실력을 보유하였다고 판단할 수 있다. 그러나 이 학생이 속한 30명으로 이루어진 학급의 국어와 수학 평균이 각각 91점, 39점일 때 이 학생은 국어보다 수학에 우위를 보이고 있다고 볼 수 있다. 또 다른 방법으로 이 학생의 최근 네 차례 시험 성적에서 국어는 95점, 95점, 100점, 90점을 수학은 50점, 35점, 70점, 55점으로 나타났다고 하자. 과목별로 시간 흐름에 따른 점수 변동성은 국어보다 수학이 큼을 보여준다.

1) 자료 관측 방법에 따른 분류

앞서 단편적 사례에서와 같이 우리는 관측하는 방법에 따라 통계에 활용되는 자료를 정리할 수 있다. 다시 말해 금번 기말시험에서의 성적 비교는 횡단면 자료로 분류된다. 한편, 최근 시험성적 비교를 통한 추이는 시계열 자료라 할 수 있으며, 각 학생들의 과목별 성적을 시간 흐름에 따라 비교할 경우 패널 데이터로 활용한다. 이와 같이 관측 방법에 따라 횡단면 자료, 시계열 자료, 패널 데이터로 구분하는데 그 내용과 예는 다음과 같다.

- **횡단면 자료** : 어느 특정 시점에 자료의 특성을 관측한 자료로 2010년 인구 총조사, 2010년 광공업 조사 등이 이에 해당된다.
- **시계열 자료** : 분석 대상이 과거부터 현재까지 기간 중에 특정한 시간 간격을 두고 관측된 자료로 월별 매출액, 주식가치, 소득, 수출입 등이 이에 해당된다.
- **패널 데이터** : 특정 시점의 관측을 2회 이상 동일 집단에 대한 조사로 확대해 누적한 자료를 통칭하며, 정기적인 인구 총조사, 광공업 조사 등이 이에 해당된다.

2) 자료 수집 과정에 따른 분류

앞선 자료의 관측 방법에 따른 분류와 함께 우리는 다양한 통계 분석의 방법론을 고려해 또 다른 측면에서 접근할 수 있다. 우리가 흔히 통계 분석 과정에서 활용하는 자료는 그 수집 방식에 따라 두 가지로 나눈다. 실험적 자료와 비실험적 자료가 바로 그것인데, 자연과학에서와 같이 특정 실험을 통해 수집되는 것이 실험적 자료이다. 반면 사회과학에서처럼 특정 사건 발생에 따른 영향력 파악은 과거 유사 사건과의 비교로 관련 현상을 설명하기 때문에 이를 비실험적 자료로 구분한다.

경영학은 다양한 영역에서 발전을 거듭해 왔다. 그 과정에 회계, 재무, 마케팅, 생산관리, 경영정보 등으로 세분화되며 통계 분석도 특정 현상을 일반적 사실로 설명하기 위해 상당한 발전을 거듭하여 왔다. 경영학은 사회과학의 큰 범주 안에서 비실험적 자료에 의존할 수밖에 없다. 따라서 분석 방법과 이론에 적합한 자료 수집이 필수적인 과정이다. 비실험적 자료에는 일반적으로 생략 혹은 첨삭 등에 따라 관측상에 오류가 존재한다. 한편, 설문조사를 통해 확보된 자료도 무응답의 경우 그 해석에 따라 상당한 차이를 발생시킬 수 있으며, 또 회수율에 따라 응답자의 집단 분류가 상이하게 형성되기도 한다. 따라서 비실험적 자료는 각 부문의 이론 및 실무 특성에 유용해야만 한다. 이는 비실험적 자료의 통제 불가능성 때문이다. 통제 불가능성은 특정 사건에 영향을 주는 원인을 파악하는 것이 어렵다는 의미이다. 예를 들어 주식가치에 영향을 미치는 요인이 해당 기업의 가치 변화에 기인한 것인지 아니면 가계 소득 변화에 따른 투자 수요 때문인지 판단하기가 애매하다는 의미이다. 이 때문에 경영학의 연구는 자료 획득에 상당히 신중할 필요가 있다.

3) 자료 특성에 따른 분류

통계분석을 위한 자료는 관측 방법에 따라 횡단면, 시계열 자료 및 패널 데이터로 구분되고, 수집 과정에 따라 실험적 혹은 비실험적 자료로 나누어진다. 그렇다면 이 외에 또 어떤 분류가 있을까? 대부분 경제지표와 같은 수량적 자료와 성별, 학력 등 범주를 통한 분류가 있다. 수량적 자료는 다시 연속성 여부에 따라 연속적 자료와 이산적 자료로 분류할 수 있다.

2 자료의 정리

자료 분류가 이루어졌다면, 우리는 어떻게 각 자료들을 통계 관점에서 논리적으로 열거할 수 있을지 논의해야만 한다. 이에 앞서 통계의 기본이 되는 평균과 분산의 개념들을 간단한 수식과 함께 살펴보고자 한다. 사전적으로 어느 집합을 구성하는 요인들 사이의 중간값을 의미하는 평균에 대해 우리는 이미 여러 교과 과정에서 배워왔다. 평균은 일변량 분석에서 나타낼 수 있는 중앙치, 최빈치, 조화평균, 기하평균 등과 함께 대표지로 활용된다. 일반적인 평균의 수식 정의는 다음과 같다.

- **모집단의 평균**(population average)

$$\mu = \frac{X_1 + X_2 + X_3 \cdots + X_N}{N} = \frac{1}{N}\sum_{i=1}^{N} X_i$$

- **표본집단의 평균**(sample average)

$$\overline{X} = \frac{X_1 + X_2 + X_3 \cdots + X_n}{n} = \frac{1}{n}\sum_{i=1}^{n} X_i$$

이처럼 정의된 평균에 대해 우리는 각 요인들과의 편차를 구할 수 있는데, 이를 평균편차(mean of the absolute deviation)라 한다. 이는 어느 집합의 평균에서 각 요인들이 벗어나는 정도 즉, 수치들을 합산해 전체 자료로 나눈 값이다. 다만, 평균과 각 요인들의 편차의 합은 0이 되기 때문에 이를 해결하기 위해 절대값으로 표현하며, 그 관계식은 다음과 같이 표현된다.

■ 모집단의 평균편차

$$= \frac{1}{N}\sum_{i=1}^{N}|X_i - \mu|$$

■ 표본집단의 평균편차

$$= \frac{1}{n}\sum_{i=1}^{n}|X_i - \overline{X}|$$

한편, 평균편차에 대한 절대값의 표현과 대응해 평균과 각 요인의 편차 합이 0이 되지 않는 방법으로 각 편차의 제곱 값을 전체 요인의 개수로 나누는 방식이 있다. 이를 분산(Variance)이라 하며, 수식은 다음과 같다.

■ 모집단의 분산(σ^2)

$$\sigma^2 = \frac{1}{N}\sum_{i=1}^{N}(X_i - \mu)^2$$

■ 표본집단의 분산(s^2)

$$s^2 = \frac{1}{(n-1)}\sum_{i=1}^{n}(X_i - \overline{X})^2$$

분산은 평균과의 간격, 즉 그 차이를 표현하는 것이 목적으로 평균과 개별 요인들의 차이가 작아질수록 집중도가 높다고 표현한다. 그러나, 제곱된 분산의 활용은 본래의 산출값을 과대 해석할 수 있는 단점이 있다. 이를 해결하기 위해 제곱근을 적용, 원래 측정단위로 환원한 표준편차(Standard Deviation)를 활용한다. 표준편차는 분산도를 파악하는 일반적인 방법으로 다음과 같은 수식으로 표현된다.

■ 모집단의 표준편차(σ)

$$\sigma = \sqrt{\frac{1}{N}\sum_{i=1}^{N}(X_i - \mu)^2}$$

■ 표본집단의 표준편차(s)

$$s = \sqrt{\frac{1}{(n-1)}\sum_{i=1}^{n}(X_i - \overline{X})^2}$$

다만, 표본집단 분산과 표준편차에서 우리는 모집단과 상이점을 발견할 수 있다. 모집단은 개별 구성 요인과 평균의 편차를 합산해 전체 모집단 수(N으로 표시하며, 통계학에서는 도수라 한다)로 나눈 것과 달리 표본집단에서는 표본(n)에서 1을 제외한다는 점이다. 표본집단으로 모집단 분산을 추정할 때 모집단 평균을 알 수 없기 때문에 표본평균을 활용해 편차를 산출하는데, 이 과정에서 표본집단 개수 가운데 한 개를 상실한다. 이를 자유도(degree of freedom)라 하며, 표본집단에 대한 분산과 표준편차를 자유도($n-1$)로 나누어 불편성(unbaisedness)을 확보하게 된다.[1)]

1) 기술 통계학

살펴본 평균과 분산 등을 토대로 앞서 제시한 어느 고등학생의 성적 사례를 비교하고자 한다. 아래 표는 어느 고등학교 3학년의 한 학급 학생들이 각 시험에서 획득한 과목별 성적을 나타낸 것이다. 이 표에는 30명의 성적이 모두 제시되어 있지만, 통계적 정보 파악은 상당히 어려워 보인다.

구 분	1학기 중간고사		1학기 기말고사		2학기 중간고사		2학기 기말고사	
	국어	수학	국어	수학	국어	수학	국어	수학
우00	95	50	95	35	100	70	90	55
김00	96	33	89	70	90	21	90	20
이00	88	65	96	37	98	31	84	25
정00	85	41	89	69	85	38	80	30
함00	99	61	90	33	96	42	100	35
박00	99	61	84	61	86	61	87	25
허00	86	51	98	44	80	38	90	39
송00	87	59	82	36	84	26	93	31
양00	90	25	91	51	85	58	100	56
황00	93	54	90	28	95	46	94	21
임00	82	62	95	62	100	37	100	100
감00	94	65	89	28	97	30	86	20
강00	100	43	93	62	80	43	95	48

1) 불편성 확보를 위한 자유도 상실의 구체적 논의는 본장 바람직한 통계량 부문을 참조할 것

구 분	1학기 중간고사		1학기 기말고사		2학기 중간고사		2학기 기말고사	
	국어	수학	국어	수학	국어	수학	국어	수학
명00	100	40	91	42	99	24	90	20
최00	95	25	83	38	80	32	92	24
조00	82	45	90	39	94	60	90	59
홍00	81	34	92	37	92	58	89	56
사00	86	70	90	66	81	67	84	22
선00	100	60	88	60	89	65	100	45
장00	88	20	90	58	88	24	94	45
채00	80	39	90	35	82	35	75	28
가00	92	70	96	36	80	31	98	40
주00	92	20	91	44	90	41	80	15
고00	99	42	80	63	82	45	88	40
구00	95	65	96	31	87	24	100	35
공00	85	41	90	55	96	38	90	62
지00	80	29	91	68	80	66	94	41
나00	96	47	80	22	84	59	87	61
전00	89	28	88	32	100	44	90	20
견00	95	38	94	38	90	66	100	52

제시된 기간별 국어 및 수학 성적의 평균, 분산, 표준편차를 정리해 보았다. 그 결과, 기간 및 과목별로 학생들의 성적 분포를 간단히 요약할 수 있게 되었다. 기간별로 국어가 수학보다 평균이 높을 뿐만 아니라, 분산 및 표준편차 정도가 상대적으로 작아 대체로 평균을 중심으로 밀집된 것으로 파악된다. 그러나 복잡한 정보 나열로 한 눈에 파악하기에는 어렵다.

구분	1학기 중간고사		1학기 기말고사		2학기 중간고사		2학기 기말고사	
	국어	수학	국어	수학	국어	수학	국어	수학
평 균	91	46	90	46	89	44	91	39
분 산	42.38	234.37	21.21	209.66	49.72	233.24	43.31	339.45
표준편차	6.51	15.31	4.60	14.48	7.05	15.27	6.58	18.42

보다 간단한 정보를 얻기 위해 아래 도수분포표를 작성해 보았다. 앞서 평균과 표준편차를 통한 대략적인 개요에서 발전해 각 점수 구간에 분포된 학생 수와 구간의 펼쳐진 정도를 파악하는 데 보다 용이하다.

구분	1학기 중간고사		1학기 기말고사		2학기 중간고사		2학기 기말고사	
점수 구간	국어	수학	국어	수학	국어	수학	국어	수학
10점 이하	0	0	0	0	0	0	0	0
20점 이하	0	2	0	0	0	0	0	5
30점 이하	0	4	0	3	0	6	0	7
40점 이하	0	5	0	12	0	8	0	6
50점 이하	0	7	0	3	0	6	0	4
60점 이하	0	4	0	4	0	4	0	5
70점 이하	0	8	0	8	0	6	0	2
80점 이하	2	0	2	0	5	0	3	0
90점 이하	12	0	15	0	14	0	14	0
100점 이하	16	0	13	0	11	0	13	1
합 계	30	30	30	30	30	30	30	30

상기 도수분포표를 보다 간략하게 하는 방식으로 도식이 활용될 수 있다. 아래 2학기 기말고사에 대한 도식 작성 결과로부터 우리는 점수 분포와 함께 과목별 비교를 한 눈에 파악할 수 있다.

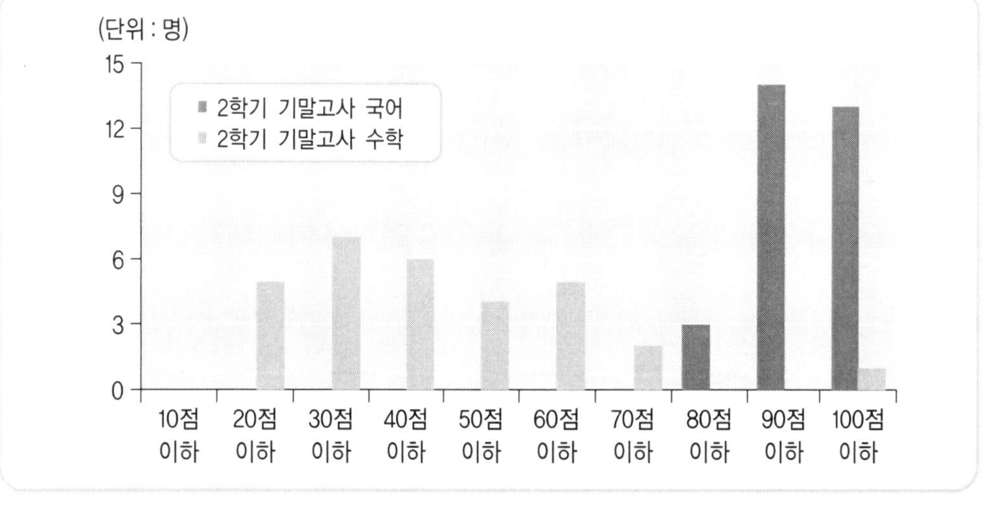

지금까지 우리는 일변량 통계량에 대한 특성치를 파악해 보았다. 그렇다면 두 개 이상의 다변량 통계 분석은 어떤 특성치가 있겠는가? 기본적으로 공분산(covariance)과 상관계수(correlation coefficient)가 있다. 일변량 통계량 중 분산이 평균과 각 구성 요인의 편차에 대한 제곱값의 성격을 가지는데 대해 공분산은 다변량 각각의 평균에 대한 편차를 서로 곱해서 도수(N)로 나누어 나타낸다. 다만, 표본 공분산은 앞서 일변량에서 논의한 자유도가 이용된다는 점에 유의해야만 하는데, 이를 수식으로 나타내면 다음과 같다.

모집단의 공분산(σ_{XY})

$$= \frac{1}{N}\sum_{i=1}^{N}(X_i - \mu_X)(Y_i - \mu_Y)$$

표본집단의 공분산(s_{XY})

$$= \frac{1}{(n-1)}\sum_{i=1}^{n}(X_i - \overline{X})(Y_i - \overline{Y})$$

공분산의 값은 두 변수 간 관계 정도가 클수록 커지게 된다. 그러나 그 값은 두 변량의 범위나 영역이 클 경우에는 확대되고, 어느 한 변량의 범위나 영역이 한 없이 작아질 경우에는 과소 평가되는 문제점을 가지게 된다. 결국 두 변량 간에 관련성을 크기로 파악하는데 한계가 있기 때문에 흔히 상관계수를 활용한다. 이는 공분산값을 해당 변량들의 표준편차로 나눈 값이다. 이를 수식으로 표현하면 다음과 같다.

모집단의 상관계수(ρ_{XY})

$$= \frac{\sigma_{XY}}{\sigma_X \cdot \sigma_Y} = \frac{\frac{1}{N}\sum_{i=1}^{N}(X_i - \mu_X)(Y_i - \mu_Y)}{\sqrt{\frac{1}{N}\sum_{i=1}^{N}(X_i - \mu_X)^2}\sqrt{\frac{1}{N}\sum_{i=1}^{N}(Y_i - \mu_Y)^2}}$$

$$= E\left[\left(\frac{X_i - \mu_X}{\sigma_X}\right)\left(\frac{Y_i - \mu_Y}{\sigma_Y}\right)\right]$$

■ 표본집단의 상관계수(r_{XY})

$$= \frac{s_{XY}}{s_X \cdot s_Y} = \frac{\frac{1}{(n-1)}\sum_{i=1}^{n}(X_i - \overline{X})(Y_i - \overline{Y})}{\sqrt{\frac{1}{(n-1)}\sum_{i=1}^{n}(X_i - \overline{X})^2}\sqrt{\frac{1}{(n-1)}\sum_{i=1}^{n}(Y_i - \overline{Y})^2}} = \frac{\sum x_i y_i}{\sqrt{\sum x_i^2}\sqrt{\sum y_i^2}}$$

(단, $x_i = X_i - \overline{X}, y_i = Y_i - \overline{Y}$)

공분산값을 각 변량의 표준편차의 곱으로 나누면 그 범위와 영역의 확대 혹은 상이성에서 오는 문제가 해결될 뿐만 아니라, 상관계수 값은 −1과 1 사이에서 관련성을 측정할 수 있다. 또 계수값을 통한 상관성 정도와 함께 두 변량 간에 방향성을 제시할 수 있다. 즉 역의 방향성은 음(−)의 영역에서, 정의 방향성은 양(+)의 영역에서 상관관계가 형성된다.

구분	1학기 중간고사	1학기 기말고사	2학기 중간고사	2학기 기말고사
공분산	14.337	−2.967	−6.400	52.100
상관계수	0.149	−0.046	−0.061	0.445

위 표는 앞서 제시한 학급의 기간별 국어와 수학 성적의 두 변량 관계를 공분산과 상관계수로 구한 결과이다. 이 학급은 2학기 기말고사에서 앞선 세 차례의 시험 때보다 국어와 수학 두 과목 간에 성적이 높은 관련성을 나타냈다. 앞서 밝힌 바와 같이 둘 간의 점수 범위에 따른 차이로 공분산에 비해 상관계수는 그 관계 정도를 상대적으로 용이하게 판별할 수 있다.

지금까지 간단한 사례를 통해 통계학 입문 수준에서 평균, 분산 등 필요한 기초 개념을 살펴보았다. 입문자 입장에서 보다 구체적인 통계학 이론 접근은 기존에 발간된 '현대통계학'(안상형, 이명호. 2000년)을 비롯해 여러 학자들이 출간한 통계학 원론 서적을 참조하길 바란다. 본서는 본래 통계학 원론 수준에서 나아가 경영학 학위과정 중에 다루는 분석기법을 중심으로 기술하고자 하였다. 그래서 통계학 원론 수준의 내용 첨부에 상당한 고민을 하였다. 그러던 중 통계학 고수들에게는 복습의 기회를 아울러 추후 논문 과정에서 자료의 정리부터 계량 분석을 수행할 학생들에게는 보다 용이한 접근 기회를 제공한다는 측면에서 기본적 개념을 정리할 필요성을 새삼 깨달았다. 그래서 항상 그 중요성을 강조해 왔던 통계학의 일부분을 짧게나마 제시할 것을 결심하였다. 혹여 여러분들께서 지면상 불필요한 정보라 판단한다면 다음부터는 이를 제외하겠다.

2) 확률변수의 특성

우리가 다루는 사회과학은 복잡다단한 현상 가운데 특수한 사실을 일반화하기 위해 가정을 세우고 증명하는 과정에서 이론을 정립하는 분야이다. 다시 말해 무수히 많은 현상이 존재하는 방대한 공간인 모집단 가운데 어느 특정 현상인 표본을 가지고 모집단을 추론해내는 것이다. 이 추론 과정에서 우리는 특정 현상의 발생 가능성 즉, 확률 개념을 적용하게 된다. Excel의 단순한 분석에서부터 전문화된 툴(tool)을 활용한 복잡한 분석에까지 수많은 기법의 표본 통계량들에는 확률 특성이 적용된다. 즉 모집단 가운데 표본의 평균, 분포, 비율 등과 관련된 통계량은 확률을 고려해 관측된 값의 특성을 표현하게 된다. 즉 표본 통계량들은 확률 개념의 변수로 정리된다.

> **확률변수**는 어떤 실험의 단순사건들을 오로지 단 하나의 수치에 의한 값으로 할당하는 규칙이라 정의한다.

우리는 이런 확률변수를 셈(counting) 여부에 따라 두 형태로 나누고, 셀 수 있는 것을 이산확률변수로 셀 수 없는 것을 연속확률변수라 배웠다. 이 둘은 그 차이 때문에 약간의 상이성이 나타나는데, 먼저 이산확률분포의 중요한 유형에는 이항 확률분포, 포아송 확률분포, 초기하확률분포 등이 있다. 이산확률변수 X의 필요조건과 평균값 및 분산은 다음과 같이 정리되는데, 여기서 더 이상의 논의는 하지 않겠다.

> **이산확률변수** X의 확률분포는 모든 X값에 대하여 $P(X) \geq 0$이고, 그 합이 1인 필요조건을 충족한다.
>
> • **평균값**(기대값) : $\mu = E(X) = \sum_{all\,X} X \cdot P(X)$
>
> • **분산** : $\sigma^2 = E[(X-\mu)] = \sum_{all\,X} X \cdot P(X)$

다음으로 연속적 확률변수는 임의의 구간에서 어떤 값이든 취할 수 있기 때문에 미적분의 개념이 도입된다. 흔히 선분 상에서 표현되는 연속적 확률변수는 해당 구간에서 나타낼 수 있는 무한히 많은 발생 가능성을 고려할 때 임의로 하나가 발생할 확률은 0이 되고, 해당 구간에서 각 확률의 합은 1이 된다. 다음은 연속적 확률변수 X에 대한 특성을 표현한 것이다. 연속적 확률분포의 유형에는 정규분포, 균일분포, 지수분포 등이 있다.

연속확률변수 X가 $P(a<X<b)$ 구간에서 $\int_a^b f(X)dx$의 적분 가능한 함수로 정의될 때, 다음 조건 (i)$f(X)>0, X\in R$, (ii)$\int_{all\,X} f(X)dx=1$, (iii)$P(X\in A)=\int_A f(x)dx$ 등을 충족한다. 평균(기대값)과 분산은 아래와 같다.

- **평균값**(기대값) : $\mu=E(X)=\int_{-\infty}^{\infty} xf(x)dx$
- **분산** : $\sigma^2=var(X)=\int_{-\infty}^{\infty}(x-\mu)^2f(x)dx$

확률변수의 논의 뒤에 가장 흔하게 접하고 매우 중요한 역할을 하는 것이 정규분포이다. 일반적으로 어느 모집단에서 추출된 $\overline{X}$의 표본분포가 정규분포를 이룬다고 가정하는 것이 일반적이기 때문이다. 만약 n개의 관측치로 구성된 무작위 표본이 모집단에서 추출된다면, 그리고 n이 충분히 커질수록 $\overline{X}$의 표본분포는 정규분포에 가까워진다. 그런데 표본 크기 n이 얼마나 커져야 정규분포를 이룰 수 있겠는가? 이는 표본을 추출한 모집단의 상대도수분포 모양에 따라 좌우된다. 모집단의 비대칭도(skewness)가 클수록 $\overline{X}$의 표본분포가 정규분포에 접근되도록 하는 표본크기도 커진다.

그러나 대부분 n은 매우 작은 편이어서 $\overline{X}$의 표본분포는 정규분포가 되지 않는다. 따라서 정규분포가 되기 위한 과정에 우리는 어떠한 방식으로 정규분포로 전환할 수 있을까? 바로 **중심극한정리**를 활용한다. 다음은 중심극한정리에 대한 정의를 표현한 것이다.

> 중심극한정리는 평균이 μ이고, 분산이 $\sigma^2(>0)$인 분포로부터 추출된 n크기의 확률표본 $X_1, X_2, \ldots, X_n$의 평균이 $\overline{X}$일 때
>
> $$Z=\frac{(\overline{X}-\mu)}{\sigma/\sqrt{n}}=\frac{\sum_{i=1}^{n}(X_i-n\mu)}{\sqrt{n}\,\sigma}$$
>
> 의 분포는 $n\rightarrow\infty$로 커질수록 극한에서는 $N(0,1)$이 된다.

예제) 평균이 90이고, 표준편차가 4.2인 모집단에서 표본 크기가 36인 무작위 표본을 추출하였다고 가정할 때 $\overline{X}$가 97보다 크게 될 확률을 구하라.

해제) 모집단의 상대도수분포에 관한 정보가 없으나, $\mu=90$에 집중되어야 하며, 그 분포 $\sigma=4.2$에 의해 측정된다는 것을 짐작할 수 있다. 다만, $\overline{X}$의 표본분포를 추출한 모집단 분포가 극단적인 비대칭이 아니라면 대체로 정규분포를 이루게 된다. 따라서, 이를 중심극한정리로 풀면 그 값은 $Z=\frac{(95-90)}{4.2/\sqrt{36}}=10$임을 알 수 있다.

우리는 이와 같은 중심극한정리에 대한 중요성을 인지해 그 증명을 짚고 넘어가야 할 것이다. 그러나, 전술한 바대로 통계학의 기초적이고 구체적인 내용 서술을 지양하려 했던 점을 이해해 참고자료[2)]와 연습문제를 통해 그 내용을 파악하길 바란다.

3 바람직한 통계량

앞서 표본의 확률분포에서 우리는 한 가지 중요한 사실을 이해해야 한다. 표본분포 상에서 도출된 평균과 분산은 임의의 표본통계량이 모집단 모수에 대한 정보를 가장 많이 포함하는지에 따라 바람직한 통계량인지를 결정하게 된다. 통계학에서는

2) 대표적으로「probability and statistical inference(R.V. Hogg & E.A. Tanis. 1983)」이 있으니 살펴보기 바란다.

이런 바람직한 통계량의 조건으로 불편성, 효율성, 일관성 혹은 충분성 등을 제시한다[3]. 이처럼 바람직한 통계량 혹은 추정량의 특성을 BLUE(Best Linear Unbiased Estimator)라 표현한다.

한편, 표본의 크기에 따라 다소 상이한 구분을 하는데 우리가 일반적으로 접하게 되는 소표본의 경우에 불편성, 효율성, 충분성 등이 그 특성임을 강조한다. 그러나 표본의 크기가 점진적으로 모집단과 유사해질 경우에 위에서 강조한 소표본의 특성 가운데 적어도 하나 이상이 보장되지 않을 수 있다. 다시 말해 표본통계량의 표본 크기가 증가할수록 확률분포도 변화하게 되는데 이때 모집단 평균과 점진적으로 유사해짐과 동시에 분산도 그 모양이 뾰족한 첨형이 된다. 때문에 그런 특성을 반영한 대표본일 경우에는 점근적 불편성, 일관성, 점근적 효율성 등을 특성으로 가지면 바람직한 통계량(BLUE)이라 한다.

이런 바람직한 통계량 혹은 추정량의 특성은 앞으로 통계적 추론에서 중요한 영역으로 보다 구체적인 설명이 필요할 것으로 판단된다. 따라서 다음은 해당 특성을 개별적으로 설명하고자 한다.

1) 불편성

어느 표본분포가 추정하고자 하는 모집단의 주위에 집결되기 위해서는 표본분산의 평균이 같아야 한다. 만약 어느 표본분포의 평균이 추정하려는 모집단과 같지 않다면 그 통계량은 편의(biased)되어 있다고 말한다. 편의의 양은 표본분포의 평균과 추정하려는 모집단 값과의 차이가 된다. 다음은 동일 모집단에서 추출된 평균이 각각

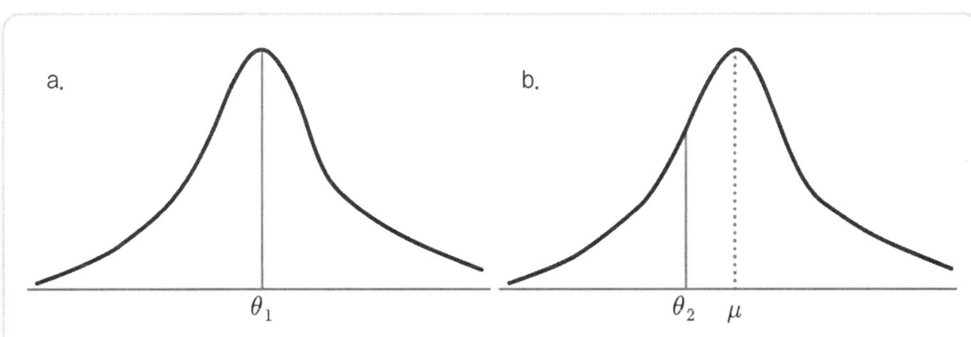

3) 충족성과 일관성은 표본의 크기에 따라 소표본에서는 충분성을, 대표본에서는 일관성을 요구한다.

θ_1과 θ_2인 표본분포를 a와 b의 그림으로 나타낸 것이다. 모집단 평균이 μ라 할 때 a는 불편추정량, b는 편의추정량이라 할 수 있다.

불편성(unbiasedness)
만약 임의의 표본통계량이 추정하려는 모집단의 모수와 같은 평균을 갖는 표본분포를 이룬다면, 그 통계량은 그 모수의 불편추정량(unbiased estimator)이라고 말할 수 있다. 만약 표본분포의 평균이 모수와 같지 않다면, 그 통계량은 그 모수의 편의추정량(biased estimator)이라고 한다.

2) 효율성

바람직한 추정량의 최우선 조건이 되는 것은 앞서 밝힌 불편성이다. 그러나 불편추정량이라 하더라도 임의로 추정한 통계량이 모집단 값과 큰 차이를 나타낼 수 있다. 이때 오차가 최소화 되는 추정치를 얻고자 한다면, 해당 통계량이 모집단과 근접해 있어야 한다. 결국 표본분포의 분산이 작도록 하는 추정량을 일컫는 표현을 효율성이라 한다. 이를 그림과 함께 정의하면 다음과 같다.

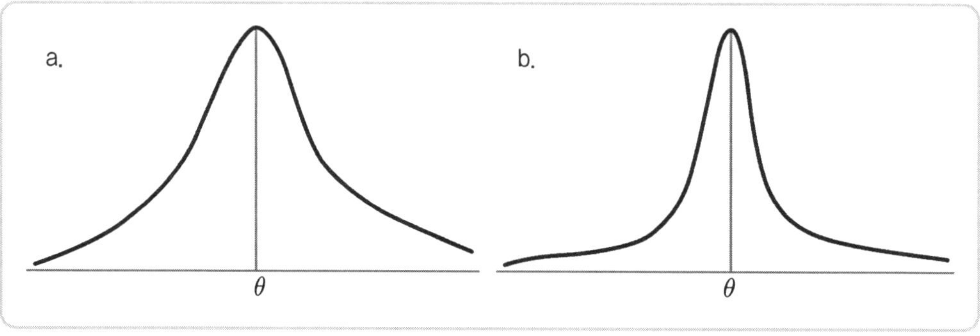

효율성(efficiency)
불편 추정량 가운데 최소 분산을 갖는 추정량을 가장 효율적이라 한다.

예제
$\mu = 100$이고, $\sigma = 20$인 정규분포를 따르는 모집단에서 표본크기가 16인 표본을 추출하여 10,000번의 Monte Carlo를 시행한 결과 평균, 중앙값 및 20%를 정리한 후의 평

균 등이 다음과 같다.

추정량	평균	중앙값	20% trimmed mean
평 균	100.23	99.96	99.98
분 산	26.52	40.41	27.49

Q1. 이들 가운데 어느 하나를 편의추정량이라 할 수 있겠는가?

A1. 앞서 $\mu = 100$이고, $\sigma = 20$인 정규분포를 따르는 모집단에서 추출한 표본임을 전제로 하였는데, 추정량의 평균값이 모두 100에 근접해 있어 불편추정량이라 해도 큰 무리가 없을 것이다.

Q2. 상기 세 개의 추정량 가운데 가장 효율적인 것은 어느 것인가?

A2. 상대적으로 작은 분산을 가진 평균이 가장 효율성이 있다.

3) 충분성과 일관성

불편성과 함께 효율성을 확보하였더라도 바람직한 통계량이 되기 위해 또 하나 추가되어야 할 것이 있다. 이를 충분성(sufficiency)이라 하며, 효율성의 필요조건이 된다. 표본평균은 모집단에 산재된 모든 개별 정보를 통합해 나타낸다. 따라서 각각의 표본평균이 가지는 모든 관측치들은 충족성을 확보하게 되며, 표본 자료에 포함된 모든 정보가 활용이 가능해져 효율성을 논의할 수 있다.

그러나 표본 크기가 매우 커져 거대한 표본통계량을 확보할 수 있다면 앞서의 조건들 가운데 기본 전제가 되는 편의추정량에서도 편의가 사라지게 된다. 이를 점근적 불편성(asymptotic unbiased)이라 한다. 이와 함께 효율적이지 않았던 추정량도

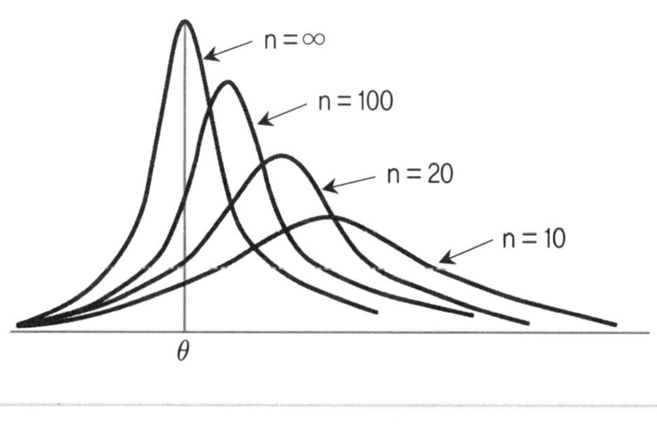

표본의 규모 확대에 따라 점진적으로 효율성을 얻게 되어 소표본에서의 효율성이 점근적 효율성(asymptotic efficiency)으로 표현된다. 아울러 표본의 크기가 커질수록 표본오차가 작아지는 특성이 있는데, 이를 일관성(consistency)이라 한다.

일관성(consistency)
표본의 크기가 커져 무한대에 접근하는 극한분포가 임의의 특정한 값 주변에 집결할 때 이를 모집단의 특정한 값에 대한 확률극한이라 하고, 일관성으로 표현한다.

이상으로 바람직한 통계량에 대해 살펴보았다. 경영 및 경제에서 계량을 접하는 학생들에게 BLUE는 매우 중요한 개념이다. 따라서 다시 한 번 그 정의를 강조하기 위해 다음과 같이 증명 문제를 제시한다.

최소제곱법(OLS: ordinary least squares)이 BLUE임을 증명하라.
$E(\epsilon_i)=0, E(\epsilon_i^2)=\sigma^2, E(\epsilon_i,\epsilon_j)=0$(단, $i \neq j$), $E(\epsilon_i X_i)=0, \epsilon_i \sim N(0,\sigma^2)$ 가정 하의 OLS에서 산출된 β는 $\hat{\beta} \sim N(\beta, \frac{\sigma^2}{\sum x_i^2})$, $\hat{\beta}=\frac{\sum x_i y_1}{\sum x_i^2}=\sum k_i y_i$(단, $k_i=\frac{x_i}{\sum x_i^2}$)으로 표현할 수 있다. 여기서 다시 $\hat{\beta}$을 $\sum k_i(\alpha+\beta X_i+\epsilon_i)$으로 변환하고, 분배법칙에 따라 $\alpha\sum k_i+\beta\sum k_i X_i+\sum k_i\epsilon_i$로 바꾸면 $\beta+\sum k_i\epsilon_i$과 같이 정리된다. 이는 α, β가 Y_i의 선형함수임을 나타냄으로 $\hat{\alpha}$, $\hat{\beta}$도 선형추정량이다. 그렇다면, 위 선형추정량 $\hat{\beta}$의 평균값이 실제 모수값 β와 일치하는 불편추정량인지 보아야 한다. 우선 $E(\hat{\beta})=E(\sum k_i y_i)$로 놓고, y_i에 대한 함수로 $E[\beta+\sum k_i\epsilon_i]=\beta+\sum k_i E(\epsilon_i)$라 정리할 수 있다. 그런데 앞서 잔차항의 기댓값이 0인 가정을 적용하면 $E(\hat{\beta})=\beta$가 되어 불편추정량임을 알 수 있다.
아울러 우리는 바람직한 추정량의 또 다른 요소인 효율성 여부를 보아야 한다. 이를 위해 β에 대한 또 다른 추정량을 $\beta_i^*=\sum w_i Y_i$라 하고, 만약 β^*이 불편추정량이 되려면 $E(\beta_i^*)=\alpha\sum w_i+\beta_i\sum w_i X_i$에서 $\sum w_i=0$과 $\sum w_i X_i=1$을 충족해야만 한다. 여기서 β_i^*의 분산은 $Var(\beta_i^*)=Var(\sum w_i X_i)=\sigma^2\sum w_i{}^2$인데 w_i^2에 $\frac{x_i}{\sum x_i^2}$항을 첨부해 $(w_i-\frac{x_i}{\sum x_i^2}+\frac{x_i}{\sum x_i^2})^2$으로 풀면, $\sigma^2\sum(w_i-\frac{x_i}{\sum x_i^2})^2+\sigma^2\frac{1}{\sum x_i^2}$이 되고, $\sigma^2\frac{1}{\sum x_i^2}$

은 $Var(\hat{\beta})$로 정리할 수 있다. 결국 또 다른 추정량 w_i가 k_i와 같다면, $Var(\beta^*) = Var(\hat{\beta})$이 되어 최소 분산의 효율성을 가지기 때문에 OLS는 BLUE가 된다.

한 가지 더 우리는 이와 관련한 상당히 많은 연구들을 접하게 될 것이다. 이 가운데 런던금속거래소(LME)의 선물시장에서 불편의를 파악해 효율성 여부를 검증한 연구를 하나의 사례로 제시한다[4]. 이 논문을 요약한 아래 글은 특정 시장 안에서 불편추정량이 가지는 의미를 어떻게 해석하는지 살펴본 것이니 참고하길 바란다.

Dimitris & Aristeidis(2004)는 모든 시장정보가 활용 가능하고, 이익 기회가 발생하지 않을 경우 효율성이 확보된다고 가정하였다. 그리고 그 검증은 앞선 기간의 구리 선물가격이 미래 현물가격을 반영할 때 양측 가격에 불편의가 있는지 여부를 Error Correction Model 추정과 Wald test 수행으로 파악하였다.
분석 결과 정보 불완전성 하에서 추정 결과에 편의가 반영되어 비효율적 시장임이 입증되었다. 이를 앞서 논의한 불편추정량의 개념에 근거해 풀이하자면, 개별 시장 참여자가 불완전한 시장 정보 하에서 다양한 태도를 보임에 따라 추정량도 차이를 보여 편의추정량이 되었다고 해석할 수 있다.

4) "Testing efficiency of the copper futures market: New evidence from London Metal Exchange" (global business and economics review. 2004)라는 논문에서 1990년대 LME 구리 선물계약 거래 가격의 불편의(unbiased)를 통해 시장효율성 여부를 검증하였다. 독자들 가운데 이와 관련한 분석을 원한다면, 해당 논문의 방법론을 따라해 보는 것도 좋을 것이다. 아울러 이와 유사한 형태인 선물헤징비율에 대한 연구로도 발전시킬 수 있다.

연습문제

1. 군에 건빵을 납품하는 업체가 있다. 이 업체는 건빵 한 봉지에 200개의 별사탕을 포함하도록 생산과정을 관리하고 있다. 이러한 관리가 제대로 되고 있는지 파악하기 위해 60봉지를 선택해 별사탕의 개수를 세어본 결과가 다음과 같았다.

198	195	206	195	202	199	195	207	207	197
195	206	200	199	201	207	200	200	207	206
201	206	203	196	207	205	199	197	200	197
207	196	206	196	195	204	198	197	200	196
200	203	206	199	203	197	204	202	201	198
196	199	198	205	204	198	206	204	201	200

a. 표본평균을 구하라.

b. 표본에 대한 분산과 표준편차를 구하라.

2. 어느 회사는 주차난 해소를 위해 대중교통 이용을 장려하고자 다음과 같이 대중교통을 이용하는 직원들의 출근 소요시간(분)을 조사했다.

28	25	48	37	41	19	32	26	16	23
23	29	36	31	26	21	32	25	31	43
35	42	38	33	28					

a. 도수분포표를 작성해 보아라.

b. 상기 도수분포표의 구간 범위 설정에서 가장 적절한 구간은 얼마인가?

c. 상기 도수분포표를 도식화한다면, 그 모양은 어떻겠는가?

3. 상기 2에서 소요시간과 거리의 관련성을 파악하고자 집에서 회사까지의 거리(㎞)를 조사한 결과가 다음과 같았다.

7	14	12	6	9	9	10	6	10	5
6	5	8	9	6	13	8	13	12	5
5	15	6	11	8					

a. 출근 시간에 대한 표본평균, 분산과 표준편차를 구하여라.
b. 출근 거리에 대한 표본평균, 분산과 표준편차를 구하여라.
c. 출근 시간과 거리의 상관계수를 구하고, 그 의미를 해석하라.

4. 서울의 A패션아웃렛에서는 고객 유치를 위해 상품 구매 시에 무조건 한 장의 복권을 발행하였다. 다음은 해당 복권의 상금과 당첨 확률을 나타낸 표이다. 평균, 분산, 표준편차를 구하여라.

상금(천원)	0	10	100	500
확률(%)	45	30	20	5

5. 어느 금융회사의 무위험 자산과 위험자산에 대한 두 개의 상황을 가정하여 다음과 같은 확률을 정의하였다. 사후확률을 구하여라.

사건, A_i	사전확률, $P(A_i)$	표본정보의 조건부확률, $P(B\|A_i)$	상황과 표본정보의 교집합확률, $P(A_i \text{ and } B)$
위험자산, A_1	0.05	0.90	0.450
무위험자산, A_2	0.95	0.15	0.1425
합계	1.00		$P(B) = 0.1875$

6. 위의 베이지안 정리(Bayes' Theorem)에 대한 사전확률, 조건부확률, 교집합확률, 사후확률에 대한 개념을 정리하라.

7. 평균이 0.5이고, 그 분산은 0.8333을 가지는 모집단이 있다. 이 모집단은 좌우 대칭의 평평한 모양이며, 최소와 최대치는 0과 1이다. 이때 모집단으로부터 30개의 표본을 추출하여 정리한 결과가 다음과 같았다.

추정량	평균	중앙값	trimmed mean
평 균	0.5015	0.5017	0.5043
표준편차	0.0504	0.0611	0.0644

a. 이 추정량들은 편의추정량이라 할 수 있겠는가?
b. 위의 표에서 효율성이 가장 큰 추정량은 어느 것인가?

연습문제 해설

1. a. 200.87
   b. 분산: 15.74, 표준편차: 3.97

2. a. 생략
   b. 6, $\dfrac{(48-16)}{[1+3.322\log(25)]} \fallingdotseq 5.7$
   c. 도식 생략. 대략 대칭적 행태를 보임

3. a. 평균: 30.72, 분산: 63.54, 표준편차: 7.97
   b. 평균: 8.72, 분산: 9.63, 표준편차: 3.10
   c. 상관계수: 0.008, 출근시간과 거리는 상관성이 크지 않다.

4. 평균: 48
   $(0\times0.45)+(10\times0.30)+(100\times0.20)+(500\times0.05)$
   분산: 12,226
   $[(0-48)^2\times0.45]+[(10-48)^2\times0.30]+[(100-48)^2\times0.20]+[(500-48)^2\times0.05]$
   표준편차: 110.57

5. 베이지안 정리(Bayes' Theorem)를 통한 내용으로 두 개의 사건을 가정한 경우에 대한 사후확률을 구하는 문제이다.

사건, A_i	사후확률, $P(A_i\|B)$
위험자산, A_1	$0.0450/0.1875=0.24$
무위험자산, A_2	$0.1450/0.1875=0.76$
합계	1.00

6. 생략. 이와 관련하여 보다 구체적인 내용은 '현대통계학'(안상형, 이명호. 2000

년)을 참조하기 바란다.

7. a. 모집단의 좌우 대칭 행태로부터 모두 편의추정량이라 할 수 있다.
   b. 표준편차가 가장 작은 '평균'이 효율성이 크다고 할 수 있다.

4 단일 표본의 통계적 추론

이상에서 우리는 통계의 이해를 위한 횡단면, 시계열 자료 및 패널 데이터 등의 자료 유형에서 시작해 평균과 분산의 기본적인 내용과 확률변수로의 전개 등 기초적 내용을 파악해 보았다. 특히 바로 앞 절에서는 바람직한 통계량의 전제조건을 이해하였다. 결국 우리는 방대한 모집단 가운데 표본을 설정해 바람직한 통계량을 확보하는 과정을 살펴보았다.

우리는 앞으로 많은 통계분석을 수행할 것이다. 이때 앞서 말한 바대로 방대한 사회과학의 영역에서 임의로 표본을 선정하고, 해당 이론과 부합되는지 판단해야만 한다. 결국 표본에 담겨져 있는 정보를 토대로 모집단에 관한 의사결정, 추정, 예측 등 일련의 과정, 즉 통계적 추론(inference)을 수행하게 될 것이다. 통계적 추론은 크게 추정과 검정으로 나누어진다. 여기에서는 그 개념과 과정을 이해하고자 한다.

1) 표본크기가 큰 경우

추정은 표본통계량을 구해 모집단의 평균, 분산, 비율 등을 구하는 과정으로 단일 표본에 대해서는 점추정과 구간추정의 방식이 있다. 여기서는 먼저 단일표본 가운데 구간추정을 살펴보고자 한다. 표본크기가 충분히 크다는 것[5]은 표본평균의 표본분포가 대체로 정규분포를 이루게 된다는 의미로 앞서 배운 중심극한정리(Central Limit Theorem)가 활용된다.

표본크기 $n=100$인 관측치를 가지는 표본이 있다고 하자. 여기서 표본평균을 중심으로 2배의 표준편차가 형성되는 구간에서 표본을 추출할 때 모집단의 평균을 포함하게 될 확률은 얼마일까? 이를 식으로 표현하면 $\overline{X}\pm 2\sigma_{\bar{x}}$ 즉, $\overline{X}\pm\frac{2\sigma}{\sqrt{n}}$인데 이를 풀어 구간에 해당되는 확률을 산출하면 된다. 그러나 우리는 모집단의 표준편차 σ를 알지 못하기 때문에 문제에 부딪히게 된다. 모집단이 정규분포를 따를 때 표본크기가 충분히 크다면 표본평균의 표본분포도 정규분포를 이루게 된다는 점을 인식해야

5) $n \geq 30$일 때 표본크기가 크다고 표현하며, 이 때 표본평균의 표본분포는 대체로 정규분포를 이루게 된다.

한다. 결국 σ 대신에 표본평균의 표준편차인 s를 이용해 $\overline{X}\pm\frac{2s}{\sqrt{n}}$와 같은 방식으로 구간을 구하고, 이 구간 내의 면적을 산출하면 모집단 평균이 존재할 확률이 된다.

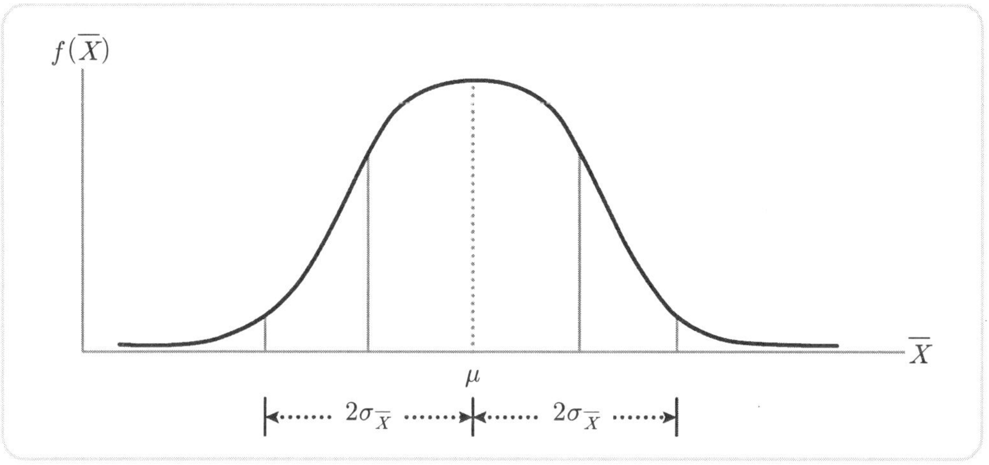

예를 들어, 연체 계정 100개 표본의 합과 편차 제곱 합이 $\sum_{i=1}^{n}X_i=23{,}300$, $\sum_{i=1}^{n}(X_i-\overline{X})^2=801{,}900$(단위: 천원)일 때, $n=100$이므로 이를 대입해 표본통계량을 계산하면 $\overline{X}=233$, $s=90$이 된다. 여기서 $\overline{X}$를 중심으로 2배의 표준편차에 해당하는 구간을 만들면 $\overline{X}\pm 2\sigma_{\overline{X}}=233\pm 2(\frac{\sigma}{\sqrt{100}})$이 된다. 모집단의 표준편차 σ를 알지 못하는 상황에서 앞서 기술한 바와 같이 표본크기가 충분히 큰 경우 표본평균의 표준편차 s를 이용할 수 있음을 우리는 알고 있다. 따라서 $s=90$을 σ에 대입하면 연체된 액수의 구간은 [215, 251](단위: 천원)이 된다.

이처럼 연체된 액수의 구간에 반드시 모집단 평균이 존재한다고 기대할 수는 없지만, 이러한 연체 계정들의 표본을 반복해서 발췌하여 $\overline{X}$ 중심으로 해당 구간 안에 존재하는지 살펴본다면 대부분이 μ를 포함할 것이다. 이를 보다 구체적으로 다음과 같이 '어느 특정 표본의 구간에서 μ가 포함될 가능성은 95%이다.'라고 표현할 수 있다.

위와 같이 표본자료를 기초로 구간 추정을 계산하는 방법을 가르쳐 주는 식을 구간 추정량(interval estimator)이라 하고, 추정에 부여되는 신뢰도를 측정하는 기준이 신뢰계수(confidence coefficient)이다.

> 구간 추정량은 표본자료를 사용, 어느 모집단 모수를 추정할 수 있는 구간의 계산 방법을 설명해 주는 식이다.

> 신뢰계수는 어떤 구간 추정량이 수없이 많이 반복되어 사용된다면 그 구간 추정량이 모집단 모수를 포함하게 될 확률을 나타내며, 이를 %로 나타낸 것이 신뢰수준(confidence level)이다.

앞서 어느 특정 표본의 구간에서 μ가 포함될 가능성이 95%인 신뢰수준은 어떻게 표현될까? 아래는 표본평균의 표본분포를 중심극한정리를 통해 정규화한 표준정규분포(standard normal distribution) 그림이다. 표준정규분포 하의 평균 0을 기준, 좌우 대칭으로 양측에 각각 2.5%를 제외한 부분이 95% 확률 구간임을 알 수 있다. 즉, 우리가 알고자 하는 표본크기가 충분히 큰 표본에서 모집단 평균 μ가 표본 구간에 포함될 확률을 표준정규분포표로 쉽게 구할 수 있다. 아래 그림과 같이 95% 신뢰구간은 $-1.96 \leq Z \leq 1.96$ 사이의 확률을 의미하므로, 표본평균이 $\overline{X}$일 때 해당 신뢰구간에 모집단 평균 μ가 있을 확률은 $\overline{X} \pm 1.96\frac{s}{\sqrt{n}}$임을 알 수 있다.

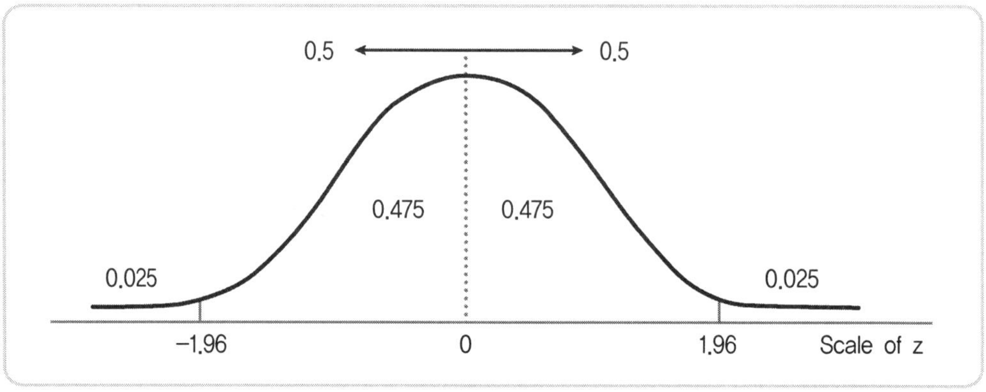

> 표본크기가 클 때 μ에 대한 신뢰구간은 $\overline{X} \pm Z\frac{s}{\sqrt{n}}$로 나타낸다.

위와 같은 추정을 통해 얻은 표본통계량을 모집단 특성치로 가정했을 때 그 진위 여부를 판정하는 과정이 필요하다. 이를 가설검정이라 하는데, 검정은 두 개의 상반된 가설 가운데 하나를 채택하는 방식이다. 상반된 가설은 H_a의 대립가설(alternative hypothesis)과 H_0의 귀무가설(null hypothesis)이 있으며, 그 기준은 표본 관측치와 표본통계량의 확률분포가 된다. 다시 말해 표본 자료가 지지하고자 하는 대립가설이 정반대되는 귀무가설과 다르다는 것을 보여 대립가설이 사실임을 나타낸다. 따라서 관찰된 표본의 귀무가설이 사실일 경우에 매우 적은 확률을 가지고 발생한다. 보다 체계적으로 가설검정의 원리를 정리하였으니, 이를 참고하길 바란다.

가설검정의 원리

1. 귀무가설(H_0): 하나 또는 그 이상의 모집단 모수들의 값에 의해 표현된 이론이며, 통상 우리는 이를 믿지 않으려 한다.
2. 대립가설(H_a): 귀무가설에 반대되는 이론이며 사실로 받아들이기를 원하는 이론이다.
3. 검정통계량: 귀무가설 기각 여부를 결정하는데 사용되는 표본통계량
4. 기각영역: 귀무가설이 기각되는 검정통계량의 수치로 귀무가설이 진실일 때 기각영역이 검정통계량을 포함하게 되는 확률이 α는 통상 작게(0.01, 0.05, 0.10 등) 선택된다.
5. 실험 및 검정통계량 계산: 표본실험이 수행되는 동시에 검정통계량에 대한 수치적인 값이 결정된다.
6. 결론
   a. 만약 검정통계량의 수치적인 값이 기각영역에 해당한다면, 대립가설이 사실로 귀무가설을 기각한다는 결론을 내리게 된다. 그리고 검정절차에 의하여 이러한 결론에 잘못 도달하게 되는 경우는 $100\alpha\%$뿐이다.
   b. 만약 검정통계량이 기각영역에 해당하지 않는다면, 어느 가설이 옳은지에 대한 판단을 유보한다. 귀무가설을 일단 받아들이지 않는다. 왜냐하면 일반적으로 검정절차가 잘못하여 귀무가설을 받아들이게 되는 확률 β를 알지 못하기 때문이다.

위 원리는 가설검정의 순서로 이해할 수 있으며, 이를 다음의 예제로 살펴보고자 한다. 아울러 여기서 귀무가설 기각 여부를 결정하는 데 사용되는 검정통계량과 추론 결과에 일성한 오차가 발생할 가능성을 파악하는 오류에 대해서도 간략히 살펴보고자 한다.

예제

어느 화장품 제조사는 한 병에 $\mu = 250g$인 평균무게의 엣센스를 정확한 무게로 유지하도록 자동포장기계를 운영하고 있다. 그러나 해당 제조사는 소비자 중 일부에서 제기되고 있는 용량 불량의 불만을 수용해 이 기계가 한 병에 정확히 $250g$을 유지하고 있는지 살펴보고자 결정했다. 이를 위해 100개의 병을 선별해 무게를 파악한 결과 $\overline{X} = 245g$이었고, $s = 5g$이었다.

Q. 이 자료에서 한 병에 평균무게인 $\mu = 250g$과 다르다고 나타내는지 검정하라. 단, $\alpha = 0.05$를 사용한다.

A. 평균무게가 $250g$과 다른지 확정하고자 하는 것이기 때문에 양측검정 수행이 바람직하다. 따라서 귀무가설(H_0)은 $\mu = 250g$이 되고, 대립가설(H_a)은 $\mu \neq 250g$이 된다. 검정통계량 $Z = \dfrac{\overline{X} - 250}{\sigma_{\bar{x}}}$에서 기각영역은 $Z > 1.96$ 혹은 $Z < 1.96$이 된다. 이유는 $\alpha = 0.05$에 대해 양측검정을 수행하므로 $P(Z > 1.96) = \dfrac{\alpha}{2} = 0.025$이기 때문이다. 따라서 이를 계산하면, $Z = \dfrac{\overline{X} - 250}{\sigma_{\overline{X}}} = \dfrac{\overline{X} - 250}{\dfrac{\sigma}{\sqrt{n}}} = \dfrac{(245 - 250)}{\dfrac{\sigma}{\sqrt{100}}} \fallingdotseq \dfrac{-5}{\dfrac{s}{10}}$ $= \dfrac{-5}{\dfrac{5}{10}} = -10$이 되어 평균무게($\mu = 250g$)에 못 미친 것으로 나타난다.

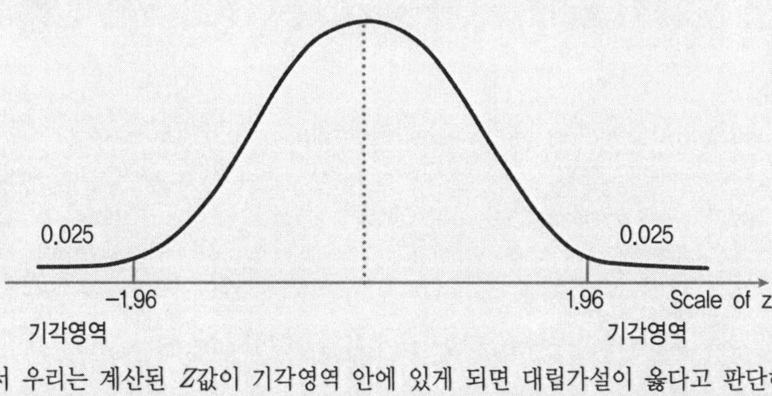

여기서 우리는 계산된 Z값이 기각영역 안에 있게 되면 대립가설이 옳다고 판단해 틀린 의사결정을 할 수 있다. 또, Z값이 기각영역에 포함되지 않는다면 대립가설이 옳다고 판단하는 충분한 증거를 제공하지 못하게 된다. 다만, 앞서 $\alpha = 0.05$로 검정통계량이 잘못되어 귀무가설을 기각하게 되는 확률이 5%이기 때문에 이 가설검정을 신뢰할 수 있다.

위 예제 하단의 기술 내용은 가설검정을 통한 의사결정에서 범할 수 있는 오류를 나타낸 것이다. 우리는 항상 α오류(제1종)와 β오류(제2종)의 두 종류 위험에 노출되어 있는데, 일반적으로 표본분포의 꼬리(tail) 부분으로 기각영역을 더 물러나게 할 경우 α값이 감소하면서 채택영역은 더 넓어질 수 있다. 모수에 대한 다른 값이 옳은 것으로 판단됨에도 불구하고, 귀무가설(H_0)을 받아들이게 되는 확률은 채택영역에 있을 확률 β가 되는 것으로 채택영역이 넓어질수록 β도 커지는 결과를 양산해 낸다. 따라서 한 가지 위험성을 줄일 경우 또 나른 위험성이 커시게 된다.

우리는 의사결정에서의 잠재적 손실, 흔히 재정 부담을 최소화하는 방법으로 최선의 기각영역을 선택하는 것이 일반적이기 때문에 검정통계량이 기각영역에 해당되지 않더라도 β값을 모른다면 판단을 보류한 채 기각영역을 조정하는 것이 유리하다. 기각영역의 조정은 유의수준 p값으로 나타내는데 이는 다음과 같이 정의된다.

> 어떤 특정 통계적 검정에 대하여 관찰된 **유의수준 p값**은 귀무가설이 사실이라는 가정 하에서 대립가설을 지지하는 검정통계량의 값을 관찰하게 되는 확률이다.

결국 α의 값과 이에 대응하는 기각영역은 검정을 수행하기 전에 선택되며, 그 결론은 귀무가설을 기각하거나 또는 기각하지 않는 관점에서 유의수준 p값이 검정통계량의 귀무가설과 일치하지 않는 정도를 반영한다. 다만, 귀무가설의 기각 여부는 통계분석자의 결정에 맡기게 된다. 그러나 이에 앞서 무엇보다 중요한 것은 표본크기가 충분히 큰 단일표본의 통계적 추론에서 두 가지 오류의 최소화 즉, 위험성을 동시에 감소시키기 위해서는 표본의 크기를 충분히 확보해야 함을 명심하여야 한다.

2) 표본크기가 작은 경우

앞서 기술된 것은 표본크기가 충분히 클 때의 통계적 추론으로, 표본평균($\overline{X}$)의 표본분포 모양은 모집단 모양에 따라 좌우됨을 알고 있다. 따라서 표본크기가 충분히 클 때 모집단이 정규분포를 따르면 표본분포도 이 모양을 가정한다. 그러나 우리가 확보할 수 있는 표본은 항상 충분히 크지 않을 때도 있다. 즉, 표본크기가 충분히 크지 않은 경우라 할 수 있는 $n \le 30$이 되면, 두 가지 문제가 대두된다. 첫째, 표본크기가 충분히 크지 않은 경우에 중심극한정리가 적용이 용이하지 않을 수 있다는 점이다. 둘째, $\sigma_{\bar{x}} = \sigma / \sqrt{n}$의 관계는 유지되더라도 표본의 표준편차 s는 표본크기가 작을 때 모집단의 표준편차 σ에 불충분한 근사값을 제공할 수 있다. 이 때 해결 대안은 있는가?

위와 같이 표본크기가 작더라도 표본이 추출된 모집단이 개략적으로 정규분포를 이룰 경우에 $\overline{X}$의 표본분포도 개략적으로 정규분포가 된다는 것을 알고 있다. 이와 동시에 모집단의 표준편차 σ의 대안으로 표본의 표준편차 s를 사용할 수 있음도 알고 있다. 우리는 이를 앞서와 달리 t분포로 설명할 수 있다. 이러한 t분포의 대안은 일반적인 정규분포보다 변동성이 크게 되는데, 구체적으로 표본크기가 작아질수록 변동폭이 커지게 된다. 여기서 변동폭이 커진다는 것은 t분포의 오른쪽 꼬리부분에서 면적 α의 위치를 정하는 t값(t_α)이 상응하는 Z_α값보다 더 크다는 의미이다.

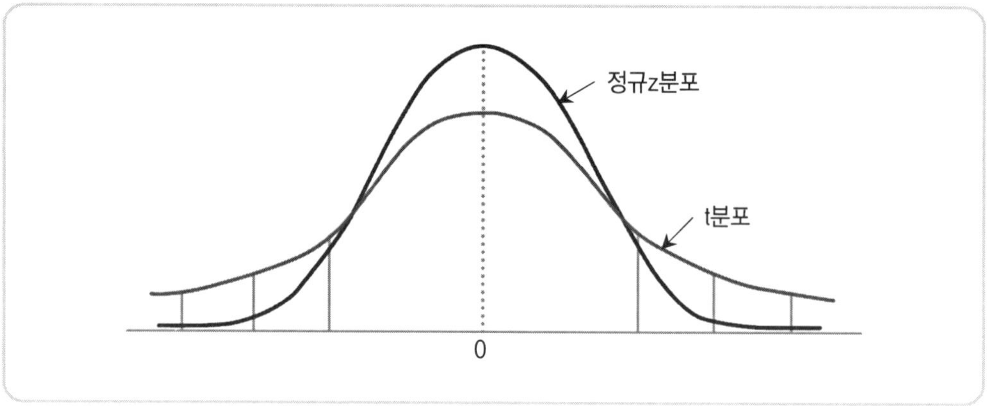

한편, 이렇게 변동폭이 커지게 되는 이유는 정규분포가 오직 하나의 임의적인 값인 $\overline{X}$를 가지는 반면에 t분포는 두 가지 임의적인 값 $\overline{X}$와 s를 포함하기 때문이다. 결국 이러한 임의적인 값의 상호의존관계를 나타내기 위해 $(n-1)$의 자유도를 가진다고 한다.

이와 관련한 간단한 가설검정의 예제를 살펴보도록 하자. 어느 회사의 주식 순이익에 대해 10명의 전문가들 의견이 수집되었다. 이들 10개의 예측치에서 계산된 평균 및 표준편차는 각각 $\overline{X}$=5,530원, S=970원이다. 지난 해 순이익이 4,970원임을 알고 있다고 할 때, 전문가들의 평균 예측(μ)이 지난 해 순이익을 초과한다고 말할 충분한 근거가 있는가? 우선 우리는 전문가들의 평균예측이 지난해 반영된 순이익을 초과한다는 것을 알리기 원하기 때문에, μ=4,970원이라는 귀무가설과 함께 μ〉4,970원인 대립가설을 검정할 것이다. 표본크기가 10으로 작고, σ를 모르는 상황에서 t통계량을 사용해야만 한다. 이를 위해 우선 예측된 순이익과 관련한 모집단 상대도수분포가 개략적으로 정규분포를 이루고 있다는 가정이 필요하다. 이러한 가정 하에서 $\alpha = 0.05$ 수준으로 검정한다면, 기각영역은 자유도($df = n-1 = 9$)를 고려해 $t > t_{0.05} = 1.833$이 된다. 다음으로 표본에 대한 t값을 $t = \frac{\overline{X} - 4,970}{S/\sqrt{n}} = \frac{5,530 - 4,970}{970/\sqrt{10}} = 1.826$와 같이 도출한다. 결국 계산된 t값 1.826은 위의 기각영역에 대한 값 1.833보다 작기 때문에 전문가들이 예측했던 지난해 순이익을 초과한다고 결론내릴 수가 없다.

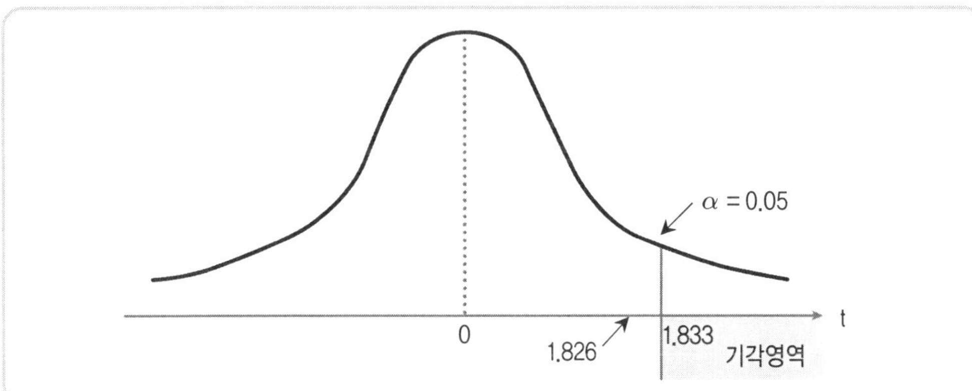

이와 함께 우리는 모집단이 개략적인 정규분포를 따르며 표본크기가 작을 때, t분포를 사용하여 모집단 평균 μ에 대한 신뢰구간을 구할 수 있다. 이는 앞서 표본크기가 충분히 클 때의 신뢰구간 산정에서 사용한 $Z_{\alpha/2}$ 대신에 $t_{\alpha/2}$로 대체하여 계산할 수 있다. 즉, $\overline{X} \pm t_{\alpha/2}(\frac{s}{\sqrt{n}})$ 로 모집단 μ에 대한 신뢰구간을 구할 수 있다. 다만, $t_{\alpha/2}$는 $(n-1)$ 자유도를 기초로 한다.

예를 들어 특정 고등학교 교복에 대한 평균가격을 추정하여 보자. 그 지역에 있는 15군데의 교복 판매점에서 구매비용에 대한 평균과 표준편차가 각각 350,800원, 87,000원이었다. 이 고등학교 교복의 평균가격 μ에 대한 95% 신뢰구간은 사유도 14인 $t_{0.025}$값 2.145를 이용할 수 있다. 이를 다음과 같이 $350,800 \pm 2.145(\frac{87,000}{\sqrt{15}})$

에서 계산하면 $\overline{X} \pm t_{0.025}(\frac{s}{\sqrt{n}})$=[398,984원, 302,616원]이 된다. 따라서 구입된 평균 교복가격이 95%의 신뢰구간에서 모집단 평균 μ를 포함할 것이기 때문에 합리적이라 할 수 있다.

3) 표본크기의 결정

위에서 살펴본 바와 같이 통계적 추론에서는 추정에 대한 신뢰도와 표본에 포함되어야 할 관측치 수가 결정되어야 한다. 이에 대해 우리는 이미 임의 통계량에 대한 표본분포에서 분산과 표본크기 간의 관계가 반비례함을 알고 있다. 따라서 표본크기를 충분히 크게 함으로써 통계량이 모집단 모수에 근접하도록 할 수 있다. 즉, $\overline{X}$에 대한 표본분포의 표준편차는 $\sigma_{\overline{X}} = \frac{\sigma}{\sqrt{n}}$이기 때문에 표본크기를 충분히 큰 값으로 선택함으로써, $\sigma_{\overline{X}}$를 원하는 만큼 작게 만들 수 있다. 보다 구체적으로 표본크기는 다음과 같은 방식에서 얻어낼 수 있다.

100(1−α)% 신뢰도로 표본크기 결정

$(1-\alpha)$ 확률로 어떤 범위(B) 내로 μ를 추정하기 위하여 필요한 표본크기는 다음 식 $Z_{\alpha/2}(\frac{\sigma}{\sqrt{n}}) = B$를 n에 대한 식으로 정리한 $n = \frac{(Z_{\alpha/2})^2 \cdot \sigma^2}{B^2}$에서 구할 수 있다.

5 복수 표본의 통계적 추론

앞서 우리는 하나의 모집단에서 추출된 표본으로 통계적 추론을 진행하였다. 그러나 복잡한 사회 현상 속에서 지역별, 인구통계학적, 소득별 등 우리는 다양한 모집단을 규정지을 수 있다. 이런 측면에서 기본적인 통계적 추론의 근간이 되는 단일 표본의 통계적 추론과 함께 두 개 이상의 복수 표본에 대한 통계적 추론도 살펴보아야 할 것이다.

복수 표본의 통계적 추론도 앞선 단일 표본과 마찬가지로 표본크기에 따라 상이한 검정통계량을 활용한다. 따라서 표본크기의 대소에 따른 통계적 추론을 나누어 살펴보고자 한다.

1) 표본크기가 큰 경우

복수 표본의 통계적 추론에서 두 개의 모집단을 가정하고, 이들에 대한 표본분포 $(\overline{X_1}-\overline{X_2})$의 특성을 먼저 살펴보고자 한다.

$(\overline{X_1}-\overline{X_2})$의 표본분포에 대한 특성

1. $(\overline{X_1}-\overline{X_2})$ 표본분포는 표본크기가 큰 경우, 대체로 정규분포를 형성한다.
2. $(\overline{X_1}-\overline{X_2})$에 대한 표본분포의 평균은 $(\mu_1-\mu_2)$가 된다.
3. 두 표본이 독립적이면, 표본분포의 표준편차는 $\sigma_{(\overline{X_1}-\overline{X_2})}$가 된다.

여기서 표준편차 $\sigma_{(\overline{X_1}-\overline{X_2})}$는 $\sqrt{\frac{\sigma_1^2}{n_1}+\frac{\sigma_2^2}{n_2}}$로 전개된다.

이러한 표본분포를 활용해 $(\mu_1-\mu_2)$의 신뢰구간을 구할 수 있는데, 그 원리는 단일 표본에서와 같다.

표본크기가 큰 경우, $(\mu_1-\mu_2)$에 대한 신뢰구간

두 개의 모집단으로부터 독립적인 방법에 따라 무작위로 추출된 두 표본의 크기가 충분히 크고 $(n_1 \wedge n_2 \geq 30)$, 대체로 정규분포를 따른다는 가정 하에서 $(\overline{X_1}-\overline{X_2}) \pm Z_{\alpha/2}\sqrt{\frac{\sigma_1^2}{n_1}+\frac{\sigma_2^2}{n_2}}$으로 나타낸다.

위의 표본분포 특성과 신뢰구간을 통해 가설검정을 수행하는 과정을 살펴보면 다음과 같다.

표본크기가 큰 경우, $(\mu_1 - \mu_2)$에 대한 가설검정

단측검정	양측검정
$H_0: (\mu_1 - \mu_2) = D_0$	$H_0: (\mu_1 - \mu_2) = D_0$
$H_a: (\mu_1 - \mu_2) < D_0$	$H_a: (\mu_1 - \mu_2) \neq D_0$
[또는 $H_a: (\mu_1 - \mu_2) > D_0$]	

여기서 D_0는 가설로 설정된 평균 간의 차이(주로 0)가 된다.

각 검정에 대한 검정통계량은 모두 $Z = \dfrac{(\overline{X_1} - \overline{X_2}) - D_0}{\sigma_{(\overline{X_1} - \overline{X_2})}}$이 되며, 기각영역은 다음과 같다.

$Z < -Z_{\alpha}$	$Z < -Z_{\alpha/2}$
또는 $Z > Z_{\alpha}$	또는 $Z > Z_{\alpha/2}$
[$(\mu_1 - \mu_2) > D_0$인 경우]	

예제로 우리는 연필을 생산하는 어느 회사를 살펴보고자 한다. 이 회사의 81시간에 걸친 시간당 연필 생산량 중 평균 불량품은 107개였으며, 그 편차는 6.3개였다. 이 회사는 이러한 불량품 축소를 위해 직원 교육을 2주간 실시하였고, 교육 이후 64시간에 걸친 불량품 발생은 시간당 101개로, 그 편차도 5.7개로 축소되었다. 이를 토대로 직원 교육이 불량품 축소에 기여하였다고 결론내릴 수 있겠는가? 95% 신뢰수준에서 단측검정하여 보자.

식 $Z = \dfrac{(\overline{X_1} - \overline{X_2}) - D_0}{\sigma_{(\overline{X_1} - \overline{X_2})}}$을 이용하면, $\dfrac{107 - 101}{\sqrt{\dfrac{6.3^2}{81} + \dfrac{5.7^2}{64}}} = \dfrac{6}{0.998827} = 6.01$이 된다.

여기서 귀무가설(H_0)은 교육 전후 큰 효과가 없었다는 전제 하에 각 평균이 동일하다는 $(\mu_1 - \mu_2) = D_0$에 따라 $D_0 = 0$이 된다. 한편, 직원 교육 이후 불량품이 축소되었다는 대립가설은 $(\mu_1 - \mu_2) > 0$이다. 결국, $\alpha = 0.05$ 수준에서 제시된 기각영역은 $Z > Z_{\alpha} = 1.645$인데, $Z = 6.01$이므로 교육을 통해 불량품 축소가 이루어졌다고 결론내릴 수 있다.

2) 표본크기가 작은 경우

우리는 앞서 단일 표본에서 표본크기가 큰 경우와 대비해 작은 경우에 대해서 살펴보았다. 복수 표본도 이와 마찬가지로 표본크기가 작은 경우 t−통계량을 통해 해결할 수 있다. 다만, t−통계량을 사용하기 위하여 표본이 추출된 모집단이 같은 모집단 분산을 가지며 개략적으로 정규분포를 이루어야 한다. 이와 동시에 무작위 표본들은 서로 독립적으로 추출되어야 한다. 정규분포상태 및 동일 분산에 대한 가정들은 아래 그림에 나타난 것과 같이 모집단에 대한 상대도수분포를 암시하게 된다.

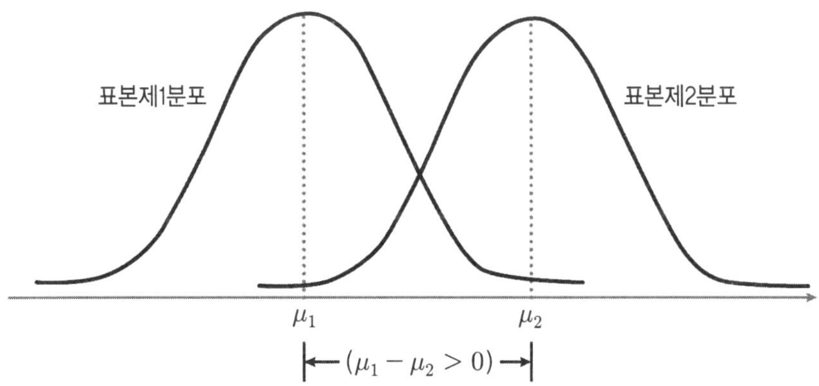

두 모집단이 동일 분산을 가진다는 가정에 따라 t−통계량의 분산 σ^2은 공동 계산된 표본추정량(a pooled sample estimator)을 구하기 위하여 두 표본들로부터 오차자승합(Sum of Squares of Deviations)을 결합시키는 것이 합리적이다. 보다 구체적으로 살펴보면, 표본 1에서 표본분산은 $\sum_{i=1}^{n_1}(X_i - \overline{X_1})^2$이 되고, 표본 2로부터는 $\sum_{i=1}^{n_2}(X_i - \overline{X_2})^2$의 표본분산을 얻게 된다. 이때 t−통계량은 $(n-1)$의 자유도가 있음을 알고 있는데, 두 개의 표본이므로 각각 한 개씩의 자유도를 고려해야 한다. 따라서 오차자승합을 결합한 σ^2의 합동 추정량(S_p^2)은 위의 표본 1, 2를 전개한 후에 각각의 자유도를 고려한 값으로 나눈 $S_p^2 = \dfrac{(n_1-1)S_1^2 + (n_2-1)S_2^2}{(n_1+n_2-2)}$으로 나타낼 수 있다. 이로부터 우리는 표본크기가 작은 경우 $(\mu_1 - \mu_2)$에 대한 신뢰구간을 얻을 수 있다. 그렇다면 가설검정은 어떻게 이루어질까? 이에 대한 방법은 다음과 같다.

표본크기가 작은 경우, $(\mu_1 - \mu_2)$에 대한 가설검정

단측검정	양측검정
$H_0: (\mu_1 - \mu_2) = D_0$	$H_0: (\mu_1 - \mu_2) = D_0$
$H_a: (\mu_1 - \mu_2) < D_0$	$H_a: (\mu_1 - \mu_2) \neq D_0$
[또는 $H_a: (\mu_1 - \mu_2) > D_0$]	

여기서 D_0는 가설로 설정된 평균 간의 차이(주로 0)가 된다.

각각의 검정통계량은 모두 $t = \dfrac{(\overline{X_1} - \overline{X_2}) - D_0}{\sqrt{S_p^2(\dfrac{1}{n_1} + \dfrac{1}{n_2})}}$이 되며, 기각영역은 다음과 같다. 다만, t_α 혹은 $t_{\alpha/2}$에서 자유도(degree of freedom)는 $df = (n_1 + n_2 - 2)$에 근거한다.

단측검정	양측검정
$t < -t_\alpha$	$t < -t_{\alpha/2}$
또는 $t > t_\alpha$	또는 $t > t_{\alpha/2}$
[$(\mu_1 - \mu_2) > D_0$인 경우]	

간단한 예제를 살펴보자. 완제품 빵을 만들어 다른 회사에 판매만 하는 회사가 있다. 시간이 지날수록 인지도가 높아지면서 사장은 빵을 직접 팔 수 있는 매장을 확보해 사업 확장을 할 경우 더 큰 수익을 얻을 수 있을 것이라 판단했다. 그래서 이미 많은 고객을 확보한 매장을 인수하는 것이 나을지, 아니면 새로 매장을 조성해 처음부터 시작하는 것이 나을지 각각의 초기 사업비 부담을 조사해 보니 아래와 같았다.

기존매장(백만원)	131	135	146	165	136	142	
신규매장(백만원)	130	102	129	143	149	120	139

이 경우 기존 매장을 인수해 판매를 시작하는 것이 부담이 더 크다고 말할 수 있겠는가? $\alpha = 0.1$의 유의수준에서 검정하여라.

기존매장 사업비에 대한 표본분산은 12.2, 신규매장은 15.8이다. 따라서 S_p^2를 구하면 203.82가 되는데, 이를 통해 $t = \dfrac{(142.5 - 130.3)}{\sqrt{203.82(\dfrac{1}{6} + \dfrac{1}{7})}} = 1.536$을 얻을 수 있다.

이는 귀무가설(H_0)인 $\mu_{기존} \leq \mu_{신규}$에 대해 대립가설(H_a)이 $\mu_{기존} > \mu_{신규}$을 검정할

때, $t = 1.536 > t_{\alpha} = 1.363$으로 귀무가설이 기각되어 기존매장에 대한 초기 사업비용이 더 크다는 것을 의미한다.

우리는 앞선 통계적 추론에서 이항분포와 함께 복수 표본의 통계적 추론 가운데 표본크기가 작은 경우에 대한 추가적인 사항은 논의하지 않았다. 이는 '현대통계학'(안상형, 이명호. 2000년)을 참고하길 바란다.

연습문제

8. 어느 회사에서 임의로 선별한 숙련자 256명의 연평균 임금은 4,542만원으로 조사되었으며, 표준편차는 205만원이었다. 95% 신뢰구간에서 모집단 평균은 얼마가 되겠는가?

9. LCD TV를 제작하는 A사는 모든 연령층 가운데 30대를 주요 고객으로 집중적인 판매 전략을 세울 계획이다. 그런데 TV시청률을 조사해 발표한 자료에 따르면 30대 남성의 경우 주중 평균적으로 6.8시간을 시청한다고 나와 있어, 성별에 따른 접근이 필요하다고 판단했다. 이에 따라 동일 연령대 여성의 TV 시청시간을 파악하고자 36명의 표본을 선별해 주중 시청시간을 관찰한 결과 평균 6.2시간, 표준편차는 0.5로 나타났다. A사는 남성 위주의 TV 판매 전략을 추진하는 것이 전략적으로 좋다고 할 수 있는지 0.05의 신뢰수준에서 검정하라.

10. 한 개의 모집단으로부터 40개의 표본을 추출해 평균과 표준편차를 구한 결과, 각각 102와 5가 나왔다. 다른 모집단에서 50개 표본을 추출하여 평균과 표준편차를 구하였더니 99와 6이었다. 가설검정을 실시하고, 신뢰수준 0.04에서 p값을 구하라.

11. 강남과 강북의 신규 주택 구매 행태를 파악하기 위해 해당 지역의 기존 주택에 대한 주거기간을 표본을 선별해 조사해 보았다. 강남에서 40개 표본을 조사한 결과, 평균 주거기간은 7.6년이었고, 표준편차는 2.3년이었다. 한편, 강북지역의 55개 가구를 표본으로 조사하였더니 평균 주거기간은 8.1년, 표준편차는 2.9년이었다. 이를 강남지역에서 주거기간이 짧기 때문에 구매 행태가 활발할 것이라는 가설검정을 유의수준 0.05로 절차에 따라 살펴보아라.

12. 표본 120개에 대하여 p값이 0.3으로 나타나고, 유의수준이 0.05인 다음의 가설 H_0: $\pi = 0.4$, H_1: $\pi \neq 0.4$에 대하여 귀무가설 기각 여부를 살펴보아라.

13. 2008년 금융위기 직후 시중 대형 은행들은 자본 충당을 위해 신용대출금리를 가장 먼저 인상하며, 대부분 9%를 초과한 것으로 나타났다. 반면 규모가 작은 저축은행은 경영 악화로 인해 신용대출금리를 이보다 크게 인상했을 것으로 예상하였다. 이에 8개 저축은행을 표본으로 신용대출금리를 조사하였더니, 10.1, 9.3, 9.2, 10.2, 9.3, 9.6, 9.4, 8.8 등으로 나타났다. 이들 표본을 통해 저축은행의 신용대출금리가 9%를 초과한다고 할 수 있는지 유의수준 0.01로 검정하여라.

14. A 신용카드 회사는 자사의 신용카드 활성화를 위해 타사보다 두 배 큰 마일리지를 적립할 수 있는 신제품을 출시할 계획이다. 그런데 이러한 신용카드 사용이 60세 이상보다는 25세 미만의 청년층에서 상당한 호응을 얻을 수 있을 것이라는 예측 하에 각 연령별 두 그룹으로 나누어 각각의 표본을 선별하고, 기존에 발행한 신용카드 이용횟수를 조사하였다. 이 경우 A 신용카드 회사는 25세 미만의 청년층을 주요 타겟으로 전략을 세우는 것이 맞는지, 유의수준 0.01에서 검정하여라.

25세 미만	10	10	11	15	7	11	10	9			
60세 이상	4	8	7	7	4	5	1	7	4	10	5

15. 백화점 A는 계절 변화에 앞서 10% 가격할인 행사를 펼쳤는데, 이러한 가격할인 행사가 실제로 상품판매 확대로 이어졌는지 파악하고자 의류 업체들의 할인행사 이전과 이후의 실제 판매량을 조사하였다. 이때 한 업체는 판매량 미기재를 이유로 다음과 같이 정리하였다. 이 백화점의 가격할인이 판매량 증가로 이어졌다고 할 수 있는지, 유의수준 0.01에서 검정하여라.

정상가격 시	138	121	88	115	141	125	96	
할인가격 시	128	134	152	135	114	106	112	120

연습문제 해설

8. $\overline{X} \pm 1.96\frac{s}{\sqrt{n}} = 4,542 \pm 1.96\frac{205}{\sqrt{256}} = 4,542 \pm 25.1125$로 약 4,517만원에서 4,567만원

9. 여성이 남성보다 TV 시청시간이 적지 않다는 단측검정을 수행해야 한다. 이를 위해 먼저 $H_0 : \mu \geq 6.8$, $H_1 : \mu < 6.8$의 가설을 세우고, 표본수가 충분히 크기 때문에 표준정규분포에 따른 0.05의 신뢰수준에서 H_0는 $z < -1.65$일 경우 기각될 수 있다. 다음으로 검정통계량은 $z = \frac{(6.2-6.8)}{0.5/\sqrt{36}} = -7.2$이 도출되므로 H_0는 기각되어 남성을 대상으로 한 판매 전략도 고려할 필요가 있는 것으로 판단할 수 있다.

10. 양측검정에 따라 H_0는 $z < -2.05$ 또는 $z > 2.05$일 경우 기각된다. 검정통계량 z는 $\frac{102-99}{\sqrt{\frac{5^2}{40}+\frac{6^2}{50}}} = 2.59$가 도출되는데, 이는 앞서의 H_0가 기각되어 H_1이 채택됨을 의미한다. 한편, 신뢰수준 0.04의 p값은 $2(0.5-0.4952)$에서 0.0096을 얻게 된다.

11. 단측검정에 따라 H_0: $\mu_1 \geq \mu_2$, H_1: $\mu_1 < \mu_2$의 귀무가설과 대립가설을 파악한다. 0.05의 유의수준을 따르므로 $z < -1.65$이면 귀무가설은 기각된다. 검정통계량 z는 $\frac{7.6-8.1}{\sqrt{\frac{2.3^2}{40}+\frac{2.9^2}{55}}} = -0.94$가 도출되는데, 이는 앞서의 H_0가 기각되지 않음을 의미한다. 한편, p값은 $0.5000-0.3264=0.1736$을 얻게 된다.

12. 양측검정으로 H_0 기각은 $z < -1.96$이거나 $z > 1.96$가 된다. 검정통계량 z는 $z = \dfrac{0.3-0.4}{\sqrt{\dfrac{0.4\times 0.6}{120}}} = -2.24$와 같이 구해지므로 H_0는 기각된다.

13. 단측검정에 따라 H_0: $\mu \le 9$, H_1: $\mu > 9$의 귀무가설과 대립가설에 대하여 0.01의 유의수준에서 t통계량을 따르면 $t > 2.998$일 경우 귀무가설은 기각된다. 여기서 8개 저축은행 신용대출금리의 평균은 9.488, 표준편차는 0.467이므로 검정통계량 t는 $\dfrac{9.488-9}{0.467/\sqrt{8}} = 2.95$가 도출된다. 이는 앞서의 H_0가 기각되지 않음을 의미한다.

14. 단측검정에 따라 H_0: $\mu_1 \le \mu_2$, H_1: $\mu_1 > \mu_2$의 귀무가설과 대립가설을 파악한다. 0.01의 유의수준에서 t통계량을 따르면 $t > 2.567$일 경우 귀무가설은 기각된다. 각 그룹 표본분산에서 $s_p^2 = \dfrac{(8-1)(2.2638)^2 + (11-1)(2.4606)^2}{(8+11-2)} = 5.672$를 구할 수 있다. 검정통계량은 $t = \dfrac{10.375-5.636}{\sqrt{5.672(1/8+1/11)}} = 4.28$로 귀무가설($H_0$)이 기각된다. 따라서 새로운 신용카드의 주요 고객층은 25세 미만의 청년층이 될 것이다.

15. 단측검정에 따라 H_0: $\mu_1 \le \mu_2$, H_1: $\mu_1 > \mu_2$의 귀무가설과 대립가설을 파악한다. 0.01의 유의수준에서 t통계량을 따르면 $t > 2.650$일 경우 귀무가설은 기각된다. $s_p^2 = \dfrac{(8-1)(15.094)^2 + (7-1)(19.914)^2}{(8+7-2)} = 305.708$을 구할 수 있다. 검정통계량은 $t = \dfrac{125.125-117.714}{\sqrt{305.708(1/8+1/7)}} = 0.819$로 귀무가설($H_0$)이 기각되지 않는다. 따라서 할인행사는 판매량 증가와 무관한 것으로 이해할 수 있다.

6 비모수 통계

앞서 다루었던 내용들은 정규분포와 같이 자료의 특정한 특성을 가정한 분석으로 대부분 통계 분석은 이 영역 안에 있다고 말할 수 있다. 하지만 수많은 연구를 진행하다 보면 가정이 충족되지 못하거나, 순위 자료를 분석하는 상황에 종종 부딪히게 될 것이다. 이때 자료의 특성을 고려하지 못한 채 적용하면 전혀 의도하지 않은 결론을 도출할 수 있다.

그렇다면 우리는 어떠한 방법으로 이를 해결할 수 있을까? 우리는 통계학 기법들을 모수적 분석(parametric analysis)과 비모수적 분석(nonparametric analysis) 둘로 크게 구분하는데, 위와 같은 문제에 직면하였을 때 비모수적 방법을 활용한다. 이번에는 이런 비모수적 방법을 학습하고자 한다.

비모수적 방법은 앞서 말한 바와 같이 가정을 완화하거나, 순위자료를 분석할 때 주로 활용된다. 우선 대표적인 사례로 t 혹은 F 검정을 통해 확보된 통계량이 해당 분포의 표준을 따르지 않도록 가정을 완화하는 경우라 할 수 있다. 한편 또 다른 경우로 관측값 자체를 사용하지 않고 대부분 관측값의 부호나 상대적 순위를 사용할 수 있는데, 상대적 순위는 어떤 현상에 대한 양적 자료는 얻기 곤란하지만 서로를 비교해서 순위를 매길 수 있는 경우에 순위통계량(rank statistics)이라는 명칭으로 대단히 유용하게 활용될 수 있음을 유의하자.

비모수적 방법은 모집단 분포형태에 대한 가정을 완화하거나 순위자료 분석을 위해 이론을 전개한다. 이 때문에 가정이 만족되지 않아 발생할 수 있는 오류가 축소되는 것은 물론 계산이 용이해져 이해가 쉽다는 장점이 있다.

이와 같은 비모수 통계의 활용과 그 장점을 이해하고자 우리는 기본 이론을 학습하게 될 것이다. 우선 처음에는 하나 혹은 두 개의 모집단을 비교하고, 다음으로 다수의 집단을 비교하고자 한다. 아울러 비모수적 분석법의 기초가 되는 스피어만 순위상관계수와 함께 다수의 집단에 대한 검정 등을 차례로 논의하고자 한다.

1) 두 집단의 비교

두 집단의 비교에 앞서 모집단이 하나인 경우를 개관하여 보자. 모집단이 정규분포로 대칭을 이룰 경우에는 주요 통계량인 평균을 활용할 수 있다. 그러나 비대칭인 경우에는 중위수(median)에 큰 의미를 두게 된다. 결국 가정을 완화하여 표준적인 분포를 이루지 않는 비모수 통계에서 중위수가 중요한 역할을 한다. 그렇다면 모집단 중위수 추정에 필요한 최소한의 가정은 무엇일까? 모집단 분포 행태와는 관계없이 분포가 연속성을 가지며, 표본이 무작위로 추출되어야 한다. 이와 같은 단순한 조건의 충족은 모든 분포에 활용이 가능하다는 점에서 큰 장점이다.

이런 장점을 토대로 우리는 모집단 중위수에 대한 검정을 살펴보아야 한다. 모집단 검정은 자료의 값에서 검정하고자 하는 중위수의 값을 뺀 부호를 활용한다. 따라서 검정하고자 하는 값을 η_1으로 할 때 귀무가설은 관측치에서 검정하고자 하는 값 η와 η_1이 동일한 경우이며, 반대로 대립가설은 같지 않은 경우가 된다.

한편, η에서 η_1을 뺀 값의 부호가 양(+)인 개수를 D라 하고, 관측치가 η_1보다 클 확률을 p라 두면 귀무가설이 옳은 경우 D는 $p=0.5$인 이항분포를 따른다. 그러나 표본 크기가 충분히 큰 경우 D의 분포는 정규분포에 근접하게 된다.

(1) 두 집단 독립표본의 검정

① 윌콕슨의 순위합 검정

서로 다른 두 집단에서 무작위 추출된 두 개의 표본 집단이 있다. 여기서 이 둘을 비교하는데 t검정이 적합하지 않다고 가정하자. 이 때 얻어진 자료에 순위를 정할 수 있다면 윌콕슨의 순위합 검정(Wilcoxon rank sum test)을 이용하여 두 집단이 동일하다는 가설을 검정하게 된다. 이때 기본 가정은 두 모집단의 분포가 연속적(Continuous)이며, 두 분포가 동일한 모양을 가져야 한다.

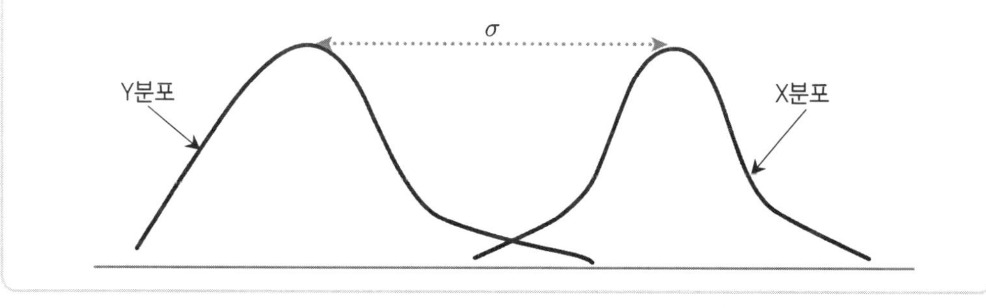

우선 두 개의 집단을 각각 X와 Y로 표시하고, 두 모집단의 분포가 연속적이며, 각 분포의 모양이 같다는 상황에서 앞의 그림을 살펴보자. 이때 분포 X가 분포 Y보다 확률적으로 크다는 것은 Y분포를 σ만큼 평행이동함으로써 알 수 있다.

예를 들어 내년도 주가가 어떻게 변할 것인지를 증권회사 담당직원 6명과 경영학과 교수 7명에게 물어본 결과가 아래 표의 예상 상승폭 열에 표시되어 있다. 주가 상승폭에 대한 증권회사 직원과 경영학과 교수들의 예상이 서로 다른가를 알아보려 한다고 하자.

증권회사 담당직원		경영학과 교수	
예상 상승폭	순 위	예상 상승폭	순 위
40	4	150	10
110	8	200	12
25	2	30	3
0	1	90	7
55	5	170	11
80	6	250	13
		120	9

두 집단의 확률분포를 비교하기 위해서는 우선 두 표본집단의 관측치를 혼합하여 순위를 매겨야 한다. 다시 말해서 위 표에서의 6개, 7개로 이루어진 두 표본을 13개로 이루어진 하나의 표본으로 보고, 이들 중 가장 작은 수에서 가장 큰 수인 0에서 250까지 순서대로 1에서 13까지 순위를 부여한다. 그 결과는 오른쪽 순위에 표시되어 있다.

윌콕슨 검정의 통계량은 위의 절차를 거친 순위를 비교하려는 집단별로 합한 순위합에 기초를 두고 있으며 보통 T로 표시한다. 만일 두 표본의 순위합이 거의 비슷하다면 두 표본이 추출된 모집단의 확률분포가 다르지 않다는 뜻이 될 것이다. 반대로 두 순위합이 매우 다르다면 이는 두 표본 집단의 모집단이 다르다는 것을 의미한다.

위의 예에서 증권회사 직원들의 순위합을 T_A, 경영학과 교수들의 순위합을 T_B라 하면 $T_A = 4+8+2+1+5+6 = 26$, $T_B = 10+12+3+7+11+13+9 = 65$,

$T_A + T_B = 1+2+3+\cdots+13 = \frac{(13)(13+1)}{2} = 91$과 같이 계산되어진다. $T_A + T_B$는 표본수가 정해지면 고정되기 때문에 T_A가 작을수록 T_B는 커지고, T_A가 커질수록 T_B는 작아지는 관계에 놓인다. 아울러 T_A와 T_B의 차이가 클수록 두 집단 간에 차이가 있음을 의미한다. 순위합 검정에 관계된 기각영역의 정리 및 그 통계표 해석은 '현대통계학'(안상형, 이명호, 2000년)을 참고하길 바란다.
윌콕슨의 순위합 검정은 다음과 같이 요약할 수 있다.

윌콕슨의 순위합 검정

단측검정	양측검정
H_0: 두 집단 확률분포는 같다. ($\sigma = 0$)	H_0: 두 집단 확률분포는 같다. ($\sigma = 0$)
H_1: A집단의 확률분포가 B집단보다 오른쪽에 위치한다. ($\sigma > 0$)	H_1: A집단의 확률분포가 B집단보다 오른쪽 혹은 왼쪽에 위치한다. ($\sigma \neq 0$)
[검정통계량] 표본수가 작은 표본 순위합 T	[검정통계량] 표본수가 작은 표본 순위합 T
[기각영역] 표본수가 작은 집단이 A라면 $T_A \geq T_U$	[기각영역] 표본수가 작은 집단이 A라면 $T_A \leq T_L$ 혹은 $T_A \geq T_U$

만일 H_a가 "A집단이 B집단보다 왼쪽에 위치한다(작다)"라면, $T_A \leq T_L$인 경우에 H_0 기각

주가 예상이 경영학과 교수와 증권회사 직원들 사이에 관한 차이의 여부를 $\alpha = 0.05$에서 검정하여 보자. 귀무가설 H_0와 대립가설 H_a는 다음과 같이 세울 수 있다.

H_0 : 내년도 예상 주가 변동폭에 대한 증권회사 직원들의 확률분포와 경영학과 교수들의 확률분포는 같다.

H_a : 내년도 예상 주가 변동폭에 대한 증권회사 직원들의 확률분포는 경영학과 교수들의 확률분포와 다르다.

증권회사 직원들의 표본수($n_1 = 6$)가 경영학과 교수들의 표본수($n_2 = 7$)보다 작기 때문에 검정통계량은 T_A가 된다. 이 경우에는 양측검정이며, $\alpha = 0.05$이므로

해당되는 통계표에서 찾아보면 기각영역의 경계는 $T_L = 28$, $T_U = 56$임을 알 수 있다. 앞서 계산된 T_A가 26이었으므로 $T_L = 28$보다 작아 귀무가설은 기각된다. 이는 결국 주가에 대한 예상이 경영학과 교수들과 증권회사 직원들 사이에 차이가 있다는 의미가 된다.

② 대표본의 순위합 검정

윌콕슨 순위합 통계표는 n_1과 n_2의 값이 커짐에 따라 굉장히 커지게 된다. 따라서 표본크기가 클 때에는 정규근사가 사용된다. 따라서 귀무가설 H_0 하에서 T의 평균과 분산은 다음과 같다.

윌콕슨의 순위합 검정

분포의 모양이 동일한 두 모집단에서 n_1과 n_2의 표본을 독립적으로 추출하면 T의 표본분포는 정규분포와 비슷하며 평균과 분산은 아래와 같다.

$$E(T) = \frac{n_1(n_1 + n_2 + 1)}{2}, \qquad \sigma^2(T) = \frac{n_1 n_2 (n_1 + n_2 + 1)}{12}$$

1) T는 표본수가 작은 표본의 순위합이다.
2) n_1은 표본수가 작은 표본의 표본수이다.

이러한 정규근사가 사용될 경우 유의수준 α에서 양측검정의 기각영역 경계는 $E(T) \pm z(1 - \frac{\alpha}{2}) \cdot \sigma(T)$가 된다.

(2) 두 집단 짝 표본의 검정

두 모집단으로부터 표본을 짝지어서 추출할 때에는 짝지어진 표본의 차이를 기초로 검정을 한다.

비모수 통계방법 중에서 짝지어진 두 표본의 동질성 여부를 판정하는 방법으로 부호검정과 윌콕슨의 부호순위검정이 있다. 이번에는 이들 두 검정을 살펴보고자 한다. 이를 위해 다음의 예를 가지고 부호검정과 부호순위 검정을 설명하도록 한다.

어느 회사에서 신제품을 개발하였는데 디자인을 A형, B형 두 가지로 만들었다. 이 두 디자인에 대한 소비자들의 선호도를 파악하기 위해 12명을 소비자에게 두 디자인에 대한 점수를 1점에서 10점까지 평가하도록 한 결과가 다음과 같다.

소비자	디자인 A	디자인 B	차 이 (A–B)	부호
1	6	5	1	+
2	4	1	3	+
3	7	9	−2	−
4	8	7	1	+
5	5	8	−3	−
6	7	5	2	+
7	8	7	1	+
8	9	7	2	+
9	7	4	3	+
10	8	3	5	+
11	5	4	1	+
12	8	6	2	+

① 부호검정

짝지어진 표본의 경우 비록 모집단이 두 개이지만 짝지어진 표본의 차이를 기초로 검정을 실시하므로 하나의 모집단 검정에서 배운 부호검정을 이용할 수 있다. 부호검정은 두 개의 수치를 비교한 후 양(+), 음(−)으로 표시하여 분석하는 방법이다. 이때 양(+) 혹은 음(−)이 나올 확률이 같다는 가정하에서 $p=0.5$인 이항분포를 활용한다.

위 예제를 가지고 A, B 두 디자인에 대한 소비자들의 선호도에 차이가 있는지를 $\alpha=0.05$에서 검정해보자.

먼저 귀무가설과 대립가설은 '두 디자인에 대한 소비자들의 선호도가 같다'와 '두 디자인에 대한 소비자들의 선호도는 다르다'로 각각 나타낼 수 있다. 여기서 부호가 양(+)인 표본의 수를 D라 하자. $n=12$, $p=0.5$인 이항분포표에서 $\alpha=0.05$이므로 좌우 임계지의 확률은 $\alpha/2=0.025$를 초과해서는 안 된다. 따라서 $n=12$, $p=0.5$인 이항분포에서 좌우 기각영역의 값은 3과 9가 됨을 알 수 있는데, 이는

$3 \leq D \leq 9$이면 H_0를 채택하고, $D < 3$ 혹은 $D > 9$이면 H_a를 채택한다는 의미이다. 위 예제는 $D = 10$이므로 H_0는 기각되어 두 디자인에 대한 소비자들의 선호도에 차이가 있음을 제시한다.

② 윌콕슨의 부호순위검정

부호검정에서는 검정에서 부호만 사용하고 차이의 크기는 무시한다. 따라서 차이의 크기를 알 수 있다면 차이의 크기도 검정에 포함시키는 윌콕슨의 부호순위검정이 일반적임을 밝혀둔다. 만약에 차이의 크기를 알 수 있다면 부호와 크기를 동시에 고려하여 더욱 강력한 검정을 할 수 있기 때문이다. 아래 예시표는 앞선 부호검정의 예시를 변형한 것으로, 이를 통해 윌콕슨의 부호순위검정을 살펴보자.

소비자	디자인		차 이	차이의	차이 절대값의
	A	B	(A–B)	절대값	순위
1	6	5	1	1	2.5
2	4	1	3	3	10
3	7	9	−2	2	6.5
4	8	7	1	1	2.5
5	5	8	−3	3	10
6	7	5	2	2	6.5
7	8	7	1	1	2.5
8	9	7	2	2	6.5
9	7	4	3	3	10
10	8	3	5	5	12
11	5	4	1	1	2.5
12	8	6	2	2	6.5

T_+(양수 순위합) $= 2.5 + 10 + 2.5 + 6.5 + 2.5 + 6.5 + 10 + 12 + 2.5 + 6.5 = 61.5$

T_-(음수 순위합) $= 6.5 + 10 = 16.5$

위 표의 두 디자인 A, B에 대한 소비자 선호도를 부호순위검정하는 절차부터 알아보자. 이 때 두 가지 디자인에 대한 선호도 차이가 있는가를 알아보기 위한 귀무가설(H_0)과 대립가설(H_a)은 각각 'A와 B 디자인에 대한 소비자들의 선호도 분포는 같다'와 'A와 B 디자인에 대한 소비자들의 선호도 분포는 다르다'로 세운다.

위의 가설에 대하여 윌콕슨의 부호순위검정법으로 검정하기 위해서는 다음의 과정을 거친다.

윌콕슨의 부호순위검정 절차

1. 짝지어진 표본관측치의 차이를 계산한다.
2. 차이의 절대값을 구한다.
3. 차이의 절대값의 순위를 구한다.
   (이때 같은 수가 있으면 평균순위를 부여한다. 즉, 이들이 동점이 아니었다면 받았을 순위의 평균을 계산하여 이 숫자를 순위로 한다.)
4. 차이값이 양수인 표본의 차이에 대한 절대값의 합 T_{+}와 음수인 표본의 차이에 대한 절대값의 합 T_{-}를 구한다.
5. 윌콕슨 부호순위검정표에서 설정된 유의수준 α와 표본수 n에 맞는 기각영역의 경계 T_0를 구한다.
6. 양측검정을 전제로 T_{+}와 T_{-} 중 작은 것을 검정통계량 T라 한다면, T가 작을수록 두 확률분포가 다르므로 $T \leq T_0$인 경우에 귀무가설을 기각하고 반대의 경우에 귀무가설을 채택한다.

다시 검정으로 돌아와 두 디자인 A, B에 대한 소비자들의 선호도에 차이가 있는지를 $\alpha = 0.05$에서 검정하여 보자. 대립가설 H_a를 두 집단이 다르다고 설정하였으므로 양측검정이며, $n = 12$이고 유의수준 $\alpha = 0.05$이므로 해당되는 T_0는 14가 된다. 이는 앞서 $T_{+} = 56.5$와 $T_{-} = 21.5$에서 작은 수 21.5를 T로 할 때 $T > T_0$가 되어 귀무가설은 채택되고, A와 B 두 디자인에 대한 소비자들의 선호도에 차이가 없다고 결론내릴 수 있는 것이다.

이 결론은 앞서 부호검정에서 설명한 결과와 상반된다. 이처럼 동일한 자료를 가지고 검정한 결과가 서로 다른 까닭은 무엇일까? 부호검정은 두 수의 차이를 무시하고 차이의 부호만을 고려한 데 반하여 윌콕슨 부호순위검정은 두 수의 차이에 순위를 부여하여 계산했으므로 두 수의 차이가 반영된 셈이다. 따라서 부호순위화된 검정의 결과가 더욱 설득력이 있다 하겠다.

윌콕슨 부호순위검정절차를 요약하면 다음과 같다.

월콕슨의 부호순위검정법에 의해 짝지어진 두 집단의 차이 검정

단측검정	양측검정
H_0: 두 집단 확률분포는 같다. H_1: A집단의 확률분포가 B집단보다 오른쪽에 위치한다. (큰 값을 가진다.)	H_0: 두 집단 확률분포는 같다. H_1: A집단의 확률분포가 B집단보다 오른쪽 혹은 왼쪽에 위치한다. (다르다)
[검정통계량] 차이값(A-B)이 음수인 표본의 순위합 T_- [기각영역] $T_- \geq T_0$인 경우 귀무가설 기각 T_0는 윌콕슨의 부호붙은 순위검정표에서 유의수준 α와 표본수 n에 의해 구해진다. (만약 H_a가 'A집단이 B집단의 왼쪽에 위치한다(작다)'라면 양수인 표본의 순위합 T_+가 검정통계량이 되며 $T_+ \leq T_0$이면 H_0를 기각)	[검정통계량] 차이값(A-B)이 양수인 표본의 순위합 T_+와 음수인 표본의 순위합 T_-중 작은 것 : T [기각영역] $T \leq T_0$ T_0는 윌콕슨의 부호순위검정표에서 유의수준 α와 표본수 n에 의해 구해진다.

[가정] 표본은 무작위로 추출되며, 짝지어진 표본의 차이값에 대한 절대값$|A-B|$는 순위를 부여할 수 있다.

2) 다수 집단의 비교

(1) Kruskal-Wallis의 H검정

앞에서 여러 집단 간의 평균차이를 검정할 때에는 분산분석과 F검정을 이용하였다. 이때 모집단이 같은 분산을 갖는 정규분포라는 가정을 하였다. 이번에는 모집단에 대한 아무런 가정없이 집단간의 평균차이 검정을 할 수 있는 비모수방법에 대해 알아보자.

예를 들어 서로 다른 업종에 속하는 기업들의 매출액 평균이 서로 다른가를 비교하는 경우를 생각해 보자. 기계조립업종, 섬유의류업종, 음식료품업종의 세 가지 업종에 속하는 기업들의 매출액 자료와 그 순위가 다음과 같다.

기계조립		섬유·의류		음식료품	
매출액	순위	매출액	순위	매출액	순위
4	1	261	19	67	11
110	14.5	5	2	9	4
15	6	12	5	802	27
55	10	20	7	7	3
5,427	30	27	9	22	8
280	20	110	14.5	168	16
400	23	510	24	380	22
3,350	29	70	12	95	13
201	17	720	25	202	18
350	21	2,241	28	791	26
표본분산 $s^2 = 3411533$ 순위합 $R_1 = 171.5$		$s^2 = 478460$ $R_2 = 145.5$		$s^2 = 94416$ $R_3 = 148$	

표에서 볼 수 있듯이 매출액이 매우 큰 몇 회사가 있어서 모수통계방법을 쓰기에 전제가 되는 정규분포의 가정을 충족시키지 못하고 있음을 알 수 있다. 또한 표본분산 s^2를 볼 때, 모집단의 분산이 같다는 가정도 충족시키지 못할 것이라는 것을 알 수 있다.

이와 같은 경우에는 앞의 윌콕슨의 순위합 검정에서와 같이 세 개 집단을 합쳐서 순위를 내고 이 순위에 의해 차이 검정을 하게 된다. 위 표에서 매출액 옆에 적혀 있는 것이 세 집단을 혼합해서 낸 순위이다. 이때 똑같은 매출액을 갖는 기업의 경우에는 '이들이 동점이 아니었다면 받았을 순위의 평균'을 부여한다.

크루스칼-왈리스의 H검정에서 귀무가설과 대립가설은 각각 'H_0 : 세 집단의 확률분포는 동일하다.'와 'H_a : 최소한 두 개1 집단의 확률분포가 다르다.'로 나타낸다. 세 집단에 대한 순위 합을 각각 R_1, R_2, R_3라 할 때 검정통계량은 $H = \frac{12}{n(n+1)}\left[\sum_{j=1}^{k}\frac{R_j^2}{n_j}\right] - 3(n+1)$와 같이 계산된다. 여기서 n_j는 j번째 표본집단의 표본크기를 n은 총표본크기이다.

그럼 위에서 제시한 표를 통해 이를 계산해 보자. 먼저 $n_1 = n_2 = n_3 = 10$이므로

$n = 30$이 되고, 표에 나온 순위합 R_1, R_2, R_3을 적용한다. 그럼 $H = 0.53$이 된다.

귀무가설이 사실이라면 표본을 여러번 추출했을 경우의 H분포는 카이제곱(χ^2) 분포에 근사시킬 수 있다. 단 k개 집단 각각의 표본크기 $n_1, n_2, \cdots, n_k$가 5 이상인 경우에만 가능하다. 카이제곱분포는 그 형태가 단 하나의 모수에 의해 결정되는데 그 모수는 자유도이다. 이를 그림으로 나타내면 다음과 같이 자유도에 따라 상이한 카이제곱분포를 볼 수 있다.

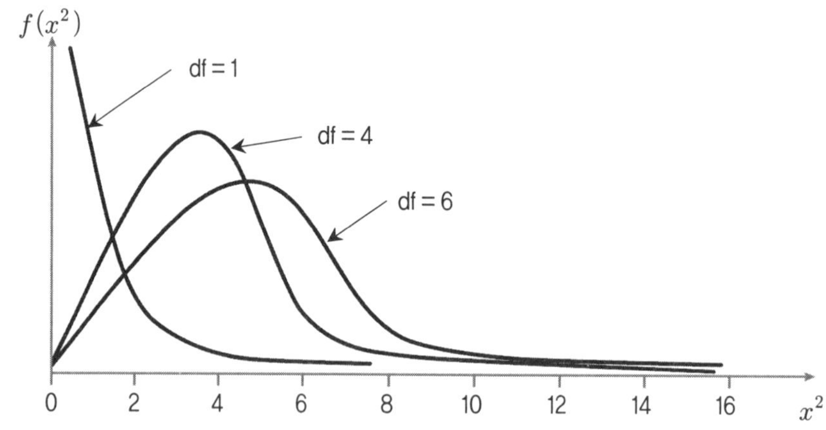

H값을 카이제곱분포에 근사시킬 경우, 해당되는 자유도는 비교하고자 하는 집단의 수에서 1을 뺀 $(k-1)$이다. H값이 클수록 비교 대상 집단 간에 차이가 크다는 것을 의미하기 때문에 귀무가설의 기각역은 카이제곱분포의 오른쪽에 위치할 것임을 알 수 있다. 따라서 유의수준을 α로 정했다면 $P(\chi^2 > \chi^2_\alpha) = \alpha$가 되는 χ^2_α는 기각역의 경계가 되고 구해진 H값이 $H > \chi^2_\alpha$인 경우에 귀무가설을 기각하게 된다.

앞에서 주어진 문제의 자유도는 $df = (k-1) = 3-1 = 2$이고, 유의수준을 10%로 설정하면 해당되는 χ^2값은 χ^2분포도에 따라 4.60517임을 알 수 있다. 결국 앞서 구한대로 $H = 0.53$이어서 $053 < 4.60517$에 따라 귀무가설은 기각되지 않는다. 이는 세 업종의 기업 사이에 매출액의 유의한 차이가 없음을 의미하는 것이다.

만일 크루스칼-왈리스의 H검정에서 귀무가설이 기각된 경우, 다시 말해 k개 집단 사이에 유의한 차이가 있다고 인정되는 경우에 k개 집단 중에서 어떤 집단 사이에 차이가 존재하는지를 알고자 할 때가 있다. 이런 경우에는 알아보고자 하는 두 개 집단을 앞서 배운 윌콕슨의 순위합 검정을 통해 집단차이를 검정해 보면 된다.

(2) 프리드만의 F_r검정

크루스칼-왈리스의 H검정과 마찬가지로 F_r통계량의 분포 역시 자유도 $(k-1)$의 χ^2분포에 근사시킬 수 있다. 그렇다면 F_r검정절차를 요약하여 보자.

프리드만의 F_r검정(각 관측치가 묶음으로 되어 있는 경우)

H_0: k집단의 확률분포는 일정하다.

H_a: 최소한 두 개 집단의 확률분포가 다르다.

[검정통계량]

$$F_r = \frac{12}{bk(k+1)}\left[\sum_{j=1}^{k} R_j^2\right] - 3b(k+1)$$

(여기서 b: 묶음의 수, k: 집단의 수, R_j: j집단의 순위합, 단 순위는 한 묶음 안에서 결정)

[기각영역]

$F_r > \chi^2_\alpha$, 단 자유도는 $df=(k-1)$

[가정]

1. 측정치들은 무작위로 추출되었다.
2. 한 묶음 안의 측정치들은 순위를 매길 수 있다.
3. 묶음의 수(b)나 집단의 수(k) 둘 중 어느 하나는 5 이상이다.

3) 스피어만의 순위상관계수

기업의 종업원 수와 매출액 사이에 상관관계가 있는지를 알아보는 경우를 생각해 보자. 일반적으로 두 변수가 정규분포를 따르는 경우 우리는 피어슨의 상관계수를 이용할 수 있다. 그러나 기업의 매출액, 종업원 수와 같은 변수는 큰 값을 가지는 표본 때문에 아래와 같이 분포가 오른쪽으로 꼬리가 긴 모양을 갖는 것이 보통이다.

이와 같이 정규분포의 가정을 충족시키지 못하는 변수의 상관관계를 보기 위해서는 비모수적인 방법으로 스피어만의 순위상관계수를 이용할 수 있다. 스피어만의 순위상관계수 r_s는 다음과 같이 구해진다.

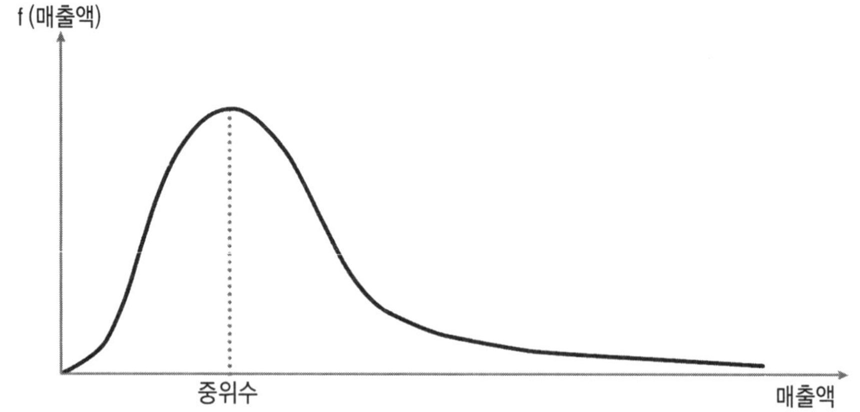

■ 스피어만의 순위상관계수

$$r_s = \frac{SS_{uv}}{\sqrt{SS_{uu}SS_{vv}}}$$

여기서, $SS_{uv} = \sum(u_i - \bar{u})(v_i - \bar{v}) = \sum u_i v_i - \frac{(\sum u_i)(\sum v_i)}{n}$,

$$SS_{uu} = \sum(u_i - \bar{u})^2 = \sum u_i^2 - \frac{(\sum u_i)^2}{n}$$

$$SS_{vv} = \sum(v_i - \bar{v})^2 = \sum v_i^2 - \frac{(\sum v_i)^2}{n}$$

(u_i: 표본 1 i번째 관측치 순위, v_i: 표본 2 i번째 관측치 순위, n: 관측치 수)

스피어만의 순위상관계수 정의는 순위를 사용하는 것을 제외하고는 피어슨 상관계수의 정의와 동일하다. 만일 순위에 동점이 없는 경우에는 아래의 식을 이용하면 r_s를 간편하게 구할 수 있으며, 동점이 상대적으로 적은 경우에도 아래 식을 r_s의 근사값으로 쓸 수 있다.

■ 순위상관계수의 간편 공식

$$r_s = 1 - \frac{6\sum d_i^2}{n(n^2-1)}$$

여기서, $d_i = u_i - v_i$로 표본1과 표본2의 i번째 관측치의 순위 차이를 반영상기 스피어만의 순위상관계수 정의를 토대로 검정 절차를 요약하면 다음과 같다.

스피어만 순위상관계수 검정 절차

단측검정	양측검정
H_0: $\rho_0 = 0$	H_0: $\rho_0 = 0$
H_a: $\rho_s > 0$(양의 상관관계) 또는 $\rho_s < 0$	H_a: $\rho_s \neq 0$
[검정동계량]	[검정통계량]
r_s(표본의 순위상관계수)	r_s(표본의 순위상관계수)
[기각영역]	[기각영역]
$r_s > r_{s,\alpha}$ 또는 $r_s < -r_{s,\alpha}$	$r_s < -r_{s,\alpha/2}$ 또는 $r_s > r_{s,\alpha/2}$

4) Kolmogorov-Smirnov 검정

우리는 모집단이 정규분포가 아닌 분포를 갖는 경우에 비모수 통계 기법을 이용하여야 함을 학습하여 왔다. 그렇다면 모집단이 어떤 분포를 갖고 있는지를 검정할 필요가 있는데, 이와 같은 검정을 적합도 검정(goodness of fit test)이라고 한다. 적합도 검정방법으로는 크게 두 가지가 있다. 하나는 χ^2검정이고, 다른 하나는 Kolmogorov-Smirnov 검정이다. 우리는 자료의 형태에 따라 어느 것을 사용할지 결정하는데, 여기서는 Kolmogorov-Smirnov 검정을 중점적으로 살펴보고자 한다.

자료의 형태는 본 책에서 가장 먼저 다루었으나, 다시 한 번 그 구분을 살펴보도록 하자.

자료의 형태

1. 명목척도(nominal scale): 자료가 분류만의 의미를 가지는 경우
   예) 남자, 여자, 대도시, 중소도시, 읍면
2. 순위척도(ordinal scale): 자료끼리 비교해 순위를 부여할 수 있는 경우
   예) 프로야구 팀의 순위, 선호하는 상표의 순위
3. 등간척도(interval scale): 자료끼리 일정 간격으로 배열이 가능한 경우
   예) 온도
4. 비율척도(rating scale): 자료끼리의 비율이 계산 가능한 경우
   예) 체중, 키

위의 자료들은 명목척도에서 순위척도, 등간척도, 비율척도로 갈수록 측정의 정확성이 증가한다고 할 수 있다. 그리고 비율척도를 등간척도로, 순위척도를 명목척도로 바꾸는 등의 하향 변환은 가능하지만 그 반대는 불가능함을 유의하자.

이러한 자료 가운데 Kolmogorov-Smirnov 검정을 할 수 있는 경우는 순위척도 이상인 경우이며, 명목척도인 경우에는 χ^2검정을 하여야 한다. 그리고 χ^2검정은 각 칸의 기대도수가 5 이상이어야 한다는 제약이 있지만 우리가 학습할 Kolmogorov-Smirnov 검정에는 이런 제약이 없다.

Kolmogorov-Smirnov 검정은 표본의 누적확률분포와 가설로 설정된 모집단의 누적확률분포를 상호비교하여 표본의 분포가 가정한 확률분포에 적합한가를 결정하는 것이다. 이때의 귀무가설과 대립가설은 각각 'H_0: 모집단이 우리가 가정한 어떤 확률분포를 이룬다.'와 'H_a: 모집단의 확률분포는 우리가 가정한 확률분포와 다르다.'로 정리된다. 이를 검정하기 위해서 우선 자료를 가장 낮은 단계부터 높은 단계까지 순서대로 배열한다. 이때 F_i를 I단계까지의 가정한 분포의 누적상대빈도라 하고, S_i를 이에 대응하는 표본의 누적상대빈도라고 하면 F_i와 S_i의 차이에 대한 절대값 중에서 최대값인 최대절대치 차이가 검정통계량 D가 된다.

우리는 이 D값이 클수록 우리가 가정한 분포와 표본 분포의 차이가 큰 것이다. 그러므로 유의수준 α에 대응하는 D_α보다 D가 큰 경우에 귀무가설을 기각한다.

(1) 이산확률분포에 대한 적합도 검정

예를 들어 설명을 해보자. 어떤 슈퍼마켓에서 계산대에 도착하는 고객의 수가 포아송분포를 따르는지를 검정하기 위해서 단위 시간당 도착하는 고객 수를 100번 조사한 결과가 다음과 같다고 하자.

도착 고객수	빈 도	상대빈도
0	1	0.01
1	8	0.08
2	19	0.19
3	23	0.23
4	17	0.17

도착 고객수	빈 도	상대빈도
5	15	0.15
6	8	0.08
7	3	0.03
8	3	0.03
9	2	0.02
10	1	0.01
합 계	100	

고객의 도착이 $\lambda = 3.8$인 포아송분포를 따르는지를 $\alpha = 0.05$에서 검정하기 위한 귀무가설과 대립가설은 각각 'H_0: 고객의 도착은 $\lambda = 3.8$인 포아송분포를 따른다.'와 'H_a: 고객의 도착은 $\lambda = 3.8$인 포아송분포를 따르지 않는다.'로 나타낼 수 있다.

이를 토대로 Kolmogorov-Smirnov 검정을 위해 누적상대빈도, 포아송분포값, 포아송누적분포를 계산하고, 여기서 포아송누적분포에 대한 누적상대빈도의 차이는 0.0365로 검정통계량 D가 된다. 아울러 Kolmogorov-Smirnov 검정표에서 $n = 100$에 해당하는 $D_{0.05}$로 계산하면, $D_{0.05} = \frac{1.36}{\sqrt{100}} = 0.136$이 된다. 결국, $D = 0.0365 < D_{0.05} = 0.136$이 되므로 귀무가설을 기각할 수 없다. 즉 이 슈퍼마켓 계산대에 도착하는 고객수 분포가 $\lambda = 3.8$인 포아송분포가 아니라고 할 수 있는 것이다.

(2) 연속확률분포에 대한 적합도 검정

어느 회사에서 작업자 12명의 일일 생산량을 조사하여 생산량의 순서대로 정리한 결과가 다음 표와 같다.

작업자	생산량	작업자	생산량
1	7.29	7	10.07
2	8.96	8	10.11
3	9.25	9	10.22
4	9.60	10	10.30
5	9.69	11	10.90
6	9.82	12	11.64

작업자 12명의 일일 생산량의 평균이 10.5, 표준편차가 2인 정규분포를 따르는지를 $\alpha = 0.05$에서 검정하기 위해 귀무가설과 대립가설을 각각 'H_0: 일일 생산량은 $\mu = 10.5$, $\sigma = 2$인 정규분포를 따른다.'와 'H_a: 일일 생산량은 $\mu = 10.5$, $\sigma = 2$인 정규분포가 아니다.'로 나타낼 수 있다. Kolmogorov–Smirnov 검정을 위한 계산은 다음의 표와 같다.

작업자	생산량 (x_i)	표본의 누적밀도 (S_i)	$z = \dfrac{x_i - u_i}{\sigma}$	정규분포 누적밀도 (F_i)	| 차이 | $= \lvert F_i - S_i \rvert$
1	7.29	0.08	−1.61	0.05	0.03
2	8.96	0.17	−0.77	0.22	0.05
3	9.25	0.25	−0.62	0.27	0.02
4	9.60	0.33	−0.45	0.33	0.00
5	9.69	0.42	−0.41	0.34	0.08
6	9.82	0.50	−0.34	0.37	0.13
7	10.07	0.58	−0.21	0.42	0.16
8	10.11	0.67	−0.20	0.42	0.25
9	10.22	0.75	−0.14	0.44	0.31
10	10.30	0.83	−0.10	0.46	0.37
11	10.90	0.92	0.20	0.58	0.34
12	11.64	1.00	0.57	0.72	0.28

위 표에서 셋째 열은 각 계급 빈도가 모두 1이므로 상대빈도는 $1/12 = 0.08$이다. 넷째 열은 H_0가 사실일 때의 z값이다. 예를 들어 작업자 1에 대한 경우에 $z = (7.29 - 10.5)/2 = -1.61$이다. 누적밀도 F_i는 정규분포를 사용하여 구했다.

검정통계량 D는 $|F_i - S_i|$ 가운데 가장 큰 0.37인데, 통계표 상 $D_{0.05} = 0.375$가 된다. 결국 $D < D_{0.05}$이므로 귀무가설을 기각할 수 없다. 따라서 일일 생산량 평균이 10.5, 표준편차 2인 정규분포가 아니라고 할 수는 없게 된다.

마지막으로 Kolmogorov–Smirnov 검정 절차를 요약하면 다음과 같다.

Kolmogorov-Smirnov 검정(적합도 검정)

H_0: 모집단은 특정의 확률분포를 따른다.

H_1: 모집단은 특정의 확률분포가 아니다.

[검정통계량]

$D = Max|F_i - S_i|$

(여기서, F_i는 모집단이 H_0의 확률분포를 따를 때 계급 I까지의 이론적 누적확률이고, S_i는 계급 I까지 표본의 누적상대빈도이다.)

[기각영역]

$D > D_\alpha$ (D_α는 유의도 α인 Kolmogorov-Smirnov 통계량)

연습문제

16. 다음 표에 열거된 category와 그 값으로 물음에 답하시오.

category	A	B	C
f_0	10	20	30

a. 귀무가설과 대립가설을 세우고, 유의수준 0.05에서 기각역을 제시하시오.

b. χ^2값을 계산하시오.

c. 귀무가설은 어떻게 되겠는가?

17. 1에서 6까지 기재된 주사위를 30번 반복하여 던졌을 때 빈도수가 다음과 같았다. 유의수준 0.10에서 어떤 결과가 나오겠는가?

숫 자	1	2	3	4	5	6
빈 도	3	6	2	3	9	7

18. 운동을 통해 다이어트를 하는 어느 프로그램이 있다. 이 프로그램에 참여하는 남성 표본 가운데 초반에 45명이 몸무게가 초과된 상황이었는데, 한 달간 진행된 프로그램이 막바지에 이르자 32명이 몸무게 감소를 경험하였다. 이 운동 프로그램의 효과를 어떻게 판단할 수 있는지, 유의수준 0.05에서 검정하시오.

19. 어느 공장에서 생산 효율성을 위해 감독관인 A씨는 조립공정에 새로운 설계 필요성을 주장하였다. 그 제안의 타당성을 파악하기 위해 15명으로 이루어진 그룹 표본을 선택하고 구(old)체계와 신(new)체계의 생산을 다음과 같이 비교하였다.

표본	A	B	C	D	E	F	G	H	I	J	K	L	M	N	O
구체계	60	40	59	30	70	78	43	40	87	80	56	21	99	50	56
신체계	64	52	58	37	71	83	46	52	84	80	57	21	108	56	62

위 표에서 나타난 결과를 토대로 A씨가 제안한 새로운 조립공정을 적용하는 것이 나은지 유의수준 0.05에서 검정하시오.

20. 다음 관측치들은 정규분포를 따르지 않는 모집단으로부터 추출된 것이다. 두 개의 모집단 사이에 상이점이 있는지를 윌콕슨 순위합검정에 따라 유의수준 0.05 하의 양측검정으로 실시하시오.

모집단 A	38	45	56	57	61	69	70	79
모집단 B	26	31	35	42	51	52	57	62

21. 정규분포를 따르지 않는 세 개의 모집단으로터 추출된 표본 자료를 정리한 것이 다음 표이다. 이를 토대로 귀무가설을 세우고, 유의수준 0.05에서 검정하시오.

표본1	50	54	59	59	65	
표본2	48	49	49	52	56	57
표본3	39	41	44	47	51	

22. A회사는 각 지점의 영업 훈련 프로그램에 대한 평가를 수행하기 위해 다음과 같은 지점별 영업 실적과 영업 훈련 프로그램의 순위를 각각 조사하여 정리하였다. 이 표를 토대로 스피어만의 순위상관계수를 구하고, 가설을 검정하시오.

지점	연간 영업실적	훈련 프로그램 순위	지점	연간 영업실적	훈련 프로그램 순위
서울	319	3	대전	300	10
부산	150	9	울산	280	5
대구	175	6	경기/강원	200	2
인천	460	1	중부	190	7
광주	348	4	남부	300	8

연습문제 해설

16. a. H_0: 모든 category는 동일하다.

H_1: 모든 category는 동일하지 않다.

유의수준 0.05의 경우, 만약 $\chi^2 > 5.991$이면 H_0는 기각된다.

b. $\chi^2 = \frac{(10-20)^2}{20} + \frac{(20-20)^2}{20} + \frac{(30-20)^2}{20} = 10.0$

c. H_0는 기각되어, 모든 category는 같지 않음을 나타낸다.

17. 먼저 귀무가설과 대립가설은 각각 'H_0:그 결과는 모두 같다.'와 'H_a:그 결과는 모두 같지 않다.'로 나타낼 수 있다. 유의수준 0.10에서 $\chi^2 > 9.236$이면 H_0는 기각된다.

χ^2값은

$$\chi^2 = \frac{(3-5)^2}{5} + \frac{(6-5)^2}{5} + \frac{(2-5)^2}{5} + \frac{(3-5)^2}{5} + \frac{(9-5)^2}{5} + \frac{(7-5)^2}{5} = 7.50$$

으로 구해져 $9.236 > 7.50$이 되어, H_0는 기각되지 않는다. 따라서 그 결과는 모두 같다고 할 수 있다.

18. 먼저 귀무가설은 $H_0: \pi \le 0.5$(몸무게 변화가 없다), 귀무가설은 $H_1: \pi > 0.5$(몸무게 변화가 있다)로 상정한다. 여기서 만약 $z > 1.65$이면 귀무가설은 기각된다. 실제 z값을 구해보면 $z = \frac{(32-0.5)-0.5(45)}{0.5\sqrt{45}} = 2.68$이 되어 귀무가설이 기각되어, 다이어트를 위한 해당 운동 프로그램은 효과가 있다고 말할 수 있다.

19. 먼저 귀무가설은 'H_0 : 두 체계에서의 생산량은 같다'이고, 대립가설은 'H_1 : 두 체계에서의 생산량은 같지 않다'로 세운다. 여기서 $n = 13$인 상황 하에서 $T \le 21$이면, 귀무가설은 기각된다. 이를 살펴보기 위해 첫 세 노동자 그룹에

대한 결과를 표로 나타내보자.

고용자	구체계	신체계	차이	순위
A	60	64	4	6
B	40	52	12	12.5
C	59	58	−1	2

여기서 음수 영역의 순위에 대한 합은 6.5이다. 이는 21보다 작기 때문에 귀무가설이 기각됨을 알 수 있다. 따라서 새로운 조립공정을 통한 생산 확대가 이루어질 수 있다.

20. 먼저 귀무가설과 대립가설은 각각 'H_0 : 분포가 같지 않다'이고, 'H_1 : 두 모집단의 분포는 같다'로 세운다. 여기서 양측검정을 가정하였으므로 $z < -1.96$ 또는 $z > 1.96$이면 H_0는 기각된다.

A		B	
점수	순위	점수	순위
38	4	26	1
45	6	31	2
56	9	35	3
57	10.5	42	5
61	12	51	7
69	14	52	8
70	15	57	10.5
79	16	62	13
	86.5		49.5

위 표를 토대로 $z = \dfrac{86.5 - \dfrac{8(8+8+1)}{2}}{\sqrt{\dfrac{8(8)(8+8+1)}{12}}} = 1.943$을 얻는다. 이는 $-1.96 < z < 1.96$이므로 결국 H_0는 기각되지 않는다. 따라서 두 개의 모집단은 상이하지 않음을 알 수 있다.

21. 귀무가설과 대립가설은 각각 'H_0 : 모집단의 분포가 모두 같다'이고, 'H_1 : 모집단의 분포는 같지 않다'로 세운다. 여기서 크루스칼–왈리스의 H검정에 따라 만약 $H > 5.991$이면 귀무가설은 기각된다. 각 표본의 순위를 정리하면 다음과 같은데,

순위	순위	순위
8	5	1
11	6.5	2
14.5	6.5	3
14.5	10	4
16	12	9
	13	
64	53	19

$H=\dfrac{12}{16(16+1)}\left[\dfrac{(64)^2}{5}+\dfrac{(53)^2}{6}\dfrac{(19)^2}{5}\right]-3(16+1)=8.98$임을 알 수 있다. 결국, 이는 $8.98>5.991$이므로 H_0는 기각된다. 즉 세 개의 모집단 분포는 같지 않음을 알 수 있다.

22. 먼저 지점별 영업실적과 훈련 프로그램의 순위를 정리하여 다음의 결과를 얻는다.

지점	연간 영업실적	순위(A)	훈련 프로그램 순위(B)	차이 (A–B)	$(A-B)^2$
서울	319	3	3	0	0
부산	150	10	9	1	1
대구	175	9	6	3	9
인천	460	1	1	0	0
광주	348	2	4	−2	4
대전	300	4.5	10	−5.5	30.25
울산	280	6	5	1	1
경기/강원	200	7	2	5	25
중부	190	8	7	1	1
남부	300	4.5	8	−3.5	12.25
					83.50

여기서 스피어만의 순위상관계수는 $r_s=1-\dfrac{6(83.5)}{10(10^2-1)}=0.494$로 양의 상관관계를 반영한다. 한편 귀무가설과 대립가설은 각각 'H_0 : 순위 간의 상관성이 없다'이고, 'H_1 : 순위 간의 상관성이 있다'로 세운다. 여기서 $t>1.860$이면 H_0가 기각되는데, t를 구해보면 $t=0.494\sqrt{\dfrac{(10-2)}{1-(0.494)^2}}=1.607$이 되어 $1.607<1.860$이므로 H_0는 기각되지 않는다. 결국 모집단과 순위 사이의 상관성은 0이라 할 수 있다.

제2부

경영 분석과 실전사례

제3장 경영 분석의 기초

앞서 우리는 자료 유형과 정리, 바람직한 통계량, 단일 및 복수 표본에 대한 통계적 추론 등 기초 통계의 일부분을 개관하였다. 이는 학부과정에서 이미 한 번 이상은 접하였을 것으로 짐작된다. 그러나 학부 과정을 마치고 학위 과정에 들어온 이상 우리는 많은 선행연구들을 접하며, 그들의 분석방법을 이해해야만 할 것이다.

경영 및 경제의 사회적, 학문적 범위가 넓어지면서 그 특성과 현상을 설명할 수 있는 통계적 분석도 상당히 발전하여 왔다. 그 가운데 아마도 다변량통계분석은 현상의 다양성을 반영하며, 연구에서도 중요한 역할을 차지하여 왔다. 이러한 이유로 우리가 알아야 할 다변량통계분석의 정의도 그 범위와 한계가 너무 커서 간단히 요약하기에는 무리가 있다. 다변량통계분석의 기본적인 이해를 위해 필수 요소로 판단되는 신뢰성분석, 요인분석, 판별분석, 군집분석 등을 먼저 이해하고, 다변량통계분석의 이론적 측면에서 분산분석, 회귀분석 등을 살펴볼 필요가 있다. 따라서 이번 장에서는 경영학이나 경제학에서 주로 다루어지는 다변량통계분석의 기본 틀을 정리하였다.

1 신뢰성 및 요인분석

다양한 영역에서 이루어지는 다변량통계분석에서 연구자들은 자료의 구축과 관련하여 많은 고민을 하게 된다. 자료의 범위와 종류에 대하여 이미 앞서의 기초 통계분석에서 살펴보았는데, 이와 관련하여 기본적 통계분석에서도 이를 시작으로 기본적인 사항들을 파악할 필요가 있다. 이는 특히 사회현상을 파악하는 연구 가운데 설문의 영역을 간과할 수 없기 때문이다. 따라서 이번 구성은 설문을 통한 분석 방법의 기본이 되는 신뢰성, 타당성, 요인분석 등을 살펴보고자 한다.

1) 신뢰성

우리는 흔히 분석 과정과 그 결과에 대하여 신뢰성 및 타당성의 의문을 제기하곤 한다. 특히 설문을 통하여 수집된 자료를 분석하는 과정에서 이러한 문제에 직면할 여지가 크다. 신뢰성은 측정된 변수들의 일관된 정도를 나타내며, 측정 상 안정성, 일관성, 예측가능성, 정확성 등을 내포한다. 그러나 이들에 문제가 발생하는 것을 측정오류로 일컬으며, 크게 체계적 및 비체계적 오류로 구분한다.

이에 앞서 다음 세 가지 경우로 분류되는 측정오류를 개관하여 보자. 첫째, 초기에 계획된 측정 의도와 달리 그 속성을 다르게 측정하였을 경우 발생될 수 있는 오류가 있다. 둘째, 설문에서는 특수한 상황을 가정하여 각 개인의 성향을 노출시키는데, 이 때 극단적이거나 모호한 방향으로 응답할 경우 발생할 수 있는 오류가 있다. 마지막으로 응답 당시의 상황인데, 예를 들어 마음에 드는 이상형을 연예인 가운데 찾는 질문을 공개된 장소에서 실시할 경우 군중심리로 정반대의 선택을 하는 경우의 오류가 그것이다.

위 경우를 토대로 다시 체계적 오류 및 비체계적 오류에 대하여 살펴보자. 신뢰성 여부를 결정하는 이론적 근거는 분산이다. 측정 자료에 대한 전체 분산에 대응하는 실질적 요소와 오차 요소의 관계를 통해 우리는 신뢰도를 나타낼 수 있다. 즉, 전체 분산(V_a)에 대한 실질분산(V_t)과 오차분산(V_e)의 관계를 다음의 $V_a = V_t + V_e$라 할 때, 측정결과에 따른 전체분산과 실질분산의 비율, $\frac{V_t}{V_a}$ 혹은 $1-\frac{V_e}{V_a}$를 신뢰도 산출의 과정으로 이해할 수 있다. 이상과 같이 측정하여 얻은 다변량 변수 사이의 오차를 최소화하며 일관성을 확보한다면 우리는 신뢰성을 확보할 수 있다. 다시 말해 측정 과정에서 일관성이 안정성, 정확성, 예측가능성을 기반하여야 함을 의미한다.

그렇다면 신뢰도 측정에는 어떠한 방법들이 있을까? 그 방법을 살펴보자. 이를 측정하는 방법은 대체로 설문 과정의 신뢰성 확보라는 차원에서 접근한다. 우선 가장 기본적인 것으로 재측정 신뢰도(test-retest reliability)가 있다. 이는 설문 과정에서 발생할 수 있는 상황 변화, 설문대상자 사고의 변화 등이 신뢰할 수 있었는지를 사후적으로 판단하는 방법이다. 즉 동일한 상황 하에서 같은 설문지를 똑같은 대상자에게 반복적으로 측정하여 신뢰성을 판단한다는 것이다. 이 방법은 앞서 제시하였던 일관성, 안정성, 정확성, 예측가능성 등에서 높은 신뢰성을 확보할 수 있지만, 설문 대상자가 많을 경우 시간을 비롯한 비용 측면에서 부담이 될 수 있다는 문제점이 있다.

두 번째 방법으로는 반분신뢰도(split-half reliability)가 있다. 위의 재측정 신뢰도에서 제기한 문제점을 한번의 설문 측정으로 해소하기 위한 방법으로 이해할 수 있다. 즉 다양한 문항으로 이루어진 설문에서 동일한 내용의 문항을 동일 설문지에 포함시켜 이들에 대한 상관관계를 파악하여 비교하는 방법이다. 그러나, 이 방법은 자칫 문항의 수가 많아짐으로 인해 설문대상자의 집중력을 잃게 하여 일관된 응답을 얻지 못할 수 있다는 문제를 내재한다.

세 번째는 문항분석(item-total correlation)의 방법이 있다. 앞서 반분신뢰도가 임의로 문항수를 확대함으로써 발생할 수 있는 설문 응대자의 집중력 문제와 관련하여, 제시된 문항의 종합적인 점수를 토대로 체계적인 분석을 하는 방법이다. 다시 말해 개념 측정을 위해 사용된 측정도구가 다양한 문항으로 구성되어 있을 때, 모든 문항을 종합한 점수를 산출하여 각 문항과의 상관관계를 평가하는 방법인 것이다.

네 번째 문항분석에서 발전하여 해당 문항의 평균치로부터 산출한 알파계수로 파악하는 방법이 있다. 우리는 이를 chronbach's α라 하며, 그 산식은 $\alpha = \frac{N}{N-1}(1-\sum\frac{\sigma_i^2}{\sigma_t^2})$과 같다. 여기서 N은 문항 수, σ_t^2은 총분산, σ_i^2은 각 문항별 분석을 의미한다. 그 결과를 해석하는 과정에서 우리는 문항 전체에 대한 알파계수는 0.5 이상에서, 또 개별 문항 수준의 경우에 0.9 이상이면 신뢰도가 높다고 판단할 수 있다. 일반적으로 chronbach's α가 0.7 이상일 경우에 신뢰도를 확보하였다고 할 수 있다. 그러나 신뢰도가 0.7 이하로 도출되었을 경우 이를 개선하기 위한 방법은 다음과 같다. 측정 항목이 설문 응대자로 하여금 모호할 경우 이를 수정하거나, 모호함을 보완할 수 있는 또 다른 문항을 첨부하거나, 사전에 신뢰도가 확보된 측정 항목으로 전환하거나, 척도 배분을 위한 등간 조정을 행할 수 있다. 아울러 설문 응대자가 응답하기에 어렵다고 판단될 경우 제거할 수도 있다.

예제) 다음은 임의의 분산-공분산 행렬을 나열한 것이다.

변수	X1	X2	X3	X4	X5
X1	0.800				
X2	0.200	0.800			
X3	0.600	0.400	1.200		
X4	0.400	1.600	0.800	3.200	
X5	0.800	1.200	1.600	2.400	2.800

Q1. 위 행렬을 활용하여 chronbach's α를 구하시오.

A1. 알파계수 산출식은 $\alpha = \frac{N}{N-1}(1-\sum\frac{\sigma_i^2}{\sigma_t^2})$이다. 이를 이용하여 풀어보면,

$\frac{5}{5-1}(1-\frac{8.8}{8.8+20}) = 0.8681$이 됨을 알 수 있다.

이 외에도 추가적인 방법으로, 동일한 개념에서 두 개 이상의 상이한 측정 도구를 개발하여 각 측정치 간에 일치여부를 검증하는 동등척도 신뢰도(alternative reliability), 동일한 측정을 다수의 측정자가 실시한 후 측정자들 간에 일치하는 정도를 검증하는 평가자간 신뢰도(inter-rater reliability) 등이 있다. 그러나 분석 과정에서 이를 검증하기 용이한 방법인 chronbach's α가 일반적으로 활용되고 있음을 주지하여야 한다.

2) 타당성

타당성(validity)은 설문 과정에서의 개념과 속성을 얼마나 정확히 측정하였는지를 나타내는 것이다. 이는 설문 과정에 도입된 도구가 그 목적에 부합하는 개념과 속성을 정확하게 반영하였는지를 나타낸다. 이러한 타당성의 정도를 나타내는 종류에는 다음의 세 가지가 있다.

첫째, 내용타당성(content validity)은 해당 항목이 내포하고 있는 대표성의 정도를 나타낸다. 이는 연구 목적에 부합하는 항목의 구성을 위해 필요한 것으로 주관적 판단에 의존하게 된다. 둘째, 예측타당성(predictive validity)이 있다. 각 문항별로 임의의 속성이나 개념을 반영하는 척도가 다른 속성의 변화를 예측하는 정도에 의해 평가되는 정도를 의미한다. 마지막으로 구성타당성(construct validity)이 있다. 이

는 연구의 목적과 용도에 부합하는 설문의 구성 정도를 검증하는 것이다. 구성타당성의 평가를 위해 우리는 다속성측정방법(MTMM : multitrait-multimethod matrix), 요인분석방법 등을 활용한다. 이 가운데 연구에서의 실제적 측면에 집중하고자 다음에는 탐색적 요인분석을 다룰 것이다.

이에 앞서 요인분석의 기본원리를 살펴보자. 요인분석은 항목들 간의 상관관계가 높은 것들만을 묶어 각 요인별 상호독립성을 유지하도록 하는 방법이다. 보다 구체적으로 표현하자면, 요인별로 나누어진 문항들과 다른 요인들 간에는 상관관계가 없어 각 요인들을 상이한 개념으로 정리할 수 있게 된다. 이 때문에 동일한 요인으로 묶인 문항들 간에는 집중타당성을 유지하고 요인들 간에는 판별타당성이 유지되는 것으로 해석할 수 있는 것이다.

그렇다면 요인분석을 실시하는 이유는 무엇인가? 우선 앞서 제시하였던 것과 같이 동일한 개념을 측정하는 변수들이 같은 요인으로 묶여 있는지 확인할 수 있다. 다음으로 요인분석을 통해 자료의 양을 줄임으로써 정보를 요약할 수 있다. 이는 다시 말해 요인별 묶음에 포함되지 않는 중요도가 낮은 문항들을 제거할 수 있음을 의미한다. 마지막으로 연구 목적에 부합하는 요인별 변수의 조합을 최적화할 수 있으며, 이는 차후의 분석 과정인 회귀분석, 판별분석 등에서 변수로 활용할 수 있다.

3) 탐색적 요인분석

앞서 타당성의 논의와 함께 우리는 요인분석의 의미를 간략히 살펴보았다. 여기서는 요인분석 가운데 탐색적 요인분석의 과정을 살펴보고자 한다.

요인분석은 독립변수와 종속변수가 결정되지 않은 상황에서 변수 상호간의 의존관계를 분석한다는 측면에서 회귀분석, 판별분석 등과는 차이를 나타낸다. 이와 같은 요인분석 수행을 위한 표본의 수는 변수 개수의 4-5배가 적절하며, 최소한 50개 이상이 필요하다. 아울러 변수 간에 상호관계를 분석하기 때문에 등간 혹은 비율 척도 등의 정량적인 자료여야만 한다.

요인분석 절차는 7단계로 구분되며, 다음과 같이 요약할 수 있다.

요인분석 절차의 요약

1단계 : 연구문제의 확인 → 탐색적 혹은 확인적 문제의 확인
2단계 : 분석 방법의 선택 → R-유형과 Q-유형의 선택
3단계 : 요인분석의 가정 → 정규분포성에 대한 가정의 충족
4단계 : 요인 추출 모형의 선택 → 주성분분석, 공통요인분석 등의 선택
5단계 : 요인회전 방법의 선택 → 직각회전, 사각회전 등의 방식을 선택
6단계 : 요인의 타당성 확인 → 고유치, 공통분산의 총분산에 대한 비율, 스크리 검정, 요인부하량 산출 등 요인의 수를 결정
7단계 : 요인결정과 총합척도 개발 → 대리변수, 요인점수 계산, 총합척도 등의 방법으로 요인을 처리

그렇다면 요인분석 절차를 세부적으로 살펴보자.

(1) 1단계 : 연구문제의 확인

우선 연구문제의 확인이다. 우리가 요인분석을 실시하는 기본적인 목적은 많은 변수들을 요약하여 정보화하는데 그 이유가 있다. 이런 측면에서 연구 목적에 부합하는 요인분석이 필요한데, 이들을 탐색적 요인분석(exploratory factor analysis)과 확인적 요인분석(confirmatory factor analysis)으로 구별한다.

탐색적 요인분석은 체계 구축이 완성되지 않은 연구에서 그 방향을 파악하기 위해 수행되는 방법이다. 즉 연구모형에 대하여 따를 수 있는 기존 가설이나 이론이 없을 경우 요인과 개념을 추출하기 위한 방법인 것이다. 대부분 연구들은 요인분석의 과정을 통해 모든 요인들이 상관관계가 있다고 가정하고 상호간에 관계를 중심으로 잠재적 요인을 평가하며, 요약된 자료의 가치로부터 분산분석, 회귀분석, 판별분석 등을 수행하게 된다. 한편, 확인적 요인분석은 탐색적 요인분석과 달리 이미 변수에 관한 사전 지식과 이론적 결과를 가지고 있어 가설 설정에 따라 이를 확인하는 분석 방법이라는 점에서 차이가 있다.

(2) 2단계 : 요인분석 방법의 선택

1단계 이후의 요인분석 절차 중에 우리는 변수 혹은 설문 응대자 간의 상관관계를 파악하여야 한다. 이와 같이 각각의 상관관계를 파악하는 유형을 R-유형 혹은 Q-

유형으로 구분하여 분석하게 된다. 먼저 R-유형은 변수 간의 잠재적 요인을 통해 상호관계를 파악하는 방법이며, 일반적으로 경영학 등 사회과학 분야에서 말하는 요인분석은 R-유형임을 알아야 할 것이다. 반면, Q-유형의 요인분석은 설문 응대자들 간의 관계를 파악하는 방법으로 군집분석과 유사하다. 즉 설문 응대자들을 대상으로 특성과 유사성을 고려하여 몇 가지 동질적인 집단으로 묶어내는 방법인 것이다. 다만, 설문 응대자들과 관련된 변수들 간에 유사성을 기반으로 하는 군집분석과는 분명한 차이점이 있음을 밝혀두며, 이는 다음에 다루게 될 것이다.

(3) 3단계 : 요인분석의 가정

일반적으로 우리는 변수 간의 관계를 확인하는 요인분석에서 다중공선성이 존재할 수 있다고 판단하여, 정규분포성을 충족하는 가정에만 집중하면 된다. 이러한 정규분포성의 가정 하에서 자료가 요인분석에 적합한지 검토하는 몇 가지 방법을 살펴보자.

우선 상관행렬의 계수이다. 요인분석에 적합한 자료라고 판단한 변수 간의 상관계수가 모두 낮게 나타났을 경우 적합하다고 할 수 있겠는가? 일반적으로 동일 요인으로 묶인 변수 간의 상관계수는 0.3 이상을 나타낼 때 적합하다고 할 수 있다. 즉, 모든 변수 간의 상관계수가 낮더라도, 일부 변수 간에 0.3 이상의 상관계수값이 나타난다면 이들을 동일 요인으로 묶어 요인분석을 수행할 수 있는 것이다.

둘째, 요인분석에 활용되는 모상관행렬이 단위행렬인지를 검정하는 방법이다. 이 방법에는 Bartlett 검정과 Kaiser-Meyer-Olkin의 표본적합도가 이용된다. 먼저 Bartlett 검정은 모상관행렬이 단위행렬을 이루고 있다는 귀무가설을 검정하는 방법이다. 이 때 전체 변수에 대한 표준적합도를 나타내 주는 KMO 통계량을 이용, 귀무가설을 기각할 경우에 요인분석을 시도할 수 있다. 즉 각 변수 간에 통계적 유의성을 가지고 상관관계가 성립되어야 요인분석을 수행할 수 있는 것이다.

Bartlett의 단위행렬 검정

'모상관행렬이 단위행렬을 이루고 있다'는 귀무가설을 통하여 모집단에서 변수의 관련성 여부를 검정하는 방법이다. 즉 대각선의 모든 원소가 1의 값을 가지는 반면 그 외의 요소가 0일 때인 단위행렬을 이루면 요인분석을 수행할 수 없게 된다.

■ Kaiser-Meyer-Olkin의 표준적합도(Measure of Sampling Adequency)

요인분석의 적합도를 검정하는 지수로 0.5-1.0의 높은 값을 나타내면 요인분석이 적합하다는 의미가 된다. 그 산식은 $KMO = \dfrac{\sum\sum_{i \neq j} \delta_{ij}^2}{\sum\sum_{i \neq j} \delta_{ij}^2 + \sum\sum_{i \neq j} a_{ij}^2}$으로, 여기서 δ_{ij}^2은 i와 j의 변수 사이의 단순상관행렬의 제곱을 나타내고, a_{ij}^2는 i와 j의 변수 사이 편상관행렬을 나타낸다. 아울러 표준적합도의 해석 기준은 다음과 같다.

표준적합도	0.9 이상	0.7 이상	0.6 이상	0.5 이상	0.5 이하
내 용	아주 이상적	다소 괜찮음	중간	이상적이지 못함	요인분석 실행불가

셋째, 요인 추출 단계에서 얻어진 고유값(eigen value)을 scree 표에 나타내서 한 곳 이상의 변곡점이 발견되면 요인분석 수행이 적합한 것으로 이해하는 방법이 있다.

(4) 4단계 : 요인 추출 모형의 선택

요인 추출 모형으로는 주성분방식(principle component analysis : PCA), 공통요인분석(common factor analysis : CFA) 등이 있다. 이는 분석하는 프로그램에서 선택하는 것으로 그 의미만을 살펴보면 다음과 같은 특징이 있다. 주성분방식은 자료의 총분산을 분석하는 것으로, 정보 손실의 극소화로 보다 적은 수의 요인을 묶어낼 때 유용하다. 한편, 공통분산만을 분석하는 공통요인분석은 변수 간에 내재하는 차원을 찾아 그 구조를 파악한다는 점에서 주성분방식과 차이가 있다. 공통요인분석은 총분산 가운데 공통분산의 비율이 크다거나, 자료의 특성에 대하여 사전 지식이 없는 경우에 용이한 방법이다.

■ 공통분산(communality)

요인들로 설명이 가능한 변수에 대하여 분산의 양을 백분율로 표기한 것이며, 주요인에 의하여 설명되어지는 분산의 비율을 의미한다.

(5) 5단계 : 요인회전 방법의 선택

다음으로 우리는 변수와 요인 사이에 상관관계를 나타내는 요인부하량을 살펴보아야 할 것이다. 이를 통해 변수들이 요인들에 대하여 어느 정도의 요인부하량을 나타내는지 파악하는 것으로, 만약 비슷한 요인부하량을 가지고 있다면 요인 분류가 어려워질 수 있다는 문제에서 비롯된 절차이다. 이러한 비슷한 요인부하량을 차별화하는 방안으로 직각회전(orthogonal rotation)과 사각회전(oblique rotation)이 있다. 따라서 요인회전 방법의 선택은 이들 둘의 선택을 의미하며, 각각의 방법과 차이를 파악할 필요가 있다.

우선 직각회전은 회전축이 직각을 유지한 상태에서 회전하여 요인들간에 상관계수를 0으로 만든다. 차후 학습하게 될 회귀분석이나 판별분석에서 요인점수를 이용하여 분석하는 과정 중에 다중공선성을 회피하는데 유용한 방법이 된다. 이러한 직각회전에는 varimax, quartimax, equimax 등 다양한 방식이 존재한다. 이를 요약하면 아래와 같이 정리할 수 있으며, 이 가운데 varimax가 일반적으로 많이 활용된다는 점을 밝혀둔다.

방 식	목적	성격
Varimax	요인별 특성 파악에 치중	요인행렬 열의 부하량을 제곱한 값의 분산을 극대화시켜 요인 설명력을 높게 만드는 방식
Quatimax	요인행렬의 행 단순화	최초에 변수를 한 요인에 높게 부하시키고, 다른 요인에는 낮도록 회전
Equimax	높은 부하량의 요인 수 최소화	해석이 난해하여 활용도가 낮음

이상의 직각회전은 요인 상호간의 독립성을 전제로 하는데, 대부분 사회과학 분야에서 요인은 완전히 독립적이지 못하기 때문에 사각회전이 활용된다. 즉 사각회전 방식은 독립성의 유지보다는 요인 간의 상관관계에 의존하는 것이다. 따라서 요인회전 시에 직각을 유지하지 않기 때문에 직각회전보다 높은 요인부하량을 더욱 높이는 동시에 낮은 요인부하량은 더욱 낮추는 효과를 낼 수 있다. 이와 같은 차이에 따라 연구 목적에 부합하는 선택을 하게 되는데, 일반적으로 사회과학의 한 영역인 경영학에서는 사각회전 방식이 보다 더 유용할 것으로 판단된다.

(6) 6단계 : 요인의 타당성 확인

앞서 미리 밝힌 바와 같이 5단계의 과정이 진행 된 이후에 우리는 요인의 수를 결정하는 과정을 거쳐야 한다. 그 방법에는 고유치, 공통분산의 총분산에 대한 비율, 스크리 검정, 요인부하량 산출 등이 있다. 먼저 고유치(eigen value 혹은 latent roots)는 요인으로 설명이 가능한 변수별 분산의 크기를 나타내기 때문에 요인별로 각각의 설명력을 반영할 수 있다. 고유치의 해석은 1을 기준으로 1보다 클 경우 하나의 요인이 변수 1개 이상의 분산을 설명한다는 것이며, 1보다 작은 경우 1개의 요인이 변수 1개에 대한 분산조차도 설명할 수 없다는 의미이다. 따라서 고유치가 1 이상인 경우를 기준으로 요인수를 결정하여야 한다.

총분산 가운데 요인이 설명하는 분산비율을 나타내는 공통분산의 개념이 활용될 수 있다. 일반적인 사회과학 분야의 공통분산 값은 적어도 총분산의 60% 정도를 설명해 주는 요인까지를 선정하는데, 이는 반대로 40% 가량의 정보손실을 감수해야 한다는 의미로 이해할 수 있다.

이 외에 스크리 검정과 요인부하량 산출이 있다. 스크리 검정은 앞선 3단계 요인분석의 가정에서 기술한 것과 동일한 형태이다. 즉 요인의 고유치를 세로축에 놓고, 가로축에 요인의 개수를 반영하여 고유치를 산포도로 나타낼 때 스크리 차트를 살펴보는 방식이다. 이때 스크리 차트의 변곡점이 형성된 곳이 곧 요인의 개수가 되는 방법이다. 한편 5단계 요인회전 방법의 선택 과정에서 기술하였던 요인부하량을 활용한 방식이 있다. 이 방법은 요인부하량의 제곱이 나타내는 결정계수가 요인의 해당 변수 설명력을 가늠하는 것으로 이해할 수 있다.

(7) 7단계 : 요인결정과 총합척도 개발

앞서의 6단계에서 우리는 확인적인 방법, 재측정 결과의 동일성 여부, 표본 분리를 통한 측정 등으로 타당성 여부를 확인할 수 있었다. 우리는 마지막으로 요인 결정에 따른 명칭의 부여와 사후분석의 실시를 계획하기 위하여 변수와 요인을 처리하는 요인결정과 총합척도 개발이라는 단계를 거쳐야 한다. 우선적인 논의 대상은 대리변수(surrogate variables)로 전환하는 과정이다. 즉 요인을 대표하는 변수를 대리변수로 선정하는 것인데, 대리변수의 사용은 연구 목적에 부합하는 변수의 사전적 지식 여부와 관련이 있다. 이러한 이유로 타당성 및 설명력 부족, 정보 손실의 감수 등 문제를 내포한다는 점에 유의하여야 한다.

다음은 요인점수의 계산 과정이다. 이는 설문응대자의 변수별 응답을 요인들의 선형결합으로 표현하여 $F_{jk} = \sum_{i=1}^{p} W_{ji} Z_{jk}$와 같이 나타낼 수 있으며, 이를 토대로 사후 분석을 실시할 수 있다. 여기서 F_{jk}는 개별표본 대상자의 요인점수, p는 변수의 수, Z_{jk}는 표준화된 변수, W_{ji}는 각 변수 가중치를 의미한다.

마지막으로 여러 변수 중에서 높은 부하량을 보이는 변수를 합하거나, 변수의 총합에 대한 평균을 구하여 새로운 요인을 생성하는 총합척도의 개발과정이다. 총합척도의 개발 목적은 모든 변수의 고유 측정 오차를 극복하고, 다양한 방식의 변수 사용으로 결과의 복잡성을 배제하기 위하여 단일 측정치의 개념으로 다차원의 설명력을 확보하는 데에 있다. 다만, 상기의 총합척도 개발에는 네 가지 문제점이 상존한다. 다음은 이를 요약하여 정리한 것이니 참고하길 바란다.

구 분	내 용
개념적 정의	총합척도의 출발점으로 연구목적에 부합하여야만 한다. 개념적인 이해를 위한 과정으로 특히 학술적 부문에서는 선행연구 혹은 이론적 근거를 바탕으로 그 성질 및 특성을 정의하여야만 한다.
차원성	각각의 변수는 서로 밀접한 관련성이 있어 각 항목들이 단일 개념으로 표현될 수 있어야만 한다. 그러나 상호독립적인 변수로 구성된 경우에 각각이 상이한 개념으로 정의될 수 있다.
신뢰성	측정된 다변량 변수 사이의 일관된 정도를 나타낸다. 동일한 개념에 대하여 반복적으로 측정했을 때 나타나는 측정값들의 분산으로 파악할 수 있음을 염두하여야 한다.
타당성	앞서의 세 가지 개념과 함께 최종적인 필요조건이 된다.

이상의 탐색적 요인분석과 함께 우리는 확인적 요인분석을 살펴볼 필요가 있는데, 이는 향후 구조방정식 모형의 학습 과정에서 다루게 될 것이다.

연습문제

1. 요인분석의 모형을 정의하기 위한 가정과 함께 요인에 따라 공분산을 다시 나타낼 경우 그 공분산이 $cov(y, f) = \Lambda$임을 증명하시오.(단, 공분산은 $cov(y_i, f_j) = \lambda ij$이고, 여기서 $i = 1,2,\cdots,p$, $j = 1,2,\cdots,m$이다.)

2. 아래 표는 Brown, Williams와 Barlow(1984)가 주성분 분석을 위해 수집한 자료이다. 그 내용은 12세 소녀가 가족, 선생님, 친구 등 평소 친분이 있는 주변인에 대한 감정을 친절도, 지적수준, 행복감, 호감도, 도덕성 등 5개 항목으로 나누어 9점 척도의 측정을 수행한 결과이다. 해당 표를 참고하여 다음 물음에 답하시오.

구 분	친절도	지적수준	행복감	호감도	도덕성
동성친구1	1	5	5	1	1
자매	8	9	7	9	8
동성친구2	9	8	9	9	8
아버지	9	9	9	9	9
선생님	1	9	1	1	9
이성친구	9	7	7	9	9
동성친구3	9	7	9	9	7

a. 해당 결과를 상관행렬로 나타내시오.

b. a의 상관행렬에서 주요 그룹을 구분하시오.

c. b에서 구한 요인들에 대하여 주성분과 주요인을 각각 구분하고, 공통분산(communality)을 나타내시오.

3. 다음 표는 15명의 학생들을 대상으로 형식 여부(informal or formal)에 따른 산문을 작성하게 하고, 해당 단어와 동사의 수를 기록한 것이다. 다음 물음에 답하시오. 여기서 y_1은 비형식 산문의 단어 수, y_2은 비형식 산문의 동사 수, x_1은 형식적인 산문의 단어 수, x_2은 형식적인 산문의 동사 수를 각각 의미한다.

	Informal		Formal			
	Words	Verbs	Words	Verbs		
Student	y_1	y_2	x_1	x_2	$d_1 = y_1 - x_1$	$d_2 = y_2 - x_2$
1	148	20	137	15	+11	+5
2	159	24	164	25	−5	−1
3	144	19	224	27	−80	−8
4	103	18	208	33	−105	−15
5	121	17	178	24	−57	−7
6	89	11	128	20	−39	−9
7	119	17	154	18	−35	−1
8	123	13	158	16	−35	−3
9	76	16	102	21	−26	−5
10	217	29	214	25	+3	+4
11	148	22	209	24	−61	−2
12	151	21	151	16	0	+5
13	83	7	123	13	−40	−6
14	135	20	161	22	−26	−2
15	178	15	175	23	+3	−8

a. 주성분 방식에 따라 두 개의 요인으로 나누시오.

b. varimax 회전과 비교하시오.

4. 아래 표는 성장기 어린이 20명을 대상으로 8세부터 6개월마다 척추 길이를 조사한 결과이다. 이를 가지고 아래의 물음에 답하시오.

	Age			
Individual	8 yr (y_1)	8½ yr (y_2)	9 yr (y_3)	9½ yr (y_4)
1	47.8	48.8	49.0	49.7
2	46.4	47.3	47.7	48.4
3	46.3	46.8	47.8	48.5
4	45.1	45.3	46.1	47.2
5	47.6	48.5	48.9	47.3
6	52.5	53.2	53.3	53.7
7	51.2	53.0	54.3	54.5
8	49.8	50.0	50.3	52.7
9	48.1	50.8	52.3	54.4
10	45.0	47.0	47.3	48.3
11	51.2	51.4	51.6	51.9

Individual	Age			
	8 yr (y_1)	8½ yr (y_2)	9 yr (y_3)	9½ yr (y_4)
12	48.5	49.2	53.0	55.5
13	52.1	52.8	53.7	55.0
14	48.2	48.9	49.3	49.8
15	49.6	50.4	51.2	51.8
16	50.7	51.7	52.7	53.3
17	47.2	47.7	48.4	49.5
18	53.3	54.6	55.1	55.3
19	46.2	47.5	48.1	48.4
20	46.3	47.6	51.3	51.8

a. 주성분 방식 및 varimax 회전을 수행하시오.

b. 사각회전을 추가로 수행하고, 그 결과가 개선되었는지 확인하시오.

5. 12종류의 생선을 세 가지 요리 방식으로 준비한 후 향(y_1), 풍미(y_2), 데코레이션(y_3), 육즙(y_4) 등을 평가한 것이 아래 표이다.

Method 1				Method 2				Method 3			
y_1	y_2	y_3	y_4	y_1	y_2	y_3	y_4	y_1	y_2	y_3	y_4
5.4	6.0	6.3	6.7	5.0	5.3	5.3	6.5	4.8	5.0	6.5	7.0
5.2	6.2	6.0	5.8	4.8	4.9	4.2	5.6	5.4	5.0	6.0	6.4
6.1	5.9	6.0	7.0	3.9	4.0	4.4	5.0	4.9	5.1	5.9	6.5
4.8	5.0	4.9	5.0	4.0	5.1	4.8	5.8	5.7	5.2	6.4	6.4
5.0	5.7	5.0	6.5	5.6	5.4	5.1	6.2	4.2	4.6	5.3	6.3
5.7	6.1	6.0	6.6	6.0	5.5	5.7	6.0	6.0	5.3	5.8	6.4
6.0	6.0	5.8	6.0	5.2	4.8	5.4	6.0	5.1	5.2	6.2	6.5
4.0	5.0	4.0	5.0	5.3	5.1	5.8	6.4	4.8	4.6	5.7	5.7
5.7	5.4	4.9	5.0	5.9	6.1	5.7	6.0	5.3	5.4	6.8	6.6
5.6	5.2	5.4	5.8	6.1	6.0	6.1	6.2	4.6	4.4	5.7	5.6
5.8	6.1	5.2	6.4	6.2	5.7	5.9	6.0	4.5	4.0	5.0	5.9
5.3	5.9	5.8	6.0	5.1	4.9	5.3	4.8	4.4	4.2	5.6	5.5

a. 주성분 방식과 varimax회전에 의해 두 개 요인으로 나누시오.

b. y_1과 y_2의 유사성을 상관행렬을 통해 나타나는지 확인하시오.

c. 요인점수를 산출하시오.

6. 아래는 벼농사를 행하는 농경지를 200㎡ 단위로 나누어 각각의 해충 방제 여부에 따른 기간별 해충 수를 조사한 표이다. 여기서 좌측은 해충 박멸을 위해 방제를 실시한 경우이며, 우측은 방제하지 않은 결과이다. 아울러 y는 조사 기간으로 y_1은 10일 후, y_2는 20일 후, y_3은 30일 후, y_4는 40일 후의 결과이다. 다음 물음에 답하시오.

Experiment Number	y_1	y_2	y_3	y_4	Experiment Number	y_1	y_2	y_3	y_4
1	189	245	137	163	1	181	305	184	209
2	192	260	132	217	2	158	237	133	188
3	217	276	141	192	3	184	300	166	231
4	221	299	142	213	4	171	273	162	213
5	171	239	128	158	5	181	297	163	224
6	192	262	147	173	6	181	308	160	223
7	213	278	136	201	7	177	301	166	221
8	192	255	128	185	8	198	308	141	197
9	170	244	128	192	9	180	286	146	214
10	201	276	146	186	10	177	299	171	192
11	195	242	128	192	11	176	317	166	213
12	205	263	147	192	12	192	312	166	209
13	180	252	121	167	13	176	285	141	200
14	192	283	138	183	14	169	287	162	214
15	200	294	138	188	15	164	265	147	192
16	192	277	150	177	16	181	308	157	204
17	200	287	136	173	17	192	276	154	209
18	181	255	146	183	18	181	278	149	235
19	192	287	141	198	19	175	271	140	192
					20	197	303	170	205

a. 1 이상의 고유값을 가지는 결과에 대하여 스크리 도표와 각 percentage를 작성하고, 요인의 수는 명확히 구분되는지 살펴보시오.

b. 주성분 방식과 varimax 회전에 의한 두 개의 요인에 차이가 있는가?

c. 사각회전으로 회전을 달리할 때 개선되는지 살펴보시오.

7. 다음은 20명의 기술자와 비행사들에 대한 6개 항목의 테스트를 수행한 결과표이다. 수행한 테스트의 내용은 다음과 같다. y_1은 일반적 지성, y_2는 인성, y_3은 동력

계에 대한 세부 지식, y_4는 판단력, y_5는 감각적 능력, y_6은 인내력 등이다. 이에 대하여 다음의 물음에 답하시오.

Engineer Apprentices						Pilots					
y_1	y_2	y_3	y_4	y_5	y_6	y_1	y_2	y_3	y_4	y_5	y_6
121	22	74	223	54	254	132	17	77	232	50	249
108	30	80	175	40	300	123	32	79	192	64	315
122	49	87	266	41	223	129	31	96	250	55	319
77	37	66	178	80	209	131	23	67	291	48	310
140	35	71	175	38	261	110	24	96	239	42	268
108	37	57	241	59	245	47	22	87	231	40	217
124	39	52	194	72	242	125	32	87	227	30	324
130	34	89	200	85	242	129	29	102	234	58	300
149	55	91	198	50	277	130	26	104	256	58	270
129	38	72	162	47	268	147	47	82	240	30	322
154	37	87	170	60	244	159	37	80	227	58	317
145	33	88	208	51	228	135	41	83	216	39	306
112	40	60	232	29	279	100	35	83	183	57	242
120	39	73	159	39	233	149	37	94	227	30	240
118	21	83	152	88	233	149	38	78	258	42	271
141	42	80	195	36	241	153	27	89	283	66	291
135	49	73	152	42	249	136	31	83	257	31	311
151	37	76	223	74	268	97	36	100	252	30	225
97	46	83	164	31	243	141	37	105	250	27	243
109	42	82	188	57	267	164	32	76	187	30	264

a. 스크리 표를 활용하여 1 이상의 고유값을 가지는 수와 percentage를 구하고, 명확하게 몇 개의 요인으로 구분되는지 파악하시오.

b. 주성분 방식과 varimax 회전에 의해 세 개의 요인을 추출하시오.

c. 주요인 방식과 varimax 회전에 의해 세 개의 요인을 추출하시오.

d. 위의 b와 c의 차이를 비교하시오.

연습문제 해설

1. 각각의 분산은 $var(f_i)=1$로 나타내고, 각 잔차의 분산은 $var(\epsilon_i)=\psi_i$이 되어 $var(y_i)=\lambda_{i1}^2+\lambda_{i2}^2+\cdots+\lambda_{im}^2+\psi_i$과 같다. 구체적인 전개 과정은

$$\begin{aligned} var(y_i) &= var(y_i-\mu_i)=var(\lambda_{i1}f_1+\lambda_{i2}f_2+\cdots+\lambda_{im}f_m+\epsilon_i) \\ &= \sum_{j=1}^{m}\lambda_{ij}^2 var(f_j)+var(\epsilon_i)+\sum_{j\neq k}\lambda_{ij}\lambda_{ik}cov(f_j,f_k)+\sum_{j=1}^{m}\lambda_{ij}cov(f_j,\epsilon_i) \\ &= \sum_{j=1}^{m}\lambda_{ij}^2+\psi_i \end{aligned}$$

인데, 여기서 각 요인에 대한 공분산은 $cov(f_j,f_k)=0$이고, 각 요인과 잔차의 공분산은 $cov(f_j,\epsilon_i)=0$이다.

아울러 공분산이 $cov(y,f)=\Lambda$임은 다음과 같이 증명할 수 있다.

$$\begin{aligned} cov(y,f) &= cov(\Lambda f+\epsilon,f) \\ &= cov(\Lambda f,f) \\ &= E[\Lambda f-E(\Lambda f)][f-E(f)]' \\ &= E[\Lambda f-\Lambda E(f)][f-E(f)]' \\ &= \Lambda E[f-E(f)][f-E(f)]' \\ &= \Lambda cov(f)=\Lambda \end{aligned}$$

2. a. 다섯 개 요인들에 대한 상관행렬은 다음과 같다.

$$R=\begin{pmatrix} 1.000 & 0.296 & 0.881 & 0.995 & 0.545 \\ 0.296 & 1.000 & -0.022 & 0.326 & 0.837 \\ 0.881 & -0.022 & 1.000 & 0.867 & 0.130 \\ 0.995 & 0.326 & 0.867 & 1.000 & 0.544 \\ 0.545 & 0.837 & 0.130 & 0.544 & 1.000 \end{pmatrix}$$

b. 위에서 1열, 3열, 4열과 2열, 5열을 두 개의 그룹을 나누어 해당되는 두 요인을 매우 잘 설명할 수 있다.

c. 각 방식에 따라 다음과 같이 두 개의 요인들의 loading을 구할 수 있고, 공통분산은 요인들로 설명이 가능한 변수에 대하여 분산의 양을 백분율로 나타낸다.

구 분	주성분		주요인		공통분산
	f_1	f_2	f_1	f_2	
친절도	0.969	−0.231	0.981	−0.210	0.995
지적수준	0.519	0.807	0.487	0.774	0.837
행복감	0.785	−0.587	0.771	−0.544	0.881
호감도	0.971	−0.210	0.982	−0.188	0.995
도덕성	0.704	0.667	0.667	0.648	0.837
분산 설명력	3.263	1.538	3.202	1.395	
총분산 비율	0.653	0.308	0.704	0.307	
누적 비율	0.653	0.960	0.704	1.010	

3. 주성분 방식 및 varimax 회전에 의해 다음과 같은 결과표가 작성된다.

	Principal Component Loadings		Varimax Rotated Loadings		Communalities
	f_1	f_2	f_1	f_2	$\hat{h}_i^2$
Variables					
Informal words	.802	−.535	.956	.129	.930
Informal verbs	.856	−.326	.858	.321	.839
Formal words	.883	.270	.484	.786	.853
Formal verbs	.714	.658	.101	.966	.943
Variance	2.666	.899	1.894	1.671	3.565
Proportion	.666	.225	.474	.418	.891

4. 주성분 방식, varimax 회전, 공분산, 사각회전(Orthoblique) 방식 등에 따른 결과는 다음과 같이 나타낼 수 있다.

	Principal Component Loadings		Varimax Rotated Loadings		Communalities	Orthobilque Pattern Loadings	
	f_1	f_2	f_1	f_2	$\hat{h}_i^2$	f_1	f_2
Variables							
8 years	.949	−.295	.844	.455	.988	−.108	1.087
8½ years	.974	−.193	.830	.545	.986	.106	.900
9 years	.978	.171	.578	.808	.986	.825	.188
9½ years	.943	.319	.449	.888	.991	1.099	−.121
Variance	3.695	.255	2.005	1.946	3.951		
Proportion	.924	.064	.501	.486	.988		

5. a. 주성분 방식과 varimax 회전, 공분산의 결과 varimax 회전에서 두 개의 요인으로 나누어진다.

	Principal Component Loadings		Varimax Rotated Loadings		Communalities
	f_1	f_2	f_1	f_2	$\hat{h}_i^2$
Variables					
y_1	.830	−.403	.874	.294	.851
y_2	.783	−.504	.911	.189	.866
y_3	.803	.432	.270	.871	.831
y_4	.769	.497	.200	.893	.838
Variance	2.537	.850	1.709	1.678	3.386
Proportion	.634	.213	.427	.420	.847

b. 위 a. 결과표에서 y_1과 y_2의 계수값이 상대적으로 높게 나타났다.

$$R=\begin{pmatrix} 1.00 & .71 & .51 & .40 \\ .71 & 1.00 & .38 & .40 \\ .51 & .38 & 1.00 & .67 \\ .40 & .40 & .67 & 1.00 \end{pmatrix}$$

c. 요인점수의 영향계수 행렬은

$$\hat{B}_1 = R^{-1}\hat{\Lambda}=\begin{pmatrix} .566 & -.109 \\ .636 & .207 \\ -.130 & .584 \\ -.194 & .630 \end{pmatrix}$$

이며, 여기서 $\hat{\Lambda}$은 a.에서 얻어진 값이다. 이를 토대로 다음과 같이 요인 점수를 도출할 수 있다.

Method 1		Method 2		Method 3	
f_1	f_2	f_1	f_2	f_1	f_2
.544	1.151	−.254	.309	−1.156	2.104
1.250	−.254	−.309	−1.534	−.321	.878
1.017	1.120	−1.865	−1.558	−.671	.947
−.147	−1.583	−.999	−.690	.067	1.130
.219	−.103	.520	−.343	−1.610	−.458
1.007	.679	.919	−.111	.557	.491
1.413	−.186	−.443	−.018	−.454	1.157
−.666	−2.279	−.265	.676	−.961	.063

Method 1		Method 2		Method 3	
f_1	f_2	f_1	f_2	f_1	f_2
1.057	−1.870	1.449	−.295	−.230	1.721
.388	−.440	1.371	.295	−1.309	.054
1.328	−.298	1.260	−.027	−1.766	−.111
.694	−.033	−.000	−1.452	−1.636	−.048

6. a. R의 고유값은 2.273, 1.081, 0.450, 0.196으로 구해졌다. 여기서 1을 기준으로 주요한 경계는 1.081로 처음 두 요인에 대한 분산의 설명력은 83.9%가 되며, 두 개의 요인으로 구분된다.
   b. 주성분 방식과 varimax 회전에 의한 요인은 유사한 것으로 나타났다.

	Principal Component Loadings		Varimax Rotated Loadings		Communalities	Orthobilque Pattern Loadings	
	f_1	f_2	f_1	f_2	$\hat{h}_i^2$	f_1	f_2
Variables							
y_1	−.038	.989	−.025	.990	.980	−.003	.990
y_2	.889	.269	.892	.256	.862	.898	.253
y_3	.893	−.157	.891	−.170	.823	.887	−.173
y_4	.827	−.073	.823	−.084	.689	.824	−.087
Variance	2.273	1.081	2.273	1.081	3.354		
Proportion	.568	.270	.568	.270	.839		

   c. 사각회전으로 회전을 달리할 때에도 큰 차이가 존재하지 않는다.

7. a. 전체 세 개의 항에서 1 이상의 고유값이 나타나며, 분산의 설명력은 70%이다.
   b. 주성분 방식과 varimax 회전의 결과는 다음과 같다.

	Principal Component Loadings			Varimax Rotated Loadings			Communalities
	f_1	f_2	f_3	f_1	f_2	f_3	$\hat{h}_i^2$
Variables							
y_1	.536	.461	.478	−.063	.834	.170	.729
y_2	−.129	.870	−.182	−.357	.100	.818	.806
y_3	.514	−.254	−.448	.724	−.026	.068	.529
y_4	.724	−.366	−.110	.739	.295	−.193	.670

	Principal Component Loadings			Varimax Rotated Loadings			Communalities
	f_1	f_2	f_3	f_1	f_2	f_3	$\hat{h}_i^2$
y_5	−.416	−.414	.649	−.484	−.013	−.729	.766
y_6	.715	.124	.420	.239	.800	−.069	.702
Variance	1.775	1.354	1.073	1.493	1.435	1.275	4.202
Proportion	.296	.226	.179	.249	.239	.212	.700

c. 주요인 방식과 varimax 회전의 결과는 다음과 같다.

	Principal Component Loadings			Varimax Rotated Loadings			Communalities
	f_1	f_2	f_3	f_1	f_2	f_3	$\hat{h}_i^2$
Variables							
y_1	.403	.312	.227	.030	.536	.151	.311
y_2	−.106	.569	−.100	−.288	.083	.505	.345
y_3	.343	−.139	−.197	.413	.060	.037	.176
y_4	.559	−.247	−.090	.564	.233	−.094	.381
y_5	−.286	−.246	.328	−.262	−.088	−.417	.250
y_6	.556	.089	.197	.258	.537	.003	.356

d. b. 와 c. 의 결과는 대체로 유사하였으며, 세 개의 요인에 대한 설명력도 유사한 것으로 이해된다.

2 회귀분석

회귀분석(regression analysis)은 변수들 간의 관계를 파악하기 위한 통계적 분석 기법을 말한다. 모든 회귀분석에서는 편의성을 도모하기 위해 독립변수를 x로, 종속변수를 y로 대체한다. 그리고 회귀분석은 기본적으로 이들 종속변수와 독립변수의 선형관계를 가정한다. 이 가운데 종속변수(dependent variable), 독립변수(independent variable)가 각각 하나인 모형 분석을 단순회귀분석(simple regression analysis)이라 하고, 2개 이상의 독립변수를 분석하는 경우를 중회귀분석(multiple regression analysis)이라 한다.

일반적으로 시계열 분석이 다양한 독립변수를 포함하는 중회귀분석을 다룬다는 점을 고려해 5장에서 추가하여 살펴보도록 하고, 이번에는 단순회귀분석을 중심으로 설명하고자 한다.

1) 선형회귀모형

우리는 예산제약(budget constraint) 하의 소비행태를 통해 한 가구의 소득과 소비가 비례 관계에 있음을 짐작할 수 있다. 소득 축소는 소비량 축소로 이어지는 반면, 소득 증가는 소비 확대로 반영될 것이라는 이론적 틀 안에서 검증 과정으로 회귀분석을 실시할 수 있다. 그렇다면 우리나라 전체 가구를 대상으로 이런 소득과 소비의 비례 관계를 어떻게 파악할 수 있을까? 이 때 대표적으로 연령, 가구 구성원 수, 직업, 학력, 지역 등 특성별 차이를 고려해야만 한다. 왜냐하면 가구별로 20대 연령의 1인으로 구성된 경우와 50대 연령의 세대주를 중심으로 4인이 구성된 가구와 같이 그 특성에 따라 소득 차이는 물론, 기본적인 소비 지출 면에서 큰 차이를 보일 수 있기 때문이다. 우리는 이런 이유에서 각 가구의 특성별 차이를 고려하여 그룹을 형성해 분석할 수 있다. 하지만, 분류된 그룹 안에는 식비 지출이 큰 경우와 의류 지출이 큰 경우 등 소비 행태에 따라서도 상이성이 존재하게 된다. 이처럼 수없이 많은 여과(filtering) 과정을 거치더라도 임의요소(random factor)에 의해 평균적 소비가 차이를 나타낼 수밖에 없는데, 우리는 이를 임의오차(random error)라 한다.

이러한 임의오차가 없다고 판단, 소득과 소비의 함수 관계를 가정하여 분석하기 위한 모형을 확정적 모형(deterministic model)이라 한다. 반면, 임의오차를 포함한 통계적 관계 규명이 확률모형(probabilistic model)이다. 예를 들어 소득에 대한 소비성향이 0.9인 확정적 모형을 따른다면 그 관계식은 '$y=0.9x$'로 나타낼 수 있다. 하지만, 확률모형에서는 임의오차를 반영하여 '$y=0.9x+$임의오차' 관계로 나타낼 수 있는데, 여기서 y절편에 해당하는 상수항을 포함한 일반적인 회귀모형은 '$y=\beta_0+\beta_1x+\epsilon$'과 같이 표현할 수 있다. 우리는 이 둘 가운데 사회과학의 성격상 통계적 관계에 의존하는 확률모형을 살펴보고자 한다.

다음은 10인의 소득과 소비에 대한 관측치와 그래프(산점도; scattergram)를 나타낸 것이다. 이를 통해 기본적인 선형회귀를 살펴보자.

구 분	1	2	3	4	5	6	7	8	9	10
소득(십만원)	30	60	40	25	35	40	25	30	35	60
소비(십만원)	20	50	30	15	25	35	15	20	20	50

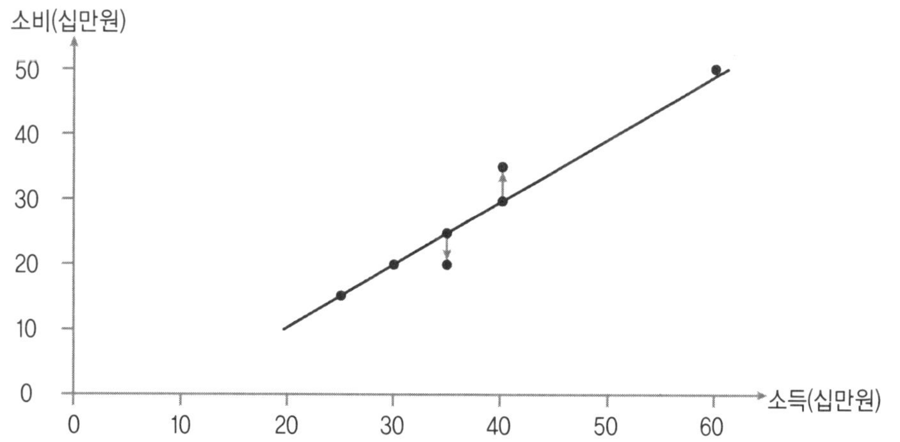

위의 자료를 활용한 선형회귀분석 과정은 어떻게 이루어지겠는가? 먼저, 선형관계를 파악해야 한다. 다음으로 모형의 모수를 추정하고, 임의오차항 계산과 함께 그 분포를 추정한다. 위 그래프에서 몇 개의 점을 연결한 직선 기울기가 관측치의 선형관계로 반영되었고, 그 직선으로부터 화살표로 연결한 그 외의 점이 오차항으로 받아

들여질 수 있다. 여기서 오차항의 통계적 특성을 가지고 해당 선형회귀모형이 확률모형임을 알 수 있다. 이렇게 나타낸 모형은 마지막으로 통계적 유의도를 검증, 선형회귀모형으로 활용된다.

먼저, 선형회귀모형과 관련한 기울기와 y절편은 다음 식으로 도출된다.

■ 기울기(slope of the regression line)

$$= \frac{n(\sum xy) - (\sum x)(\sum y)}{n(\sum x^2) - (\sum x)^2}$$

■ y절편(y-axis intercept)

$$= \frac{\sum y}{n} - \text{기울기}\left(\frac{\sum x}{n}\right)$$

위에 나타낸 식을 이용하여 다음의 예제를 살펴보자.

■ 예제) 전국에 10개의 체인을 가진 어느 호텔은 과다한 전기 사용비용 발생을 이유로 시간당 전력량과 이용 객실 수의 관계를 조사하여 보고자 하였다. 최근 열흘 간 이용된 객실 수와 전기 사용(kW/h)을 살펴본 결과는 다음과 같다.

구 분	1	2	3	4	5	6	7	8	9	10
이용 객실 수	12	9	14	6	10	8	10	10	5	7
전력사용(kW/h)	9	7	10	5	8	6	8	10	4	7

Q1. 회귀방정식의 기울기와 y절편을 도출하라.

Q2. 만약 평균적으로 6개의 객실이 지속적으로 활용된다면, 시간당 전력사용은 얼마나 되겠는가?

A1. 기울기$= \frac{(10)(718) - (91)(74)}{(10)(895) - (91)^2} = 0.667$, y절편$= \frac{74}{10} - (0.667)(\frac{91}{10}) = 1.333$

A2. $\hat{y} = 1.333 + (0.667)(6) = 5.333$으로 시간당 5.333(kW/h)을 사용하게 된다.

2) 최소자승법

그렇다면 오차는 어떤 통계적 특성을 나타내겠는가? 앞서 나타낸 소득과 소비의 확률모형 '$y = \beta_0 + \beta_1 x + \epsilon$'에서 우리는 독립변수에 대응한 종속변수의 평균값을 추

정하고자 하는데 그 목적이 있다. 즉 조건부 기대치(conditional expectation)인 $E[y|x]$를 구하는 것인데, 그 형태는 '$\mu_{y|x} = E[y|x] = \beta_0 + \beta_1 x$'이 된다. 이는 통계적 추론에서 해왔던 것처럼 모집단의 정규분포 가정을 통해 소비에 대한 오차항 평균 즉, 조건부 기대치 $E[\epsilon_i]$은 0이 됨을 알 수 있게 해준다. 임의의 한 관측치에 대한 오차를 그래프로 나타내면 아래와 같고, 각각의 실제 관측치와 직선 사이의 거리를 총합하면 0에 수렴하게 된다.

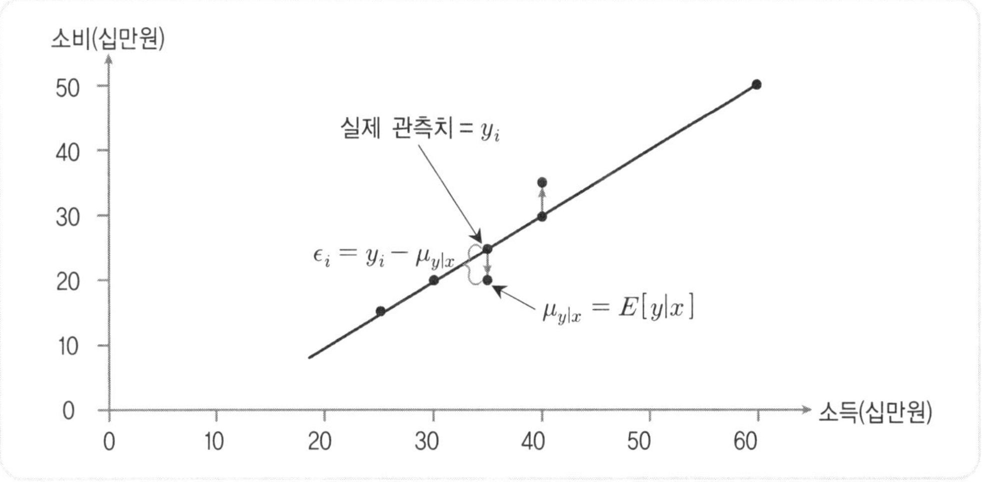

선형회귀모형에 따르는 '$y = \beta_0 + \beta_1 x + \epsilon$'에서 ϵ이 0임을 알게 되었다. 다음에 구해야 할 것은 β_0와 β_1으로, 이를 계산하면 '$\hat{y} = -10.65 + 1.02x$'가 된다. 여기서 $\hat{y}$는 직선의 식에 의해 계산된 y의 예측값을 의미한다. 따라서 개별적인 실제 관측치와 예측값을 비교해 보면 다음과 같다. 다만, 아래 표 마지막 줄에 표현된 실제 관측치와 예측값의 편차를 제곱한 $(y-\hat{y})^2$을 합산하면 49.71이 된다. 이를 편차제곱합(sum of squares of the error: SSE)이라 한다.

구 분	1	2	3	4	5	6	7	8	9	10
소득(십만원)	30	60	40	25	35	40	25	30	35	60
소비(십만원)	20	50	30	15	25	35	15	20	20	50
$(y-\hat{y})$	0.05	−0.55	−0.15	0.15	−0.05	4.85	0.15	0.05	−5.05	−0.55
$(y-\hat{y})^2$	0.00	0.30	0.02	0.02	0.00	23.52	0.02	0.00	25.50	0.30

위에서 구한 편차제곱합(SSE)이 작을수록 실제 관측치와 예측값의 편차가 작아짐을 나타낸다. 이는 '$\hat{y}=-10.65+1.02x$'으로 나타낸 직선이 실제의 자료에 가장 적합함을 의미한다. 직선 적합도에 대한 기준으로 편차제곱합을 사용하는 이유는 편차의 합이 0이 되는 경우가 많기 때문이다. 이렇게 편차제곱합이 최소가 되는 직선을 최소자승선(least squares line) 또는 회귀선(regression line)이라 하고, 이를 도출하는 방법을 최소자승법(method of least squares)이라고 정의한다.

이러한 최소자승법에 따른 최소자승추정은 어떻게 이루어질까? 앞서 '$\hat{y}=-10.65+1.02x$'와 같이 어느 표본 자료에서 구한 직선의 식은 $\hat{y}=\hat{\beta}_0+\hat{\beta}_1x$로 표현할 수 있다. 여기서 '$\hat{\ }$'은 각 추정치를 의미하며, 해당 식을 추정회귀식이라 한다.

앞에서 오차의 조건부 기대치 $E[\epsilon_i]$는 0으로 모든 최소자승법을 통해 얻어진 예상값이 실제 관측치와 일치한다고 설명하였다. 그런데 우리는 여기서 한 가지 차이를 인식해야만 한다. 소득과 소비 관계에서 얻어진 편차제곱합 $(y-\hat{y})^2$의 결과가 49.71로 나타났던 것을 생각해 보자. 여기서 편차제곱이라는 표현을 통해 오차항(error term: ϵ_i)과 잔차(residual: e_i)의 차이를 살펴 볼 수 있다. 오차(ϵ_i)는 실제 관측치 y_i와 모집단회귀식과의 편차(deviation)를 말하고, 잔차(e_i)는 실제 관측치 y_i와 추정회귀식과의 편차를 말한다. 따라서 우리가 구할 수 있는 잔차(e_i)로부터 오차(ϵ_i)를 추정할 수 있는 것이다. 이와 관련하여 표준추정오차(standard error of estimate)를 구하여야 하는데, 그 산식은 다음과 같다.

표준추정오차(standard error of estimate)

$$S_{y\cdot x}=\sqrt{\frac{\sum(y-\hat{y})^2}{(n-2)}}$$

이를 달리 표현하면 다음과 같다.

$$S_{y\cdot x}=\sqrt{\frac{\sum y^2-a(\sum y)-b(\sum xy)}{(n-2)}}$$

3) 모형의 가정과 오차의 분산

앞에서 기술한 오차(ϵ)가 β_0와 β_1의 추정 오차와 어떤 관계를 가지는지를 살펴보자. 이를 위해 우리는 오차(ϵ)의 분포 형태에 대한 다음의 기본 가정을 이해하여야 한다.

오차(ϵ)의 기본 가정

가정1. 오차(ϵ)의 확률분포에 대한 평균은 0이다. 즉, $E[\epsilon_i]=0$으로 나타낸다. 각각의 x값에 대한 y값을 무수히 관측했을 때, 오차(ϵ)의 평균은 0이 된다. 이것은 어떤 x값에 대한 y의 평균 $E(y)=\beta_0+\beta_1 x$임을 의미한다.

가정2. 오차(ϵ) 확률분포의 분산은 x값에 관계없이 일정하다. 선형모형에서 이 가정은 ϵ의 분산이 모든 x값에 대해 동일함을 의미한다.

가정3. 오차(ϵ)는 정규분포의 형태를 이룬다.

가정4. 서로 다른 두 관측치의 오차는 독립적이다. 즉, 어떤 y값의 오차는 다른 y값 오차에 영향을 미치지 않는다.

상기의 기본 가정을 그림으로 나타내면 다음과 같다. 회귀선을 기준으로 x_i의 평균이 위치하면서 각 임의오차(ϵ)의 평균은 0이 된다. 동일한 분산(동분산: homoskedasticity)을 이룬다. 아울러 가정4.와 같이 각각의 상이한 관측지점에 따른 독립적 관계로 공분산은 0이 됨을 나타낸다. 이 모든 조건을 종합해 임의오차(ϵ)는 표준정규분포를 따르는 $\epsilon_i \sim N(0, \sigma_\epsilon^2)$로 나타낸다.

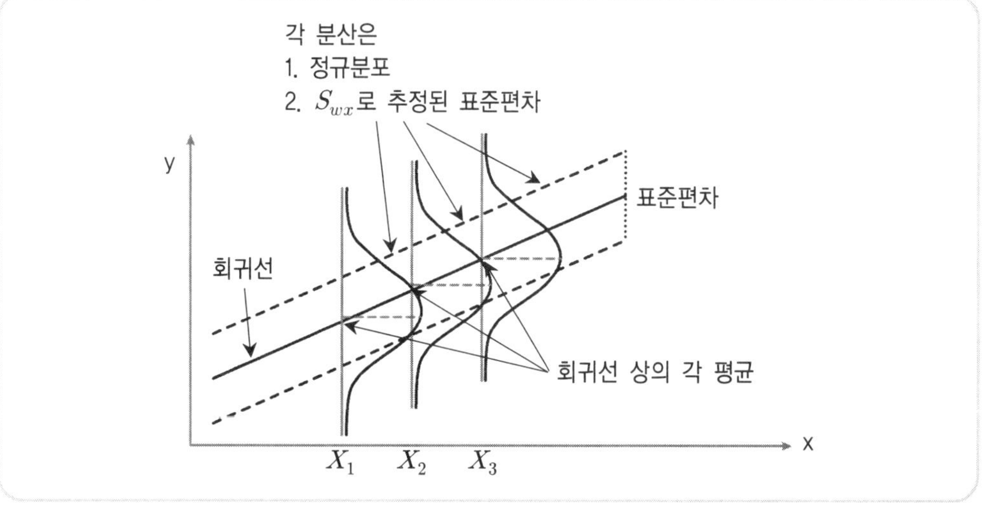

σ^2으로 측정되는 임의오차(ϵ)의 분산이 커질수록 모형의 모수 β_0, β_1에 대한 추정치의 오차도 커질 것이다. 아울러 어떤 x값에 대한 y의 예측치인 $\hat{y}$ 오차도 커질 것이다. 그래서 σ^2을 표본자료로부터 추정해 그 크기를 판단할 필요가 있다. 여기서 σ^2의 가장 좋은 추정치는 잔차의 제곱합(SSE)을 자유도로 나눈 s^2이다. 다음은 이를 도출하는 공식이다.

임의오차(ϵ)의 분산(σ^2) 추정치

$$\sigma^2 = \frac{SSE}{n-2}$$

여기서, $SSE = \sum(y_i - \hat{y_i})^2 = SS_{yy} - \hat{\beta}_1 SS_{xy}$

$$SS_{yy} = \sum(y_i - \overline{y_i})^2 = \sum y_i^2 - \frac{(\sum y_i)^2}{n}$$

SS_{xy}는 최소자승추정치 계산식과 동일

앞선 선형회귀모형에서의 예제로 표준오차와 그 분산을 추정하여 보자.

예제) 전국에 10개의 체인을 가진 어느 호텔은 과다한 전기 사용비용 발생을 이유로 시간당 전력량과 이용 객실 수의 관계를 조사하여 보고자 하였다. 최근 열흘 간 이용된 객실 수와 전기 사용(kW/h)을 살펴본 결과는 다음과 같다.

구 분	1	2	3	4	5	6	7	8	9	10
이용 객실 수	12	9	14	6	10	8	10	10	5	7
전력사용(kW/h)	9	7	10	5	8	6	8	10	4	7

Q1. 표준오차를 구하라.

Q2. 표준오차의 분산을 추정하라.

A1. $\sqrt{\frac{584-(1.333\times 95)-(0.667\times 718)}{10-2}} = 0.898$

A2. $\frac{6.67}{8} = 0.83$

4) 유의성 검정

우리는 y의 선형회귀를 통해 β_1을 추정하였다. 추정한 β_1과 관련된 통계량들은 β_1

의 최소자승추정치 $\hat{\beta}_1$의 표본분포를 통해 구해진다. $\hat{\beta}_1$의 표본분포는 앞서 제시한 오차(ϵ)의 기본가정이 충족될 때 $\hat{\beta}_1$에 대한 확률분포의 특성을 다음과 같이 나타낼 수 있다. 첫째, 정규분포를 이룬다. 둘째, 그 평균은 $E(\hat{\beta}_1) = \beta_1$이 되며, 마지막으로 분산은 $\sigma^2_{\hat{\beta}_1} = \frac{\sigma^2}{SS_{xx}}$로 나타낸다.

추정된 결과의 회귀계수값(β_1)은 유의성 여부를 살펴볼 필요가 있다. 즉 회귀계수가 0에 근사하는지를 확인한다는 의미이다. 따라서 $H_0 : \beta_1 = 0$의 귀무가설과 $H_1 : \beta_1 \neq 0$의 대립가설을 검정하여야 한다. 다만, 분산(σ)은 보통 알려져 있지 않기 때문에 검정을 위해서 student's t 통계량을 활용한다. 이를 산출하는 산식은 $t = \frac{\hat{\beta}_1 - \beta_1 \text{의 가설값}}{s_{\hat{\beta}_1}} = \frac{\hat{\beta}_1 - 0}{s_{\hat{\beta}_1}}$와 같으며, 여기서 $s_{\hat{\beta}_1} = \frac{s}{\sqrt{SS_{xx}}}$로 결국에 $\frac{\hat{\beta}_1}{s/\sqrt{SS_{xx}}}$과 같다. 이러한 유의성 검정은 다음과 같이 정리된다.

모형의 유의성 검정

단측검정(one-tailed test)	양측검정(two-tailed test)
$H_0 : \beta_1 = 0$	$H_0 : \beta_1 = 0$
$H_1 : \beta_1 < 0$ 또는 $H_1 : \beta_1 > 0$	$H_1 : \beta_1 \neq 0$
[검정통계량]	[검정통계량]
$t = \frac{\hat{\beta}_1}{s/\sqrt{SS_{xx}}}$	$t = \frac{\hat{\beta}_1}{s/\sqrt{SS_{xx}}}$
[기각영역]	[기각영역]
$t < -t_\alpha$ 또는 $t > t_\alpha$	$t < -t_{\alpha/2}$ 또는 $t > t_{\alpha/2}$

여기서, t_α는 $(n-2)$의 자유도와 α의 유의수준을 가지는 t통계량이고, $t_{\alpha/2}$는 $(n-2)$의 자유도와 $\alpha/2$의 유의수준을 가지는 t통계량을 의미

다음의 예제를 통해 가설검정의 과정을 살펴보자.

예제) 어느 회사의 광고비 지출액 증가가 매출액에 미치는 영향을 알아보기 위해 지난 5개월간 광고비와 매출액 자료를 다음과 같이 조사하였다.

구 분	1	2	3	4	5
광고비지출액(백만원)	2	3	4	5	6
매출액(천만원)	4	4	6	6	10

Q1. 광고비와 매출액의 관계에서 유의수준을 $\alpha = 0.05$로 정할 때 유의성을 살펴보아라.

A1. 먼저 $(n-2)$의 자유도에 따라 3으로 결정되는데, 양측검정에 대한 기각영역은 $t < -t_{0.025} = -3.182$ 또는 $t > t_{0.025} = 3.182$임을 알 수 있다. 다음으로 $\widehat{\beta_1} = 1.4$, $s = 1.211$, $SS_{xx} = 0.83$ 등을 얻을 수 있다. 이를 통해 검정통계량 t는 3.66이 산출되는데, 양측검정의 기각영역 가운데 3.182보다 커 귀무가설 H_0는 기각됨을 알 수 있다. 따라서 표본자료에 의해 y(매출액)를 선형회귀모형으로 예측할 때 x(광고비)가 의미있는 정보를 제공한다고 할 수 있다.

위의 예제와 달리 t통계량이 기각영역에 들어가지 않는다면 어떤 결론을 내려야 할까? 앞의 추정과 검정에서 다루었듯이 t통계량이 기각영역에 들어가지 않는다고 해서 귀무가설을 받아들이지는 않는다. 즉, $\beta_1 = 0$으로 결론을 내리는 대신에 '$\beta_1 = 0$일 가능성을 배제할 수 없다'고 한다. 왜냐하면 추가적으로 자료를 수집하면 $\beta_1 \neq 0$이라는 결론에 이를 수 있고, 아니면 독립변수와 종속변수 간에 더 복잡한 관계가 존재할 수도 있기 때문이다.

기울기 β_1을 검정하는 또 다른 방법으로 신뢰구간 추정이 있다. 신뢰구간 추정은 $\widehat{\beta_1} \pm t_{\alpha/2} s_{\widehat{\beta_1}}$으로 나타내며, β_1이 $100(1-\alpha)\%$의 신뢰구간에서 t통계량과 기울기 β_1을 활용해 산출한다. 이 방법은 위에서 제시한 유의성 검정을 쉽게 접근한 형태로 이해할 수 있다. 자세한 내용은 '현대통계학'(안상형, 이명호. 2000년)을 참고하길 바란다.

5) 상관계수와 결정계수

지금까지 우리는 최소자승법을 통한 선형회귀모형의 오차와 기울기를 살펴보았다. 그렇다면 독립변수와 종속변수로 구성된 모형 전체에 대한 선형관계와 그 결합 정도는 어떻게 파악할 수 있을까? 우리는 이미 2장에서 공분산과 상관관계에 대하여 살펴본 바 있는데, 두 변수 사이의 관계 정도를 파악하는 것이 상관분석이다. 두 변수의 상관분석을 통해 얻어진 상관계수로 관련성 정도를 측정할 수 있다. 이러한 상관계수 가운데 일반적으로 많이 사용하는 피어슨 상관계수(Pearson product moment correlation coefficient) r은 다음과 같다.

■ 피어슨 상관계수(r)

$$r=\frac{n(\sum xy)-(\sum x)(\sum y)}{\sqrt{[n(\sum x^2)-(\sum x)^2][n(\sum y^2)-(\sum y)^2]}}=\frac{SSxy}{\sqrt{SS_{xx}SS_{yy}}}$$

얻어진 계수는 −1과 1사이의 값을 가지며, 상관관계는 산점도의 흩어짐과 방향으로 그 값과 부호가 결정된다. 아래 그림은 흩어진 정도와 방향성에 따른 상관계수를 개략적으로 나타낸 것이다.

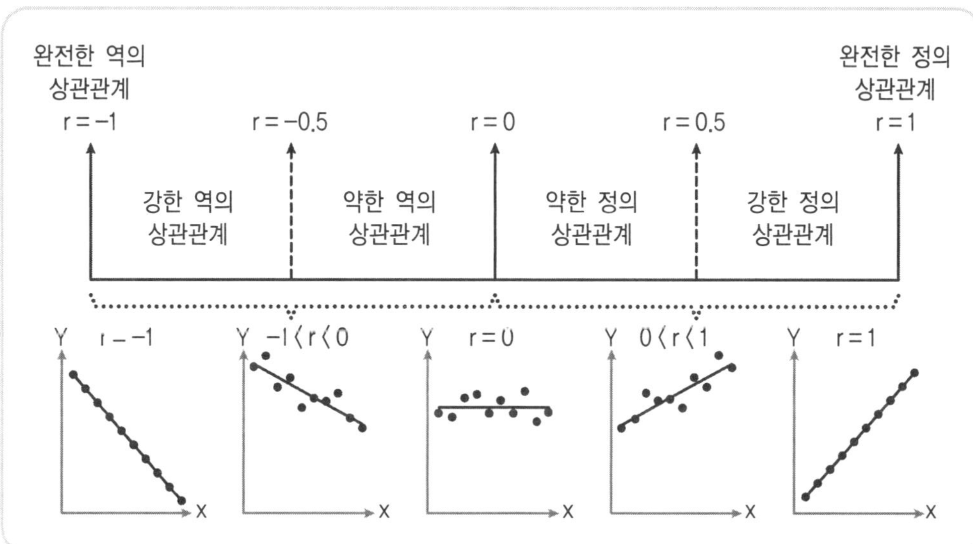

위와 같은 상관분석에 따라 앞서 제시하였던 소득과 소비의 상관계수를 구하면, $SS_{xy}=14{,}850$, $\sqrt{SS_{xx}SS_{yy}}\fallingdotseq 15{,}092$으로 약 0.984의 상관계수를 얻게 된다. 따라서 강한 정의 상관관계를 반영한다고 할 수 있다.

위와 같이 상관계수는 두 변수 간의 관련성을 파악하는 의미가 있다. 이를 발전시켜 독립변수가 종속변수에 공헌하는 정도를 나타내는 것이 결정계수(coefficient of determination)이다. 결정계수는 상관계수의 제곱으로 나타내며, 이는 종속변수 편차의 제곱합 중에서 선형관계로 설명되는 부분의 비율을 의미한다.

예를 들어 앞선 소득과 소비의 관계에서 얻어진 약 0.984의 상관계수는 선형관계의 정도가 상당히 높음을 나타내며, 이를 단순히 제곱하여 결정계수를 구하면 약 0.968로 회귀식이 총변동의 97%가량을 설명하고 있다고 한다.

표기상 r^2로 쓰는 이유는 위와 같이 상관계수(r)를 제곱하기 때문이다. 따라서 상관계수는 $-1 \le r \le 1$의 범위에 대하여, 결정계수는 항상 $0 \le r^2 \le 1$에서 나타낸다. 결국 상관계수가 나타내는 선형관계의 정도와 달리 회귀식의 총변동을 설명하는데 결정계수가 필요하다. 그 관계식은 다음과 같다.

결정계수(r^2)

$$r^2 = \frac{SSxy - SSE}{SS_{yy}} = 1 - \frac{SSE}{SS_{yy}}$$

표본자료의 흩어진 정도가 종속변수의 예측에 아무런 정보도 제공해 주지 않을 때 가장 좋은 정보는 표본의 평균인 $\bar{y}$가 될 것이다. 따라서 $(\hat{y} - \bar{y})$ 모형으로부터 편차를 구하고, 그 제곱합을 활용할 수 있다. x가 y에 아무런 정보도 제공하지 않거나, 아주 미약한 정보만 제공해 준다면 $SS_{yy} = \sum(y_i - \bar{y})^2$에 대하여 $SSE = \sum(y_i - \hat{y})^2$의 값이 같거나 유사할 것이다. 그러나 x가 y의 예측에 어느 정도 공헌한다면 SSE는 SS_{yy}보다 작은 값을 가질 것이다. 즉 모든 자료가 최소자승선 위에 놓여 있다는 가정 하에서 y와 $\hat{y}$이 동일해지므로 $SSE = 0$이 될 것이다.

따라서 결정계수(r^2)는 x가 y의 예측에 공헌하는 정도를 SS_{yy}와 SSE의 관계로 표현할 수 있으며, 그 크기는 좋은 회귀모형을 위한 필요조건이 된다. 다만, 결정계수 크기는 표본크기 증가, 즉 변수의 크기와 비례하는 것이 일반적이기 때문에 결정계수를 통한 모형의 기여도를 보다 적극적으로 파악하기 위해 위의 관계식을 통한 적합도 검정이 필요한 것이다.

연습문제

8. $n=20$인 표본에 대한 단순회귀분석 결과 결정계수인 R^2가 0.6이고 표준추정오차가 9일 때 SSE와 SSR을 구하시오.

9. 아래 표는 성장기 어린이 20명을 대상으로 8세부터 6개월마다 척추 길이를 조사한 결과이다. 이를 토대로 y_1과 $\frac{1}{2}(y_2+y_3)$의 상관계수를 구하여라.

구분	8년 (y_1)	8년 6개월 (y_2)	9년 (y_3)	9년 6개월 (y_4)
1	47.8	48.8	49.0	49.7
2	46.4	47.3	47.7	48.4
3	46.3	46.8	47.8	48.5
4	45.1	45.3	46.1	47.2
5	47.6	48.5	48.9	49.3
6	52.5	53.2	53.3	53.7
7	51.2	53.0	54.3	54.5
8	49.8	50.0	50.3	52.7
9	48.1	50.8	52.3	54.4
10	45.0	47.0	47.3	48.3
11	51.2	51.4	51.6	51.9
12	48.5	49.2	53.0	55.5
13	52.1	52.8	53.7	55.0
14	48.2	48.9	49.3	49.8
15	49.6	50.4	51.2	51.8
16	50.7	51.7	52.7	53.3
17	47.2	47.7	48.4	49.5
18	53.3	54.6	55.1	55.3
19	46.2	47.5	48.1	48.4
20	46.3	47.6	51.3	51.8

10. 어느 회사의 월간 매출액과 홍보비용을 나타낸 아래 표에 따라 둘 간에 비례관계가 있음이 예상된다. 다음 물음에 답하시오.

월 매출액(백만원)	홍보비용(백만원)
18	0
26	3
28	4
38	5

a. 두 변수에 대한 관계식을 도출하시오.

b. R^2를 통해 추정 결과를 평가하시오.

c. $\beta=0$라는 귀무가설(H_0)을 1% 신뢰수준에서 검정하시오.

d. 위 관계식을 통한 예측의 타당성에 대하여 논하시오.

11. 다음은 다섯 쌍의 부자 간 키를 조사한 표이다. 다음 물음에 답하시오.

아버지 키	164	166	172	173	166
아 들 키	168	166	171	170	166

a. 상관계수를 구하시오

b. 모상관계수 ρ에 대한 95% 신뢰구간을 설명하시오.

c. 귀무가설 H_0: $\rho=0$에 대하여 5% 신뢰수준에서 검정하시오.

12. 대덕과학단지 내의 38개 기술벤처기업을 대상으로 기술에 대한 투자(x)는 평균 60천만원, 매출액(y)은 평균 120천만원이었다. 투자와 매출액에 대해 $\Sigma(x-\bar{x})^2=100$과 $\Sigma(y-\bar{y})^2=400$이고, 둘은 $\Sigma(x-\bar{x})(y-\bar{y})=190$, $\sqrt{\frac{400/36}{100}}=0.33$과 같이 요약될 때 다음에 답하시오.

a. 투자에 대한 매출액 관계식을 도출하시오.

b. β에 대한 90% 신뢰구간을 설정하시오.

c. 귀무가설 H_0: $\beta=0$에 대하여 5% 신뢰수준에서 검정하시오.

13. 어느 회사에서 근로시간과 임금의 관계로부터 아래 표를 얻었다. 다음 물음에 답하시오.

$\hat{y} = 5.0 = 9.6x$		
요인	SS	자유도
회귀	144	1
잔차	342	38

a. 표본의 크기를 구하시오.

b. SST값을 구하시오.

c. 표준추정오차를 구하시오.

연습문제 해설

8. 적합도 검정의 방식인 $R^2 = 1 - \frac{SSE}{SST} = \frac{SST}{SSR}$와 $s = \sqrt{\frac{SSE}{n-2}}$에 따라 SSE는 1,458이고, SSR은 2,187이 된다.

9. 일반적인 회귀분석에서 흔히 등장하는 선형결합의 관계는 평균, 분산, 공분산 등의 표본 특성을 이용할 수 있다. 해당 문항은 20명의 어린이를 대상으로 시간을 두고 조사한 결과를 이용하였는데, 변수는 y_1, y_2, y_3, y_4로 나눌 수 있다. 그럼 우선 y의 벡터량에 대한 원소들의 선형결합을 고려하여 각각의 계수값을 포함해 열거하면, $z = a_1y_1 + a_2y_2 + a_3y_3 + a_4y_4 = a'y$로 정리할 수 있다. 여기서 계수값의 결합은 $a' = (a_1, a_2, a_3, a_4)$임을 알 수 있다. 다음으로 z의 표본 평균은 $z_n = a'y_n$으로 표시할 수 있는데, 이를 결합하면 $\bar{z} = \frac{1}{n}\sum_{i=1}^{n} z_i = a'\bar{y}$로 무수히 많은 변수들에 대하여 일반화할 수 있다. 다음으로 표본의 분산은 양수의 값을 가지며, 그 식은 $s_z^2 = \frac{\sum_{i=1}^{n}(z_i - \bar{z})^2}{n-1} = a'Sa$가 된다. 한편, 위에서 나타낸 z와 a에 대한 선형결합의 관계를 또 다른 선형결합으로 $w = b'y$와 같이 나타낼 수 있다. b'는 a'와 다른 값을 갖는 벡터량임을 이해할 필요가 있다. 이러한 a'와 b'의 관계에 따라 그 공분산은 다음의 s_{zw}에 대한 식인 $s_{zw} = \frac{\sum_{i=1}^{n}(z_i - \bar{z})(w_i - \bar{w})}{n-1} = a'Sb$과 같이 나타낼 수 있다. 따라서 표본의 상관계수는 $r_{zw} = \frac{s_{zw}}{\sqrt{s_z^2 s_w^2}} = \frac{a'Sb}{\sqrt{(a'Sa)(b'Sb)}}$의 식을 통해 나타낸다.

따라서 $y_1 = (1,0,0)y = a'y$와 $\frac{1}{2}(y_2 + y_3) = (0, \frac{1}{2}, \frac{1}{2})y = b'y$를 얻어 위 r_{zw}식에 대입하면 그 값은 0.4873이 된다.

10. 두 변수 간의 관계식은 $\hat{y} = 2.5 + 1.5x$가 되고, 결정계수(R^2)는 0.8797로 모형의 적합도가 높은 것으로 평가된다. 한편, $t = 3.82 < 9.925 = t_{\alpha/2}$로 귀무가설은 기각되지 않는다. 따라서 이 관계식의 높은 모형 적합도에도 불구하고, t검정이 기각되지 않아 예측치에 대한 의미가 상당히 약한 것으로 결론내릴 수 있다.

11. 상관계수는 0.62이며, 95% 신뢰구간은 −0.579에서 0.971이다. 5% 신뢰수준에서 귀무가설은 $t = 1.37 < 3.182 = t_{\alpha/2}$으로 채택이 된다. 그러나 통계적 추론은 표본크기가 너무 작기 때문에 부적절하다.

12. 투자에 대한 매출액의 관계식은 $\hat{y} = 0.16 + 1.9x$이며, β에 대한 90% 신뢰구간은 1.9 ± 1.645가 된다. 아울러 5% 신뢰수준에서 $z = 19 > 1.96$이므로 귀무가설 $H_0: \beta = 0$는 기각된다.

13. 표본의 크기는 40이고, SST는 486, 표준추정오차는 3이 된다.

3 판별분석

경영학을 포함한 사회과학 분야의 연구 진행 과정에서 설문에 근거한 연구방법론을 선택하는 경우가 종종 있다. 이러한 설문 분석 과정에서 기본이 되는 신뢰성, 타당성, 요인분석 등은 앞에서 살펴본 바 있다. 이번에는 이와 연결하여 판별분석(discriminant analysis)을 살펴보고자 한다.

임의의 한 함수에 의거하여 설문조사를 수행할 때 분석대상 집단 간에 존재하는 특성에 따라 조사 대상을 분류할 필요를 느끼게 된다. 예를 들어 교육연수와 가계소득의 관계를 파악하기 위하여 설문을 실시할 경우 우리는 교육연수를 남녀 성별, 연령대별로 분류하거나, 가계소득을 가구 구성원 수 등에 따라 분류할 수 있을 것이다.

이와 같은 분류의 기법이 판별분석으로 '조사자가 하나의 범주적인 종속변수와 계량적인 독립변수들이 포함된 상황에서 사전에 정의된 집단들을 가장 적합한 방법으로 분류할 수 있는 독립변수들의 선형결합을 도출하는 기법'으로 정의된다. 여기서 언급된 선형결합은 판별함수라 하며, 집단내 분산에 대한 각 집단간 분산의 비율을 극대화하는 통계적 기준에 따라 도출된다. 따라서 판별분석은 선형결합에 따른 새로운 변수간의 관계에서 각 대상들의 배열을 파악, 해당 선형결합 안에서 본래의 변수들에 대한 가중치를 결정하기 위한 것으로 이해할 수 있다.

판별분석의 이해를 토대로 우리는 그 기법에 대한 활용과 목적을 살펴볼 수 있다. 앞서 언급한대로 기준변수나 종속변수의 범주를 보다 명확하게 분류하는 판별함수를 개발하거나, 독립변수들의 선형결합관계를 파악하는데 용이하다. 또 독립변수들과 관련하여 집단 간에 유의한 차이의 존재 여부를 판단하는데 활용될 수 있으며, 집단을 구분하는데 영향을 미치는 유의미한 변수의 발견을 위해서도 용이한 기법이다. 이들 모두는 다변량분석모형에서 독립변수들의 값에 기초한 집단 분류를 위한 과정으로 그에 따른 정확성을 판단하는데 가장 용이한 기법이다. 따라서 그 목적을 설명하는 것이 일반적이라 할 수 있다.

상기에 개관한 판별분석의 기본적인 내용을 보다 구체적으로 살펴보자.

1) 두 그룹에 대한 판별함수

두 개의 모집단이 동일한 공분산행렬 Σ를 가지고 있으며, μ_1, μ_2로 각각 상이한 평균벡터를 나타낸다는 가정에서 설명을 시작하여 보자. 우리는 두 개의 모집단으로부터 각각의 표본 $y_{11}, y_{12}, \cdots, y_{1n_1}$과 $y_{21}, y_{22}, \cdots, y_{2n_2}$를 얻을 수 있다. 일반적으로 각 벡터($y_{ij}$)는 p개의 양적 변수들로 구성된다. 이러한 두 개의 평균벡터를 구성하는 변수들 간에 거리가 극대화되는지 여부를 판단하는 것이 판별함수이다. 판단을 위해 우리는 각각의 관찰된 벡터를 물리적 수량(scalar)의 개념을 도입하여, $z = a'y$의 선형결합으로 전환할 수 있다. 따라서 두 모집단에서 추출한 표본의 벡터는 $z_{11}, z_{12}, \cdots, z_{1n_1}$과 $z_{21}, z_{22}, \cdots, z_{2n_2}$으로 전환된다.

이를 토대로 앞서 제시한 거리를 다시 논의하여 보자. scalar 전환에 따라 각 평균은 $\overline{z_1} = \sum_{i=1}^{n_1} z_{1i}/n_1 = a'\overline{y_1}$과 $\overline{z_2} = a'\overline{y_2}$로 나타낼 수 있다. 우리는 여기서 각 평균의 거리를 표준화하고, 이를 극대화하는 벡터 a를 구하여야 한다. 즉, 각 평균의 거리를 $(\overline{z_1} - \overline{z_2})/s_z$과 같이 표준화하는데, 이 값이 음수일 수 있기 때문에 $(\overline{z_1} - \overline{z_2})^2/s_z^2$으로 제곱하여 나타낼 수 있다. 이를 다시 y_i의 관계식으로 치환하면 $(\overline{z_1} - \overline{z_2})^2/s_z^2 = [a'(\overline{y_1} - \overline{y_2})]^2/a'S_{pl}a$이 된다. 여기서 벡터 a에 대한 다음의 관계식 $a = S_{pl}^{-1}(\overline{y_1} - \overline{y_2})$가 극대화 달성을 유도한다. 다만, 여기서 $n_1 + n_2 - 2 > p$일 때, S_{pl}^{-1} 값이 존재할 수 있음을 유념하길 바란다.

다음으로 각 평균 $\overline{y_1}$와 $\overline{y_2}$ 사이의 거리를 제곱하여 표준화하기 때문에 주어진 $a = S_{pl}^{-1}(\overline{y_1} - \overline{y_2})$의 관계에 따라 최적화되며 효율적으로 구성되는지 살펴보자. $z = a'y$으로 표현할 때, a에 대한 식을 a'로 전환하여 $(\overline{y_1} - \overline{y_2})'S_{pl}^{-1}$을 적용하면 $\frac{(\overline{z_1} - \overline{z_2})^2}{s_z^2} = (\overline{y_1} - \overline{y_2})'S_{pl}^{-1}(\overline{y_1} - \overline{y_2})$가 된다. 이는 앞서 $a = S_{pl}^{-1}(\overline{y_1} - \overline{y_2})$으로 나타낸 것보다 $a'\overline{y_1}$과 $a'\overline{y_2}$ 사이에서 나타날 수 있는 작은 차이를 보다 잘 반영하게 된다.

두 개의 그룹에 대한 판별함수 $z = a'y$를 그림으로 살펴보자. 우선 앞서와 같이 동일한 공분산행렬을 가정하고, 두 개의 그룹을 각각 아래 그림과 같이 나타내 보자.

두 개의 그룹 G_1, G_2에 대하여 최적의 조건으로 분리하는 방안을 찾을 수 있다. 먼저 임의의 점 y_{1i}와 y_{2i}를 대상으로 각각에 대하여 $z_{1i} = a'y_{1i} = a_1 y_{1i1} + a_2 y_{1i2}$과 $z_{2i} = a'y_{2i} = a_1 y_{2i1} + a_2 y_{2i2}$의 선형결합 관계를 반영한다. 여기서 두 개의 점 z_{1i}, z_{2i}는 다변량 관계를 반영한 y_1과 y_2의 변수들이고, 각각의 일변량 밀도에 대한 분포를 하단의 z축 선분에 z_1과 z_2로 그릴 수 있다. 그리고 z축에서 수직으로 G_1, G_2 두 타원형의 교집합 영역을 양분하는 선분을 나타내면, 이는 동시에 일변량 밀도에 대한 분포 z_1과 z_2의 공통된 부분을 최소화시키게 된다. 따라서 상이한 그룹에 포함되는 점들의 거리가 최대가 되는 z축 판별함수의 특성을 반영한다.

한편, 최적화 구분을 다른 방향에서의 판별함수 관계로 살펴본 것이 우측 그림이다. 여기서는 앞에서 G_1, G_2 두 타원형의 교집합 부분을 양분한 선분에 평행하여 원점으로부터 z'축을 만들었다. 즉 방향을 바꾸어 나타낸 z'축 선분 상에서 각각의 일변량 밀도에 대한 분포를 전환시킨 평균을 $\overline{z_1}'$ 및 $\overline{z_2}'$으로 나타낸 것인데, z축 선분에서 그려진 분포의 겹치는 부분보다 더욱 커지게 됨을 알 수 있다. 반대로 상이한 그룹에서 추출된 점들 간의 거리는 z'축 상에서 보다 짧아져 또 다른 특성을 반영한다.

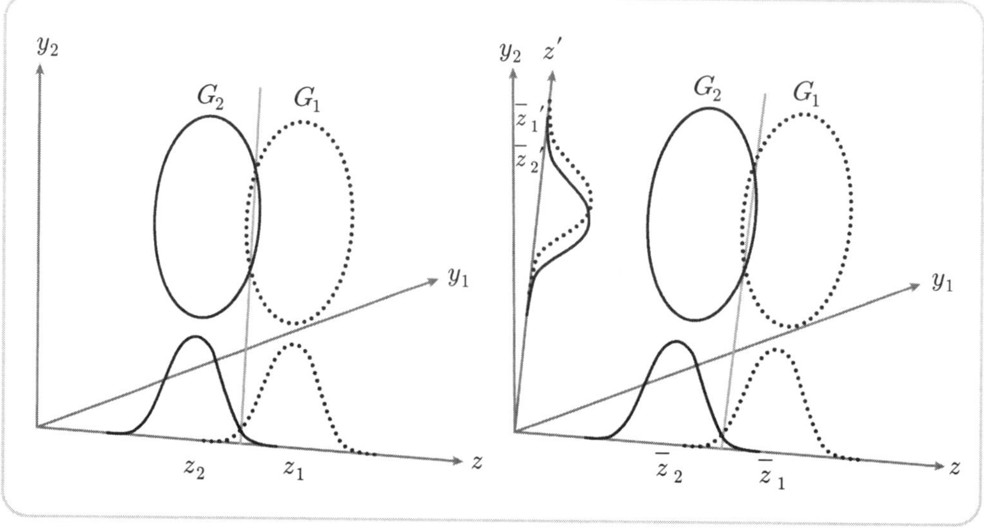

예제) Kramer & Jensen(1969)는 판별분석과 관련하여 아래와 같은 예제를 제시한 바 있다.

온 도 1		온 도 2	
항복점 (yield point)	파괴강도 (ultimate strength)	항복점 (yield point)	파괴강도 (ultimate strength)
33	60	35	57
36	61	36	59
35	64	38	59
38	63	39	61
40	65	41	63
		43	65
		41	59

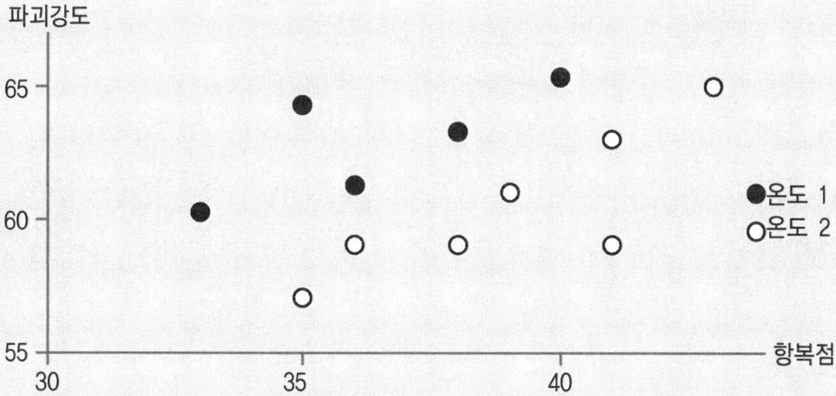

Q1. 온도1과 온도2에 따라 상이한 성질의 철이 생산되는데, 이 때 이들의 판별함수를 통해 a를 도출하라.

A1. 최적화를 위한 선형관계 파악에 앞서 각 온도에 따른 표본의 t-통계량을 구하면,

$t_1 = \dfrac{\overline{y_{11}} - \overline{y_{21}}}{\sqrt{s_{11}(1/n_1 + 1/n_2)}} = -1.58$과 $t_2 = \dfrac{\overline{y_{12}} - \overline{y_{22}}}{\sqrt{s_{22}(1/n_1 + 1/n_2)}} = 1.48$ 이다.

이를 토대로 $z = a'y = a_1 y_1 + a_2 y_2 = -1.633 y_1 + 1.820 y_2$의 판별함수가 도출되어 a는 $a = S_{pl}^{-1}(\overline{y_1} - \overline{y_2}) = \begin{pmatrix} -1.633 \\ 1.820 \end{pmatrix}$으로 나타낼 수 있다.

2) 두 그룹 판별분석과 다변량회귀의 관계

판별분석의 종속변수는 회귀식에서 독립변수가 된다는 것을 인지하고, 그 관계를 파악하여 보자.

먼저 $w=b_0+b_1y_{i1}+b_2y_{i2}+\cdots+b_py_{ip}$로 나타내는 회귀식에 대한 계수들을 정리하여 $b=(b_1, b_2, \cdots, b_p)'$ 벡터로 정의하자. 이것의 판별함수 연계 여부를 다변량분산분석(MANOVA)에서 다루게 될 Willks' Λ, Lawley-hotelling $U^{(s)}$, Pillai's $V^{(s)}$, Roy's largest root θ 등으로부터 파악할 수 있다. 다시 말해 두 개의 표본 활용에 대한 T^2의 관계식을 다음과 같이 $T^2=(n_1+n_2-2)\frac{1-\Lambda}{\Lambda}$, $T^2=(n_1+n_2-2)U^{(s)}$, $T^2=(n_1+n_2-2)\frac{V^{(s)}}{1-V^{(s)}}$, $T^2=(n_1+n_2-2)\frac{\theta}{1-\theta}$으로 정리할 때 t-통계량의 연계 가능성을 의미하는 것이다.

우리는 다변량분산분석(MANOVA)의 결과에서 두 그룹에 대한 고유벡터가 $E^{-1}H$로 정의됨을 알 수 있는데, 자세한 내용은 'Methods of Multivariate Analysis' (Alvin C. Renchier. 2002년)를 참고하길 바란다. 우리는 두 그룹에 대한 고유벡터를 판별함수에서 나타내는 벡터 $a=S_{pl}^{-1}(\overline{y_1}-\overline{y_2})$와 일치시켜 도출할 수 있다. 이는 b가 판별함수 계수에 대한 벡터 $a=S_{pl}^{-1}(\overline{y_1}-\overline{y_2})$에 비례할 때, 그 관계식을 $b=\frac{n_1n_2}{(n_1+n_2)(n_1+n_2-2+T^2)}a$와 같이 나타낼 수 있음을 의미한다.

이 과정을 보다 구체적으로 살펴보자. 먼저 두 그룹의 표본평균 벡터는 $\overline{y_1}=\sum_{i=1}^{n_1}y_{1i}/n_1$과 $\overline{y_2}=\sum_{i=1}^{n_1}y_{2i}/n_2$으로 나타내는데, 이는 다시 W_1과 W_2로 대체해 $W_1=\sum_{i=1}^{n_1}(y_{1i}-\overline{y_1})(y_{1i}-\overline{y_1})'=(n_1-1)S_1$, $W_2=\sum_{i=1}^{n_1}(y_{2i}-\overline{y_2})(y_{2i}-\overline{y_2})'=(n_2-1)S_2$으로 나타낸다. 여기서 $(n_1-1)S_1$과 $(n_2-1)S_2$는 공통적인 모집단의 공분산 행렬 Σ를 반영한 $(n_1-1)\Sigma$과 $(n_2-1)\Sigma$의 불편추정량을 의미한다. 이들 관계는 $S_{pl}=\frac{1}{(n_1+n_2-2)}(W_1+W_2)=\frac{1}{(n_1+n_2-2)}[(n_1-1)S_1+(n_2-1)S_2]$와 같이 나타낼 수 있는데, 다만

$E(S_{pl}) = \Sigma$임을 숙지하여야 한다. 여기서 우리는 일변량 t-통계량에 따라 $t^2 = \frac{n_1 n_2}{n_1 + n_2}$ $(\overline{y_1} - \overline{y_2})(s_{pl}^2)^{-1}(\overline{y_1} - \overline{y_2})$으로 표현이 가능함을 인지할 수 있다. 결국 b를 T^2_{p, n_1+n_2-2}에 따르는 관계식으로 적용할 수 있는데, 다음과 같이 $T^2 = [n_1 n_2/(n_1+n_2)](\overline{y_1} - \overline{y_2})'$ $S_{pl}^{-1}(\overline{y_1} - \overline{y_2})$을 얻게 된다. 다시 앞에서 제시하였던 다변량분산분석(MA- NOVA) T^2 관계식과 결정계수 $R^2 = (\overline{y_1} - \overline{y_2})'b$를 적용하면 $T^2 = (n_1 + n_2 - 2)\frac{R^2}{1-R^2}$이 되고, 이를 R^2에 대한 관계식으로 정리하면 $R^2 = \frac{T^2}{n_1 + n_2 - 2 + T^2}$을 얻게 된다. 이러한 과정으로부터 우리는 판별함수와 다변량회귀의 관계를 파악할 수 있는 것이다.

예제) 각각 32개씩의 원소를 갖는 두 개의 그룹에 대하여 다음과 같이

$$T^2 = 97.6015\text{와 } a = \begin{pmatrix} 0.5104 \\ -0.2033 \\ 0.4660 \\ -0.3097 \end{pmatrix}\text{을 알고 있다고 하자.}$$

Q1. 판별함수를 다변량회귀와 연결시켜 R^2를 도출하여라.

A1. 우선 벡터 a와 T^2로부터 b를 구하면,

$$b = \frac{32 \times 32}{(32+32)(32+32-2+97.6015)}a = \begin{pmatrix} 0.051 \\ -0.020 \\ 0.047 \\ -0.031 \end{pmatrix}\text{이 되는데, 이 과정에서}$$

$$R^2 = (\overline{y_1} - \overline{y_2})'b = \begin{pmatrix} 3.625 \\ 2.000 \\ 10.531 \\ 0.812 \end{pmatrix}' \begin{pmatrix} 0.051 \\ -0.020 \\ 0.047 \\ -0.031 \end{pmatrix} = 0.611\text{임을 알 수 있다.}$$

다른 방식으로 $R^2 = \frac{T^2}{n_1 + n_2 - 2 + T^2}$의 관계에 따라 대입해 나타내면,

$$R^2 = \frac{97.6105}{32+32-2+97.6105} = 0.611\text{임을 알 수 있다.}$$

3) 그룹 수 확대와 판별분석

(1) 판별함수

이번에는 두 그룹을 초과하여 k개 그룹으로 확장된 경우에 최상의 선형결합 즉, 판별함수를 논의하고자 한다.

i번째 그룹에서 n_i의 관측치를 가지는 k개 그룹을 가정하자. $i=1,2,\cdots,k$로 나타내는 그룹 개수에 대하여 해당 그룹의 관측치 수는 $j=1,2,\cdots,n_i$이고, i번째 그룹의 평균은 $\overline{y_i}=\sum_{j=1}^{n_i} y_{ij}/n_i$이다. 여기서 각 관측치 벡터 y_{ij}로부터 $z_{ij}=a'y_{ij}$를 얻기 위해 전환 과정을 거쳐야 한다. 이는 앞서 두 개의 그룹에 대한 벡터 a가 $(\overline{z_1}-\overline{z_2})^2/s_z^2=[a'(\overline{y_1}-\overline{y_2})]^2/a'S_{pl}a$를 이용하여 구한다는 점에서 유사하다. 따라서 그룹의 수를 k개로 확장하기 위하여 단순한 수리적 과정만을 첨부하면 그 과정은 단순해진다.

이를 살펴보기 위해 먼저 판별함수 $(\overline{z_1}-\overline{z_2})^2/s_z^2=[a'(\overline{y_1}-\overline{y_2})]^2/a'S_{pl}a$에서 우변의 $[a'(\overline{y_1}-\overline{y_2})]^2/a'S_{pl}a$을 수리적 정의인 $a'(\overline{y_1}-\overline{y_2})=(\overline{y_1}-\overline{y_2})'a$에 따라 $\frac{a'(\overline{y_1}-\overline{y_2})(\overline{y_1}-\overline{y_2})'a}{a'S_{pl}a}$으로 전개한다. 그리고 $(\overline{y_1}-\overline{y_2})(\overline{y_1}-\overline{y_2})'$를 H로 하고, S_{pl}을 E로 대체하여 $\lambda=\frac{a'Ha}{a'Ea}$식으로 나타낸다. 이는 통계학의 기초 과정을 다룬 '현대통계학'(안상형, 이명호. 2000년)에서 변수들에 대한 제곱합의 관계, 특히 일변량분산분석에서 그 관계를 고려해 $\lambda=\frac{SSH(z)}{SSE(z)}$와 같이 단순 변환할 수 있다. 다시 고유값의 관계식 $\lambda=\frac{a'Ha}{a'Ea}$으로 돌아가 우변 분모항을 정리하면, $a'(\lambda Ea-Ha)=0$을 얻을 수 있다.

우리는 λ값의 극대화와 a의 도출에 대하여 살펴보아야 한다. 이를 위해서 $a'(\lambda Ea-Ha)=0$의 항등식에서 λ값을 찾아야 하는데, $a'=0'$은 수리적으로 허용될 수 없기 때문에 $\lambda Ea-Ha=0$의 관계로 축약할 수 있다. 결과적으로 a'를 도출하는 과정에서 이와 대응하는 λ의 고유값과 그 개수의 이해가 필요한 것이다. 즉 $\lambda_1,\lambda_2,\cdots,\lambda_s$

등으로 열거되는 λ의 고유값에 대한 해(solution)와 $a_1, a_2, \cdots, a_s$의 부합하는 고유벡터 도출에서 고유값 순서 혹은 개수가 중요한 역할을 담당하기 때문이다. 그렇다면 고유값 순서 혹은 개수인 s는 어떻게 반영될까? s는 λ의 순서로 최소한 0이 될 수 없음을 알기 때문에 이를 토대로 $k-1$ 또는 p를 최소화하도록 하는 보다 큰 λ의 고유값을 찾을 수 있다. 만약 가장 큰 고유값을 λ_1이라 하면 $\lambda = \frac{a'Ha}{a'Ea}$식은 극대가 되고, a_1이 계수들의 고유벡터 극대화를 반영하게 됨을 알 수 있다.

위에서 언급한 바와 같이 λ의 고유값과 a'의 고유벡터 관계를 살펴보는 과정에서 s는 다른 한편으로 우리가 구하여야 할 판별함수의 개수임을 알 수 있다. 즉 판별함수는 $z_1 = a_1'y$, $z_2 = a_2'y, \cdots$, $z_s = a_s'y$로 s개가 얻어질 수 있다. 이들 판별함수들은 $i \neq j$일 때, $a'_i a_j = 0$이 되는데, 이는 공분산이 0으로 상호간에 관련성이 없지만, 상관계수가 0이 아님을 의미한다. 아울러 개별적인 판별함수 z_i는 고유값의 총합에 대한 비율($\frac{\lambda_i}{\sum_{j=1}^{s}\lambda_j}$) 관계로 나타낼 수 있다. 이런 관계에 따라 일반적으로 작은 고유값을 반영하는 판별함수들은 무시하고, 둘 혹은 세 개의 판별함수들만으로 그룹 간의 차이를 설명하는 것이 충분하게 된다.

지금까지의 설명은 $E^{-1}H$가 대칭행렬을 이룰 때를 반영한 결과로 비대칭 상황 하에서 판별함수 도출은 배제하였다. 이러한 비대칭 행렬을 전제로 하는 판별함수는 'Methods of Multivariate Analysis'(Alvin C. Rencher. 2002년)를 참고하길 바란다.

(2) 판별함수 결합의 측정

우리는 바로 앞에서 그룹 수 확대에 따른 판별함수 도출을 학습하였다. 그렇다면 종속변수 $y_1, y_2, \cdots, y_p$와 $i = 1, 2, \cdots, k$에 대하여 평균 μ_i로 나타내는 독립변수 i 사이에 결합은 어떻게 측정될 수 있을까? 이는 변수들이 그룹을 어떻게 구분하는지에 대한 문제이다. 이 문제는 총제곱합 사이의 비율에 관한 것으로 Roy's θ-통계량이 활용된다. 즉 첫 번째 판별함수가 $z_1 = a_1{}'y$일 때, Roy's θ를 $\theta = \dfrac{\lambda_1}{1+\lambda_1}$으로 표현하고, 이를 다시 총제곱합의 관계로 정리하면 $\theta = \dfrac{\lambda_1}{1+\lambda_1} = \dfrac{SSH(z_1)}{SSE(z_1)+SSH(z_1)}$가 된다. 여기서 Roy's θ를 η_θ^2으로 표현하기도 하는데, 이는 판별함수와 $(k-1)$그룹의 구성 변수들을 최적으로 선형결합한 것 사이에서 둘 간의 상관성을 제곱하여 그 최대치(maximum)를 나타낸 것이다. 여기서 $(k-1)$은 더미(dummy) 변수들을 의미한다.

이와 같이 판별함수와 구성 변수들의 최적 결합에 대한 상관성을 제곱한 최대치의 관계를 적용한다. 이 때 수리적으로 각 판별함수에 대하여 제곱으로 정준된(canonical) 상관성을 반영하는 $r_i^2 = \dfrac{\lambda_i}{1+\lambda_i}(i=1,2,\cdots,s)$의 식으로 나타낼 수 있다. 궁극에 우리가 구하고자 하는 판별함수 결합의 측정은 결국 r_i^2에 대하여 s개의 평균을 의미하는 $\dfrac{\sum_{i=1}^{s} r_i^2}{s}$으로 측정한다.

4) 판별함수의 유의성 검정

먼저 우리는 두 그룹인 경우의 검정을 간단히 정리할 수 있다. 두 그룹의 경우에서 $(\overline{z_1}-\overline{z_2})^2/s_z^2$ 전환을 거쳐 판별함수 $z = a'y$이 도출되고, 이는 평균 벡터 $\overline{y_1}$과 $\overline{y_2}$ 간에 거리로 평가되어짐을 인식하였다. 여기서 거리는 두 개의 그룹에 대한 T^2의 비율로 표준화가 반영되어지기 때문에 결국 우리는 T^2이 통계적으로 유의하다는 가정하에서 판별함수 계수값의 벡터 a가 0이 아님을 알 수 있다. 다시 말해 모집단의 판별함수 계수값이 $\alpha = \Sigma^{-1}(\mu_1 - \mu_2)$와 같이 표현될 때 일반적으로 두 평균이 같다는 $H_0 : \mu_1 = \mu_2$의 귀무가설은 $H_0 : \alpha = 0$과 같다는 것이다.

그럼 두 개를 초과하는 그룹 수 확대 시에 검정은 어떻게 이루어질까?

앞서 제시한 바와 같이 그룹 수 확대에 따른 판별함수를 살펴보자. 이 경우에 판별함수는 $\lambda = \dfrac{a'Ha}{a'Ea}$으로 정의되는데, 여기서 $E^{-1}H$의 가장 큰 값을 반영하는 고유값

λ_1으로 극대화가 달성된다. 우리는 이를 토대로 다른 차원에서 나타낼 수 있는 판별함수의 고유값이 $\lambda_2, \cdots, \lambda_s$로 유지되는 상황을 전제하고, 해당 판별함수에서 $\Lambda_1 = \prod_{i=1}^{s} \frac{1}{1+\lambda_i}$ 으로 정의되는 평균 벡터 사이의 중대한 차이점에 대하여 Wilk's Λ 검정 방법을 활용하게 된다. 다만, Wilk's Λ 검정에 따라 모든 차원에서 각각 다른 분산을 가진 행태를 보일 경우 $N = \Sigma_i n_i$로, 모두 동일한 분산을 가질 경우 $N = kn_i$로 나타낼 수 있다. 결국 우리는 분산에 따른 분포의 형태를 반영하여 Λ는 $\Lambda_{p,k-1,N-k}$로 χ^2분포로 접근됨을 유의하여야 한다.

다시 위의 해당 판별함수로 돌아가 $\Lambda_1 = \prod_{i=1}^{s} \frac{1}{1+\lambda_i}$에서 하나 또는 그 이상의 λ_i가 커질 때 Λ_1이 작아지는 관계를 이해하여 판별함수의 고유값에 대한 통계적 유의성을 파악하는데 Wilk's Λ의 검정이 활용되어질 수 있다.

한편 Wilk's Λ의 검정에서 임계치는 $\upsilon_E = N-k = \Sigma_i n_i - k$와 $\upsilon_H = k-1$을 따르는 Λ_1이 χ^2분포에 근사함을 활용할 수 있다. 이를 식으로 이해하면 다음과 같다.

$$V_1 = -[\nu_E - \frac{1}{2}(p-\nu_H+1)]\ln\Lambda_1 = -[N-1-\frac{1}{2}(p+k)]\ln\prod_{i=1}^{s}\frac{1}{1+\lambda_i}$$
$$= [N-1-\frac{1}{2}(p+k)]\ln\sum_{i=1}^{s}(1+\lambda_i)$$

위 식에서 Λ_1에 대한 통계적 검정은 $\lambda_1, \lambda_2, \cdots, \lambda_s$의 모든 통계적 유의성을 검정하는 것으로 우리는 자유도 $p(k-1)$을 가지고 χ^2에 근사시킬 수 있다. 여기서 만약 귀무가설이 기각된다면, λ의 모든 값들 가운데 적어도 하나의 값이 0이 아님을 의미한다. 즉 평균벡터를 구분하는 적어도 하나의 차원에서 상이점이 나타날 수 있다는 것으로, $z_1 = a'_1 y$에 따라 λ_1이 가장 큰 값을 가지기 때문에 기각된다고 할 수 있다. 그렇다면 Wilk's Λ로부터 λ_1을 제외한 $\lambda_2, \lambda_3, \cdots, \lambda_s$들로부터 통계적 유의성을 검정할 필요가 있다. 이를 위해 해당 식을 $\Lambda_2 = \prod_{i=2}^{s}\frac{1}{1+\lambda_i}$ 으로 나타내고, χ^2의 접근을 시도할 수 있다. 따라서 위 식을 변형하면 $V_E = -[N-1-\frac{1}{2}(p+k)]\ln\Lambda_2 = [N-1-$

$\frac{1}{2}(p+k)]\sum_{i=2}^{s}\ln(1+\lambda_i)$가 되고, 여기서 $(p-1)(k-2)$의 자유도를 적용하여 χ^2에 근사시키게 된다. 만약 이 검정이 귀무가설 기각으로 이어지면 우리는 판별함수 $z_2 = a'_2 y$의 λ_2가 통계적으로 유의하다고 할 수 있는데, 이러한 관계에 따라 λ_i에서 i를 하나씩 축소하며 귀무가설이 기각되지 않을 때까지 지속 반복한다.

이는 $\Lambda_m = \prod_{i=m}^{s}\frac{1}{1+\lambda_i}$으로 m번째의 통계적 검정을 지속함을 나타내며, 앞서 Λ를 $\Lambda_{p,k-1,N-k}$로 분포하는 것은 $\Lambda_{p-m+1,k-m,N-k-m+1}$로 전환한다. 그럼 통계량은 $V_m = -[N-1-\frac{1}{2}(p+k)]\ln\Lambda_m = [N-1-\frac{1}{2}(p+k)]\sum_{i=m}^{s}\ln(1+\lambda_i)$이 되고, $(p-m+1)(k-m)$의 자유도를 가지고 χ^2분포에 근사하게 된다.

이러한 χ^2분포로의 접근 외에 각각의 Λ_i에 대하여 F분포를 접근하는 방법도 있다. 이는 $\Lambda_1 = \prod_{i=1}^{s}\frac{1}{1+\lambda_i}$에 대하여 $v_E = N-k$이고, $v_H = k-1$을 가질 때 $F = \frac{1-\Lambda_1^{1/t}}{\Lambda_1^{1/t}}\frac{df_2}{df_1}$의 F분포를 활용하는 것이다. 이 또한 앞서 χ^2분포의 접근과 같이 귀무가설이 기각되지 않을 때까지 반복한다. 다만, 우리는 여기서 $t = \sqrt{\frac{p^2(k-1)^2-4}{p^2+(k-1)^2-5}}$, $df_1 = p(k-1)$, $df_2 = wt - \frac{1}{2}[p(k-1)-2]$와 함께 df_2의 w는 $w = N-1-\frac{1}{2}(p+k)$와 같이 정리할 수 있다. 이 처럼 정리된 식들은 $\Lambda_m = \prod_{i=m}^{s}\frac{1}{1+\lambda_i}$에 대하여 $F = \frac{1-\Lambda_m^{1/t}}{\Lambda_m^{1/t}}\frac{df_2}{df_1}$을 활용하기 위해 p와 $(k-1)$을 $(p-m+1)$과 $(k-m)$으로 대체하여 다시 정리할 수 있는데, 이는 생략한다.

연습문제

14. 만약 $a = S_{pl}^{-1}(\overline{y_1} - \overline{y_2})$이 $[a'(\overline{y_1} - \overline{y_2})]^2 / a'S_{pl}a$으로 대체된다면, 그 결과가 $\dfrac{(\overline{z_1} - \overline{z_2})^2}{s_z^2}$ $= (\overline{y_1} - \overline{y_2})' S_{pl}^{-1}(\overline{y_1} - \overline{y_2})$이 됨을 보여라.

15. a와 b로 나타낸 식 $b = \dfrac{n_1 n_2}{(n_1 + n_2)(n_1 + n_2 - 2 + T^2)} a$을 설명하시오.

16. 아래 표는 남녀 각각 32명씩 4개의 항목을 통해 정신 감정을 받은 결과이다. 결과 표의 y_1, y_2, y_3, y_4 등은 그림의 불일치성, 도구의 조작적 인지, 조각 맞추기, 어휘 등의 항목으로 정리되었다.

Males				Females			
y_1	y_2	y_3	y_4	y_1	y_2	y_3	y_4
15	17	24	14	13	14	12	21
17	15	32	26	14	12	14	26
15	14	29	23	12	19	21	21
13	12	10	16	12	13	10	16
20	17	26	28	11	20	16	16
15	21	26	21	12	9	14	18
15	13	26	22	10	13	18	24
13	5	22	22	10	8	13	23
14	7	30	17	12	20	19	23
17	15	30	27	11	10	11	27
17	17	26	20	12	18	25	25
17	20	28	24	14	18	13	26
15	15	29	24	14	10	25	28
18	19	32	28	13	16	8	14
18	18	31	27	14	8	13	25

Males				Females			
y_1	y_2	y_3	y_4	y_1	y_2	y_3	y_4
15	14	26	21	13	16	23	28
18	17	33	26	16	21	26	26
10	14	19	17	14	17	14	14
18	21	30	29	16	16	15	23
18	21	34	26	13	16	23	24
13	17	30	24	2	6	16	21
16	16	16	16	14	16	22	26
11	15	25	23	17	17	22	28
16	13	26	16	16	13	16	14
16	13	23	21	15	14	20	26
18	18	34	24	12	10	12	9
16	15	28	27	14	17	24	23
15	16	29	24	13	15	18	20
18	19	32	23	11	16	18	28
18	16	33	23	7	7	19	18
17	20	21	21	12	15	7	28
19	19	30	28	6	5	6	13

a. 위 자료를 근거로 표준화 계수(standardized coefficient)를 도출하시오.

b. 개별 변수들에 대한 t값을 구하시오.

c. 두 개의 그룹으로 분리하는 변수들의 기여도를 고려할 때 a. 와 b. 의 결과를 비교하시오.

d. Full model과 Reduced model 중 어느 것이 더 유효한지를 검증하기 위해 각 변수들에 대한 partial F를 구하시오.

17. 다음은 20명의 기술자와 비행사들에 대한 6개 항목의 테스트를 수행한 결과표이다. 수행한 테스트의 내용은 다음과 같다. y_1은 일반적 지성, y_2는 인성, y_3은 동력계에 대한 세부 지식, y_4는 판단력, y_5는 감각적 능력, y_6은 인내력 등이다. 이에 대하여 다음의 물음에 답하시오.

Engineer Apprentices						Pilots					
y_1	y_2	y_3	y_4	y_5	y_6	y_1	y_2	y_3	y_4	y_5	y_6
121	22	74	223	54	254	132	17	77	232	50	249
108	30	80	175	40	300	123	32	79	192	64	315
122	49	87	266	41	223	129	31	96	250	55	319
77	37	66	178	80	209	131	23	67	291	48	310
140	35	71	175	38	261	110	24	96	239	42	268
108	37	57	241	59	245	47	22	87	231	40	217
124	39	52	194	72	242	125	32	87	227	30	324
130	34	89	200	85	242	129	29	102	234	58	300
149	55	91	198	50	277	130	26	104	256	58	270
129	38	72	162	47	268	147	47	82	240	30	322
154	37	87	170	60	244	159	37	80	227	58	317
145	33	88	208	51	228	135	41	83	216	39	306
112	40	60	232	29	279	100	35	83	183	57	242
120	39	73	159	39	233	149	37	94	227	30	240
118	21	83	152	88	233	149	38	78	258	42	271
141	42	80	195	36	241	153	27	89	283	66	291
135	49	73	152	42	249	136	31	83	257	31	311
151	37	76	223	74	268	97	36	100	252	30	225
97	46	83	164	31	243	141	37	105	250	27	243
109	42	82	188	57	267	164	32	76	187	30	264

a. 판별함수의 계수 벡터를 구하시오.

b. 표준화 계수를 구하시오.

c. 개별 변수들에 대한 t값을 구하시오.

d. 각 변수들에 대한 partial F를 구하고, 그 변수 순위가 표준화 계수의 순서와 같은지 비교하시오.

18. 경제순환의 측면에서 소비재와 생산재를 제품수명(y_1), 가격상승률(y_2), 변동진폭(y_3), 제품설계의 변동률(y_4) 등에 따른 네 가지 항목으로 나누어 조사하였다. 아래 표는 이를 표로 정리한 결과이다. 다음 물음에 답하시오.

Item	y_1	y_2	y_3	y_4	Item	y_1	y_2	y_3	y_4
Consumer Goods					Producer Goods				
1	72	50	8	.5	1	57	57	12.5	.9
2	66.5	48	15	1.0	2	100	54	17	.5
3	54	57	14	1.0	3	100	32	16.5	.7
4	67	60	15	.9	4	96.5	65	20.5	.9
5	44	57	14	.3	5	79	51	18	.9
6	41	52	18	1.9	6	78.5	53	18	1.2
7	34.5	50	4	.5	7	48	50	21	1.6
8	34.5	46	8.5	1.0	8	155	44	20.5	1.4
9	24	54	3	1.2	9	84	64	13	.8
					10	105	35	17	1.8

a. 판별함수에 대한 계수 벡터를 구하시오.

b. 표준화 계수를 구하시오.

c. 개별 변수들에 대한 t값을 구하시오.

d. 각 변수들에 대한 partial F를 구하고, 그 변수 순위가 표준화 계수의 순서와 같은지 비교하시오.

19. 12종류의 생선을 세 가지 요리 방식으로 준비한 후 향(y_1), 풍미(y_2), 데코레이션(y_3), 육즙(y_4) 등을 평가한 것이 아래 표이다.

Method 1				Method 2				Method 3			
y_1	y_2	y_3	y_4	y_1	y_2	y_3	y_4	y_1	y_2	y_3	y_4
5.4	6.0	6.3	6.7	5.0	5.3	5.3	6.5	4.8	5.0	6.5	7.0
5.2	6.2	6.0	5.8	4.8	4.9	4.2	5.6	5.4	5.0	6.0	6.4
6.1	5.9	6.0	7.0	3.9	4.0	4.4	5.0	4.9	5.1	5.9	6.5
4.8	5.0	4.9	5.0	4.0	5.1	4.8	5.8	5.7	5.2	6.4	6.4
5.0	5.7	5.0	6.5	5.6	5.4	5.1	6.2	4.2	4.6	5.3	6.3
5.7	6.1	6.0	6.6	6.0	5.5	5.7	6.0	6.0	5.3	5.8	6.4
6.0	6.0	5.8	6.0	5.2	4.8	5.4	6.0	5.1	5.2	6.2	6.5
4.0	5.0	4.0	5.0	5.3	5.1	5.8	6.4	4.8	4.6	5.7	5.7
5.7	5.4	4.9	5.0	5.9	6.1	5.7	6.0	5.3	5.4	6.8	6.6
5.6	5.2	5.4	5.8	6.1	6.0	6.1	6.2	4.6	4.4	5.7	5.6
5.8	6.1	5.2	6.4	6.2	5.7	5.9	6.0	4.5	4.0	5.0	5.9
5.3	5.9	5.8	6.0	5.1	4.9	5.3	4.8	4.4	4.2	5.6	5.5

a. $E^{-1}H$의 고유벡터를 구하시오.

b. 판별함수에 대한 유의성 검정을 실시하고, $\lambda_i/\sum_i \lambda_j$를 통해 각각에 대한 상대적 중요도를 확인하시오.

c. 표준화 계수를 산출하고, 그룹 분리에 대한 기여도를 설명하시오.

d. 각 변수들에 대한 partial F를 구하고, 그 변수 순위가 첫 번째 판별함수에 대한 표준화 계수의 순서와 같은지 비교하시오.

20. 위 19. 문항에서 변수 선택의 단계별 결과를 요약하시오.

연습문제 해설

14. 아래와 같이 과정을 요약할 수 있다.

$$\frac{[a'(\overline{y_1}-\overline{y_2})]^2}{a'S_{pl}a}=\frac{[(\overline{y_1}-\overline{y_2})'S_{pl}^{-1}(\overline{y_1}-\overline{y_2})]^2}{(\overline{y_1}-\overline{y_2})'S_{pl}^{-1}S_{pl}S_{pl}^{-1}(\overline{y_1}-\overline{y_2})}$$
$$=\frac{[(\overline{y_1}-\overline{y_2})'S_{pl}^{-1}(\overline{y_1}-\overline{y_2})]^2}{(\overline{y_1}-\overline{y_2})'S_{pl}^{-1}(\overline{y_1}-\overline{y_2})}$$

15. 다음과 같이 네 단계를 거쳐 설명할 수 있다.

1단계 : 두 개의 그룹에 대하여 우선 w는 그룹1과 그룹 2의 각 관측치로부터 $n_2/(n_1+n_2)$, $-n_1/(n_1+n_2)$로 정의되어지고, 따라서 두 그룹의 평균은 $\overline{w_1}=0$이 된다.

2단계 : $\overline{w_1}=0$임을 아는 상황에서 상수항이 없다고 할 때 해당 모형은 $\hat{w}_i=b_1(y_{i1}-\overline{y_1})+b_2(y_{i2}-\overline{y_2})+\cdots+b_p(y_{ip}-\overline{y_p})$가 된다. 여기서 y_i의 i는 두 그룹을 구성하는 모든 자료로 $i=1,2,\cdots,n_1+n_2$이다. y값에 대한 행렬과 w의 벡터량을 각각 Y_c와 w로 정의한 다음에 $b=(Y_c'Y_c)^{-1}Y_c'w$을 통해 위 모형의 b에 대한 최소자승추정을 실시한다. 여기서 b는 $(b_1,b_2,\cdots,b_p)'$이다. 한편, 위 추정식에서 괄호 안에 포함된 $Y_c'Y_c$는 $\bar{y}=(n_1\overline{y_1}+n_2\overline{y_2})/(n_1+n_2)$일 때 다음과 같이 풀이할 수 있다.

$$Y_c'Y_c=\sum_{i=1}^{2}\sum_{j=1}^{n_i}(y_{ij}-\bar{y})(y_{ij}-\bar{y})'$$
$$=\sum_{i=1}^{2}\sum_{j=1}^{n_i}(y_{ij}-\overline{y_i})(y_{ij}-\overline{y_i})'+\frac{n_1n_2}{n_1+n_2}(\overline{y_1}-\overline{y_2})(\overline{y_1}-\overline{y_2})'$$

이때 우변의 첫 항은

$$\sum_{j=1}^{n_1}(y_{1j}-\bar{y})(y_{ij}-\bar{y})'+\sum_{j=1}^{n_2}(y_{2j}-\bar{y})(y_{2j}-\bar{y})'$$

과 같이 나타낼 수 있다.

3단계 : 이를 $\overline{y_1}$과 $\overline{y_2}$로 단순하게 정리하면 아래와 같다.

$$Y_c'w = \sum_{i=1}^{2}\sum_{j=1}^{n_i}(y_{ij}-\bar{y})w_{ij} = \frac{n_1 n_2}{n_2+n_2}(\overline{y_1}-\overline{y_2})$$

4단계 : 수식의 간소화를 위해 $S=\sum_{ij}(y_{ij}-\overline{y_i})(y_{ij}-\overline{y_i})'/(n_1+n_2-2)$과 $\nu=n_1+n_2-2$, $k=n_1n_2/(n_1+n_2)$, $\bar{d}=\overline{y_1}-\overline{y_2}$ 등으로 정의하고, 해당되는 S, ν, k, $\bar{d}$을 대입하면, $b=(\nu S+k\bar{d}\bar{d})^{-1}k\bar{d}$이 된다.

16. a. $a^{*\prime}=(1.366, -.810, 2.525, -1.463)$
    b. $t_1=5.417$, $t_2=2.007$, $t_3=7.775$, $t_4=.688$
    c. 표준화 계수는 y_3, y_4, y_1, y_2의 순서이며, t값은 y_3, y_1, y_2, y_4의 순서로 차이가 나타난다.
    d. 두 개의 그룹에 대한 partial F의 도출은 $F=(\nu-p+1)\dfrac{T_p^2-T_{p-1}^2}{\nu+T_{p-1}^2}$에 따르며, 각 결과는 $F(y_1|y_2,y_3,y_4)=7.844$, $F(y_2|y_1,y_3,y_4)=2.612$, $F(y_3|y_1,y_2,y_4)=40.513$, $F(y_4|y_1,y_2,y_3)=9.938$ 등이 된다.

17. a. $a'=(.345, -.130, -.106, -.143)$
    b. $a^{*\prime}=(4.137, -2.501, -1.158, -2.068)$
    c. $t_1=3.888$, $t_2=-3.865$, $t_3=-5.691$, $t_4=-5.043$
    d. $F(y_1|y_2,y_3,y_4)=35.934$, $F(y_2|y_1,y_3,y_4)=5.799$, $F(y_3|y_1,y_2,y_4)=1.775$, $F(y_4|y_1,y_2,y_3)=8.259$

18. a. $a'=(.057, .010, .242, .071)$
    b. $a^{*\prime}=(1.390, .083, 1.025, .032)$
    c. $t_1=-3.713$, $t_2=.549$, $t_3=-3.262$, $t_4=-.724$
    d. $F(y_1|y_2,y_3,y_4)=3.332$, $F(y_2|y_1,y_3,y_4)=.010$, $F(y_3|y_1,y_2,y_4)=1.482$, $F(y_4|y_1,y_2,y_3)=.001$

19. a. $a_1' = (.021, .533, -.347, -.135)$, $a_2' = (-.317, .298, .243, -0.26)$

b. $\lambda_1/(\lambda_1+\lambda_2) = .958$, $\lambda_2/(\lambda_1+\lambda_2) = .042$가 구해지고, 이에 대한 유의성 검정은 다음과 같다.

test	Λ	F	$p-Value$ for F
1	.2245	8.3294	<.0001
2	.8871	1.3157	.2869

여기서 첫 번째 1이 λ_1, 두 번째 2가 λ_2의 결과이다.

c. $a_1^{*\prime} = (.076, 1.533, -1.182, -.439)$, $a_2^{*\prime} = (-1.162, .869, .828, -.085)$

d. $F(y_1|y_2, y_3, y_4) = 1.067$, $F(y_2|y_1, y_3, y_4) = 20.975$, $F(y_3|y_1, y_2, y_4) = 9.630$, $F(y_4|y_1, y_2, y_3) = 1.228$

20. 결과에 대한 요약 표는 다음과 같이 정리된다.

Step	Variable Entered	Overall Λ	$p-Value$	Partial Λ	Partial F	$p-Value$
1	y_2	.6347	.0006	.6347	9.495	.0006
2	y_3	.2606	<.0001	.4106	22.975	<.0001

4 군집분석

대상별로 유사성이 높은 집단을 분류하고, 그와 반하는 집단들 간의 상이성을 규명하는 통계분석방법을 우리는 군집분석(Cluster analysis)이라 한다. 이러한 유사성과 상이성의 구분을 위하여 군집분석은 여러 기준을 설정하고, 이들에 따라 변수를 결합할 때 주로 이용되는 기법이다. 다만, 전체 케이스(case)에 대하여 분류할 집단 수를 사전에 알 수 없을 뿐만 아니라 절대적 집단 수가 존재하지 않는다는 전제하에서 분석을 시작한다. 이러한 부분이 앞서 유사한 변수들을 함께 묶어주기 위한 요인분석과는 차이를 보인다.

요인분석과 군집분석의 차이를 보다 구체적으로 살펴보기 위하여 이번에는 군집분석을 학습하고자 한다. 학습은 크게 세 가지로 구분하여 다음과 같이 유사성과 상이성을 측정하는 원리, 군집결합의 기준 및 방법, 군집 개수의 선택 등을 다루게 될 것이다. 본격적인 학습에 앞서 이들 세 가지 접근을 개관하여 보자.

첫째, 군집분석의 원리는 분석 대상들의 여러 특성을 유사성의 거리로 환산, 그 거리가 가까운 대상들을 동일한 집단으로 군집화하는 것에 초점을 둔다. 따라서 어떤 특성을 비교할지에 대한 설명변수 선정, 유사성 측정, 동질적인 집단 구분 등을 위한 거리 산출에 집중하고자 한다.

둘째, 위의 기본 원리에서 대상 간의 거리 계산에 대한 행렬을 도출하는데, 우리는 이들을 결합하는 방법인 단일결합법(single linkage), 완전결합법(complete linkage), 평균결합법(average linkage), 워드법(ward's method), 센트로이드법(centroid method) 등을 학습할 것이다.

마지막으로 군집분석을 활용해 궁극에 선택하여야 하는 군집 개수의 결정 혹은 선택에 대하여 살펴보고자 한다.

우리는 군집분석을 통해 통계적 의사결정을 할 때 가장 큰 문제가 되는 군집 개수에 대하여 관심이 있다. 즉 어느 기업이 생산한 제품에 대한 시장 반응을 살펴 볼 때 소비자들의 상품구매 행동이나 라이프 스타일에 따라 소비자군을 분류하여 전략을 수립하기 때문에 주관적인 측면에서 그 대상을 분류하는 과정에 군집분석이 유용한 것이다.

1) 유사성 혹은 상이성의 측정

앞서 개관한 것처럼 군집분석은 각각의 관측치들 사이에 유사성을 기술적 방법에 따라 군집화 한 것이다. 그렇다면 군집화에 따른 유사성 혹은 상이성을 측정하기 위해 두 개의 관측치들 간에 거리를 파악하는 기술적 방법에는 어떤 것이 있을까?

일반적인 방법으로 유클리드의 거리(Euclidean distance)를 활용할 수 있다. 이는 $d(x,y)=\sqrt{(x-y)'(x-y)}=\sqrt{\sum_{j=1}^{p}(x_j-y_j)^2}$ 과 같이 정리된다. 여기서 $d(x,y)$는 두 개의 벡터 $X=(x_1,x_2,\cdots,x_p)$와 $Y=(y_1,y_2,\cdots,y_p)$ 사이의 거리로, p변수들 사이의 공분산 및 분산 차이를 조정하여 통계적 거리 산출을 유도할 수 있다. 한편, 위 식은 $d(x,y)=\sqrt{(x-y)'S^{-1}(x-y)}$로 표본의 공분산 행렬을 의미하는 S를 포함하여 다시 정리할 수 있는데, 다만 사전에 어떻게 군집화 되는지 알 수 없기 때문에 S의 계산 과정에서 표본을 구분하지 못할 경우에는 공분산과 분산에 왜곡이 발생할 수 있음을 유념하여야 한다.

다른 방법으로 민코프스키 행렬(Minkowski metric)의 활용을 제안할 수 있다. 이 행렬은 앞서 유클리드 거리를 $\left[\sum_{j=1}^{p}|x_j-y_j|^r\right]^{1/r}$ 으로 변형한 것이다.[6] n개의 관측 벡터 $y_1,y_2,\cdots,y_n$에 대하여 우리는 $n\times n$의 대각행렬을 상정하고, 이들 관계식을 $D=(d_{ij})$으로 표기하자. 여기서 $d_{ij}=d(y_i,y_j)$로 앞서 유클리드 거리에서 나타낸 $d(x,y)=\sqrt{(x-y)'(x-y)}=\sqrt{\sum_{j=1}^{p}(x_j-y_j)^2}$ 을 의미하는데, x대신에 y로 정리하면

---

6) 참고) 유클리드 공간과 민코프스키 공간
원래 수학에서 유클리드 공간은 유클리드가 연구했던 평면과 공간을 일반화한 것이다. 이 일반화는 유클리드가 생각했던 거리, 길이 및 각도에 대하여 좌표계를 도입해 임의 차원의 공간으로 확장한 것이다. 이는 표준적인 유한차원, 실, 내적 공간이다. 경우에 따라서는 민코프스키 공간에 대비되는 말로서, 피타고라스의 정리에 의한 제곱의 계수가 모두 양수인 공간이다. 본 책에서는 이들 차이를 수리적으로 보여주는데 한계가 있다고 판단해 생략하였다. 참고로 $\left[\sum_{j=1}^{p}|x_j-y_j|^r\right]^{1/r}$ 식은 $r=2$일 때 유클리드 거리와 같게 된다. 한편 $p=2$이고, $r=1$일 때 두 개 관측치 사이의 공간 분리(city block)에 대한 거리를 측정하는데 의미가 있음을 유념하자. 이러한 수리적 내용에 관심이 있는 학생은 Gordon, A. D 'Classification 2nd'(1999)의 chapter 2를 참조하길 바란다.

$d(y_i, y_j) = \sqrt{(y_i - y_j)'(y_i - y_j)}$ 가 되며, $D = (d_{ij})$은 우변의 제곱근을 제거하여 $D = (d_{ij}^2)$과 같이 나타낼 수도 있다. 한편 행렬 D는 대각선의 구성요소가 0으로 대칭행렬을 이룬다.

우리는 앞서 보았던 유클리드 거리 측정에서 변수 크기 변화가 변수들 사이의 상대적 거리에 영향을 미칠 수 있음을 이해하여야 한다. 이를 위해 (y_1, y_2)가 이변량 측정치로 각각이 (2,5), (4,2), (7,9)인 경우를 가정하고, 해당 관계식에 따라 d_{ij}를 적용하면, $D = (d_{ij})$ 행렬은 $D_1 = \begin{pmatrix} 0.0 & 3.6 & 6.4 \\ 3.6 & 0.0 & 7.6 \\ 6.4 & 7.6 & 0.0 \end{pmatrix}$으로 나타낼 수 있다. 이때 y_1 단위를 미터에서 센티미터로 변환하기 위해 100을 곱하면 D_1은 $D_2 = \begin{pmatrix} 0 & 200 & 500 \\ 200 & 0 & 300 \\ 500 & 300 & 0 \end{pmatrix}$로 변형된다. 결국, 가장 큰 거리는 D_1에서는 d_{23}이지만, D_2에서는 d_{13}이 되어 측정값에 대한 단위 변화가 상이한 결과를 가져올 수 있음을 알 수 있다.

위와 같이 변수의 크기 변화가 결과에 영향을 미칠 수 있음을 제시한 것은 궁극에 각 변수의 표준화로 인한 왜곡 가능성을 논의하기 위한 것과 관련성이 있다. 일반적으로 각 변수에서 평균을 빼고, 표준편차로 나누어 표준화가 이루어진다. 이 과정에서 각 변수의 크기는 초기 자료에 근거함을 인지하고 있지만, 혹여 상기에서 예시하였던 것처럼 그 변화 가능성도 고려할 수 있다. $y = \begin{pmatrix} y'_1 \\ y'_2 \\ \vdots \\ y'_n \end{pmatrix} = (y_{(1)}, y_{(2)}, \cdots, y_{(p)})$가 표준화 후에 더 이상 최적의 군집화를 이룰 수 없다고 하자. 이런 맥락에서 다음의 의문을 가질 수 있다. 만약 표준화된 변수를 사용한다면, 군집변수들은 더 이상 분리될 수 없을까? 표준화를 거친 군집변수들이 더 이상 분리될 수 없다는 것이 왜 크기 변화와 연결되는지 우리는 이를 하나의 문제로 논의하고 있다. 표준화와 관련하여 앞서 $D = (d_{ij})$의 우변 제곱근을 제거해 $D = (d_{ij}^2)$과 같이 나타낼 수 있다고 언급한 것을 기억한다. 즉 두 개의 관측치들 사이에 유클리드 거리를 제곱하여 $d^2(x, y) = \sum_{j=1}^{p}$

$(x_j - y_j)^2$을 얻고, $d^2(x,y) = (\nu_x - \nu_y)^2 + p(\bar{x} - \bar{y})^2 + 2\nu_x\nu_y(1 - r_{xy})$로 풀어서 나타낸다. 이 수식에서 나타난 각 기호를 정리하면 $\nu_x^2 = \sum_{j=1}^{p}(x_j - \bar{x})^2$, $\bar{x} = \sum_{j=1}^{p}\frac{x_j}{p}$이며, ν_y^2과 $\bar{y}$도 이와 동일하게 나타낸다. 아울러 상관계수(r_{xy})는 $r_{xy} = \frac{\sum_{j=1}^{p}(x_j - \bar{x})(y_j - \bar{y})}{\sqrt{\sum_{j=1}^{p}(x_j - \bar{x})^2 \sum_{j=1}^{p}(y_j - \bar{y})^2}}$으로 정의된다. 다음에는 이러한 관계로부터 $\bar{x}$와 $\bar{y}$에 대하여 임의로 두 개의 관측치를 대비시킬 때 각각의 관측치들 사이에 차이가 발생할 수 있는지 알아보자. 임의의 관측치들이 모두 동일하지 않기 때문에 차이가 있다고 단언할 수 있겠는가?

그 차이에 대하여 앞서 정리된 상관계수(r_{xy})를 활용할 수 있다. 다시 말해 n개 관측치들 중 관측치 벡터 X(혹은 Y)에 포함되는 p개의 변수 평균($\bar{x}$ 혹은 $\bar{y}$)과 분산(ν_x 혹은 ν_y)은 가변적이기 때문에 상관계수(r_{xy})에 따라 유사성이 크거나 작게 변화할 수 있다. 따라서 만약 상관계수(r_{xy})가 1에 가까울수록 두 관측치들은 유사성을 띄게 되는 것이다. 그러나 그 차이에 대하여 아직도 학계에서는 논의가 진행 중이니 이에 대한 단언은 피하도록 한다.

2) 계층적 군집화(hierarchical clustering)

앞서 유사성과 상이성의 측정을 논의하였는데, 이와 더불어 우리는 계산상 효율성을 고려해 최적의 군집화 기법들을 익혀둘 필요가 있다. 따라서 이번에는 좋은 군집화를 위한 통계적 기법에 대하여 알아보고자 한다.

논의에 앞서 우리가 배우고자 하는 군집화 기법은 크게 계층 및 비계층적 방법으로 분류된다. 그리고 계층적 기법은 다시 병합 및 분할적 방법으로 나뉘는데, 우리는 이 가운데 병합적 방법을 먼저 논의하고자 한다. 왜냐하면 이는 $(n \times n)$행렬의 거리 벡터가 주어졌을 때 가까운 개체들을 군집화하는 일반적인 방법이기 때문이다. 아울러 다양한 병합적 방법 가운데 특히 최단(단일)결합법, 완전(최장)결합법, 평균결합법, 중심결합법, Ward's 최소분산법 등 자주 활용되는 기법을 중심으로 그 특성을 살펴볼 것이다.

병합적 방법은 일반적으로 수형도(tree diagram)로 보여질 수 있는데, 이를 위해 다음 표를 제시한다. 이 표는 미국의 6개 도시에 대한 거리 행렬을 나타낸 것이다. Hartigan, J. A는 저서 'Clustering Algorithms(1975, wiley. p.28)'에서 1970년 미국 16개 도시의 인구 10만명 당 범죄발생률을 조사한 결과를 활용하여 병합적 방법들을 정리하였다. 이 책에서는 Hartigan, J. A의 기술을 재인용하되, 이 가운데 도시의 거리 행렬만으로 축약하여 병합적 방법들을 살펴보고자 한다.

도시명	두 도시 간의 거리					
Atlanta	0	536.6	516.4	590.2	693.6	716.2
Boston	536.6	0	447.4	833.1	915.0	881.1
Chicago	516.4	447.4	0	924.0	1,073.4	971.5
Dallas	590.2	833.1	924.0	0	527.7	464.5
Denver	693.6	915.0	1,073.4	527.7	0	358.7
Detroit	716.2	881.1	971.5	464.5	358.7	0

(1) 최단연결법

최단(단일)연결법(Nearest Neighbor 또는 Single Linkage)은 두 군집 벡터 A와 B에 각각 포함되는 임의의 변수들 사이에 거리가 최소일 때로 정의된다. 즉, 이 정의는 $D(A,B)=\min\{d(y_i,y_j),\ \text{for}\ y_i \in A \wedge y_j \in B\}$로 정리될 수 있다. 여기서 $d(y_i,y_j)$는 유클리드 거리(Euclidean distance)를 의미한다.

이 방법은 우선 위의 정의와 같이 모든 변수들을 쌍(pair)으로 묶어 이들 가운데 가장 짧은 거리를 반영하는 두 개의 변수들을 결합한다. 이 결합에 따라 쌍을 이루고 있는 군집변수들의 수는 하나가 되어 일단 한 과정이 끝나는데, 이 후에 다시 최단거리가 되는 쌍을 찾아 결합하는 과정을 반복하여 최단연결법은 진행된다.

그럼 위에서 제시한 자료를 가지고 이 방법을 적용하여 보자.

우선 우리는 가장 짧은 거리를 찾는다. 여기서는 358.7로 가장 짧은 거리를 보인 Denver와 Detroit를 결합하여 $C_1=\{Denver, Detroit\}$을 생성한다. 다음은 Boston과 Chicago가 447.4로 결합, $C_2=\{Boston, Chicago\}$로 나타낸다. 또 464.5를 나타낸 Dallas와 C_1의 $C_3=\{Dallas, C_1\}$, 그리고 Atlanta와 C_2를 결합한 $C_4=$

$\{Atlanta, C_2\}$로부터 해당 행렬이 생성된다. 마지막으로는 $C_5=\{C_3, C_4\}$가 생성되어 다음의 계통도(Dendrogram)를 나타낼 수 있다.

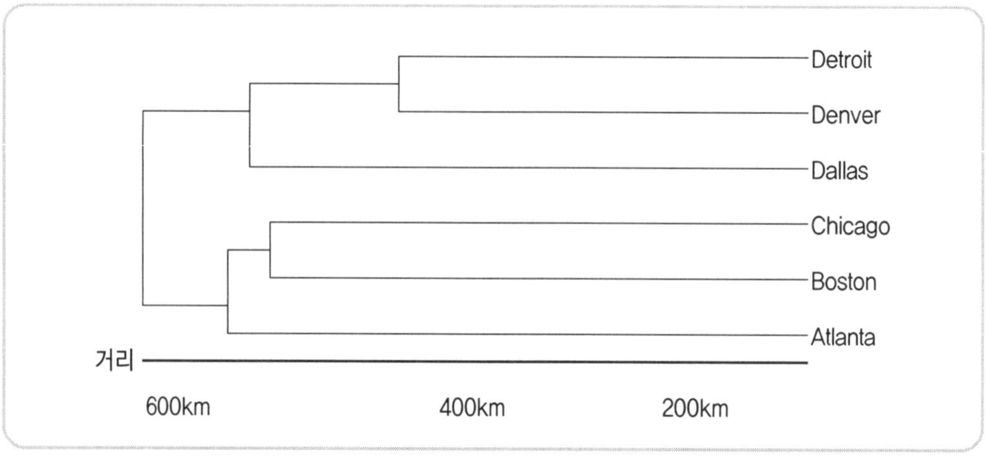

(2) 최장연결법

최장(완전)연결법(Farthest Neighbor 또는 Complete Linkage)은 두 개의 군집 변수 A와 B의 거리가 최대가 되게 하는 것으로 정의된다. 즉, 이 정의는 $D(A,B)=\max\{d(y_i,y_j), \text{for } y_i \in A \wedge y_j \in B\}$로 정리될 수 있다.

최단연결법과 달리 가장 짧은 거리를 보이는 두 개의 변수를 묶은 후 큰 값을 반영하는 것이다. 이러한 거리 행렬에 대하여 최단연결법과 비교하면 다음과 같이 음영 부분에서 차이가 있음을 이해할 수 있다.

	최단연결법				vs.	최장연결법				
Atlanta	0	536.6	516.4	590.2	693.6	0	536.6	516.4	590.2	716.2
Boston	536.6	0	447.4	833.1	881.1	536.6	0	447.4	833.1	915.0
Chicago	516.4	447.4	0	924.0	971.5	516.4	447.4	0	924.0	1,073.4
Dallas	590.2	833.1	924.0	0	464.5	590.2	833.1	924.0	0	527.7
C_1	693.6	881.1	971.5	464.5	0	716.2	915.0	1,073.4	527.7	0

이러한 과정을 반복하여 최종적으로 나타내는 계통도를 그려보자.

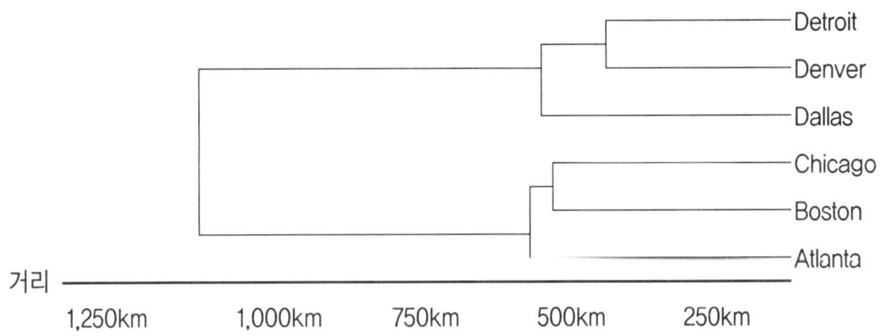

결국 이는 앞서 짧은 거리의 두 변수를 묶어 그 둘 중 가장 짧은 거리로 나타내는 최단연결법과 달리 짧은 거리의 두 변수를 묶고 이들 중 가장 긴 거리를 반영한다는 점에서 차이를 보임을 알 수 있다.

(3) 평균연결법

평균연결법(Average Neighbor)은 A와 B 각각에 포함되는 두 개의 군집변수 사이의 거리를 모두 합한 후 각각의 개수 $n_A n_B$로 나누어 평균한 것이다. 이를 식으로 정의하면 $D(A,B)=\frac{1}{n_A n_B}\sum_{i=1}^{n_A}\sum_{j=1}^{n_B}d(y_i,y_j)$가 된다.

(4) 중심연결법

중심연결법(Centroid Neighbor)은 A와 B에 포함되는 변수들 사이의 거리가 평균벡터 사이의 유클리드 거리(Euclidean distance)로 정의되는 방법이다. 다시 말해 A와 B 각각의 관측벡터들에 대한 평균벡터들을 $\overline{y_A}$와 $\overline{y_B}$로 나타내는데, 각 산식 $\overline{y_A}=\sum_{i=1}^{n_A}y_i/n_A$로 $\overline{y_B}=\sum_{j=1}^{n_B}y_j/n_B$을 통해 활용된다.

우리는 각 단계에서 결합되어진 평균벡터를 centroid라 하며, 이들 사이의 가장 짧은 거리가 다음의 정의식 $D(A,B)=d(\overline{y_A},\overline{y_B})$에 따라 반영된다. 다만, 여기서 A와 B를 조합하여 나타낼 때 새로운 군집변수 AB는 가중평균하여 $\overline{y_{AB}}=\frac{n_A\overline{y_A}+n_B\overline{y_B}}{n_A+n_B}$과

같이 나타낸다.

(5) Ward's 최소분산

Ward's의 최소분산(Ward's minimum variance) 방법은 점증하는 제곱합 방법(Incremental sum of squares method)으로 불리기도 한다. 이를 살펴보기 위해 A와 B 각 제곱합 관계를 다음의 관계식 $SSE_A = \sum_{i=1}^{n_A}(y_i - \overline{y_A})'(y_i - \overline{y_A})$, $SSE_B = \sum_{i=1}^{n_B}(y_i - \overline{y_B})'(y_i - \overline{y_B})$으로 나타낼 수 있다. 그런데 여기서 만약 AB가 A와 B의 조합으로 나타내는 군집변수라고 하면, 이는 군집변수들 간의 거리의 제곱합 개념으로 이해하여 $SSE_{AB} = \sum_{i=1}^{n_{AB}}(y_i - \overline{y_{AB}})'(y_i - \overline{y_{AB}})$과 같이 나타낼 수 있을 것이다. 여기서 $\overline{y_{AB}} = (n_A\overline{y_A} + n_B\overline{y_B})/(n_A + n_B)$는 앞선 중심연결법에서 가중평균 개념과 동일하다. 즉 A, B에 포함되는 변수 개수를 의미하는 n_A와 n_B에 대한 관계 $n_{AB} = n_A + n_B$를 적용하면 쉽게 이해할 수 있을 것이다. 결국, 거리의 합은 군집변수들 사이의 제곱합과 동일하게 적용할 수 있기 때문에 위와 같이 SSE_A, SSE_B, SSE_{AB}로 나타내는 것이다.

위에서 살펴본 바와 같이 Ward의 방법론은 A와 B의 제곱합 관계인 SSE_A, SSE_B, SSE_{AB}를 적용하여 $I_{AB} = SSE_{AB} - (SSE_A + SSE_B)$로 정리할 수 있는데, 이는 $I_{AB} = \frac{n_A n_B}{n_A + n_B}(\overline{y_A} - \overline{y_B})'(\overline{y_A} - \overline{y_B})$으로 전환하여 풀이할 수 있다. I_{AB}를 정리한 두 개의 식은 결국에 군집변수 개수와 각 변수들 사이의 거리에 대한 극소화의 관계가 A와 B의 제곱합(SSE) 증가에 따라 극소화된다는 점에서 동일한 의미를 반영한다.

(6) 분할적 계층 군집화 방법

앞서 밝힌 바대로 계층적 군집화는 모든 대상들이 각각 하나의 독립된 군집을 이루는 상태에서 출발한다. 그리고 각 단계별로 순서를 두고 가장 유사한 대상들끼리 군집화하며 궁극에 모든 대상들을 하나의 군집으로 나타내는 방법이다. 이러한 계층적 방법 가운데 우리는 상기에서 병합적 방법을 개관하였었다.

그렇다면 그 연장선 상에서 분할적 계층 군집화 기법은 어떻게 이해할 수 있을까? 가장 단순하게 설명하자면, 분할적 방법은 병합적 방법과 반대로 먼 개체들을 나누는 것에서 시작한다. 한편, 분할적 방법은 연산(algorithm)의 차이에 따라 보편적 혹은 단일적(monothetic) 접근과 복합반복적(polythetic) 접근으로 나뉜다.

먼저 보편적 접근을 살펴보자. 보편적 접근은 양적 변수들을 활용하여 그룹 사이의 제곱합을 극대화하는 것인데, 이는 $SSB = n_1(\overline{y_1} - \overline{y})^2 + n_2(\overline{y_2} - \overline{y})^2$과 같이 나다낼 수 있다. 여기서 n_1과 n_2는 두 그룹의 변수 개수를 반영한 크기로 $n = n_1 + n_2$이고, $\overline{y}$는 모든 관측치 n의 전체 평균으로 $\overline{y_1}$과 $\overline{y_2}$는 그룹 평균을 의미한다. 따라서 위에 제시된 제곱합(SSB)은 각각의 변수들에 대하여 크기가 n_1, n_2인 두 개의 그룹으로 분할이 가능하며, 궁극에는 $\dfrac{SSB}{\sum_{i=1}^{n}(y_i - \overline{y})^2}$을 극대화하는 변수들에 기초하여 분할하는 접근 방법인 것이다.

다음으로 복합반복적 접근은 한 그룹을 분할할 때, 분할(splinter) 그룹과 나머지(remainder) 그룹으로 작업을 진행하는 방식이다. 즉 분할 그룹에 속하는지 여부는 각 그룹의 변수들 간의 평균거리 부호로 판단하는 방식이다. 그 방법을 단순히 기술하자면 다음과 같다. 먼저 나머지 그룹 변수들 사이의 평균거리에 대하여 분할 그룹 변수들 간의 평균거리를 차감하였을 때 극대값을 찾는다. 이 때 가장 큰 차이가 양수(+)의 영역에 있다면 그 변수는 분할 그룹으로 이동시키고, 과정을 반복한다. 그러나 만약 가장 큰 차이가 음수(−) 영역에 있다면, 분할은 완벽한 상태로 더 이상 진행할 필요가 없게 된다.

3) 계층적 군집화의 한계와 비계층적 방법

상기에서 제시된 계층적 군집화는 몇 가지 한계가 있다. 첫째, 한 대상이 일단 어느 군집에 포함되면 다른 군집으로의 이동이 불가능하다는 것이다. 둘째, 이상치는 제거되지 않고 반드시 어느 군집에 속하게 되는데, 이는 특히 완전연결법에서 심화되는 경향이 있다. 셋째, 표본의 크기가 큰 경우에는 처리용량도 동시에 확대되어야 한다. 우리는 이런 한계를 극복하기 위해 계층적 군집화를 수행한 후에 그 결과로부터 가장 적절한 수의 군집을 결정해서 다시 비계층적 방법으로 분석함으로써 이상치를 제거하여야 한다. 따라서 이와 대비되는 비계층적 방법을 논의할 필요가 있다. 그러나 본 책에서는 일반적으로 활용되고 있는 계층적 군집화를 중심으로 다루고, 비계층적 방법은 다음과 같이 간단히 소개하는 선에서 마무리하고자 한다.

비계층적 군집화에는 순차적인 군집화, 동시군집화, 최적할당 군집화 등의 방법이 있다. 먼저 순차적인 군집화는 군집의 중심이 선택되고, 사전에 지정된 값의 거리 안에 있는 모든 변수들을 동일한 군집으로 분류하는 방식이다. 따라서 추가적으로 새로운 군집의 중심이 결정되면 이 중심을 기준으로 다시 일정거리 안에 있는 모든 대상이나 속성은 또 다른 군집으로 분류되는데, 우리는 이 과정을 최종 군집화가 달성될 때까지 반복한다. 이러한 순차적인 군집화의 대표적인 방법이 'K-평균' 방법이다. 통상적으로 K-평균의 활용도를 고려할 때 그 설명이 추가되어야 할 것으로 판단되지만, 전체적인 내용 전개 상 세부 내용은 'Methods of Multivariate Analysis'(Alvin C. Renchier. 2002년)을 참고할 것을 권장한다. 다음은 동시군집화로 사전에 지정된 기준 속에 포함되는 변수들이 별도의 특성에 따라 군집화가 이루어져 몇 개의 군집이 한 번에 결정되는 방법이다. 한편, 최적할당 군집화는 사전에 주어진 군집의 수를 결정하기 위한 변수 간 평균거리를 계산하는 최적화 기준에 의해 최초 군집에서 다른 군집으로 다시 할당될 수 있다는 점에서 앞선 두 방법과는 차이를 가지고 있다.

4) 군집 개수의 선택

계층적 군집화 방법에서 우리는 g개의 군집 개수를 선택할 수 있다. 가장 대표적으로 계통도 상에서 거리 단위를 나타내는 축에 기준을 정하여 수직으로 그은 선분이 군집 개수를 반영하는 교차 지점에서 결정하는 것이다. 이러한 그룹 개수의 선택에 대하여 Mojena(1977)는 $\alpha_j > \overline{\alpha} + ks_{\alpha}$의 수식으로 발표하였는데, 여기서 $j = 1, 2, \cdots, n$이고, $\overline{\alpha}$는 평균, k는 상수[7], s_{α}는 α의 표준편차를 의미한다. 다만, 기존 연구들의 이런 노력에도 불구, 일반적인 개별 연구에서 개수 선택에 주관이 반영될 수 있음을 주지하자.

---

7) k에 대하여 Mojena(1977)는 2.75에서 3.5 범위를 제안한 반면, Milligan & Cooper(1985)는 1.25를 제시한 바 있다.

연습문제

21. $D(C, AB) = \alpha_A D(C, A) + \alpha_B D(C, B) + \beta D(A, B) + \gamma | D(C, A) - D(C, B)$ 식은 계층적 군집화와 관련한 상수항을 나타낸다. 이러한 상수값은 계층적 군집화 방법들에 따라 아래와 같이 약간의 차이를 나타낸다. 아래 물음을 통해 그 차이를 파악하시오.

Cluster Method	α_A	α_B	β	γ
Single linkage	$\frac{1}{2}$	$\frac{1}{2}$	0	$-\frac{1}{2}$
Complete linkage	$\frac{1}{2}$	$\frac{1}{2}$	0	$\frac{1}{2}$
Average linkage	$\frac{n_A}{n_A+n_B}$	$\frac{n_B}{n_A+n_B}$	0	0
Centroid	$\frac{n_A}{n_A+n_B}$	$\frac{n_B}{n_A+n_B}$	$\frac{-n_A n_B}{(n_A+n_B)^2}$	0
Median	$\frac{1}{2}$	$\frac{1}{2}$	$-\frac{1}{4}$	0
Ward's method	$\frac{n_A+n_C}{n_A+n_B+n_C}$	$\frac{n_B+n_C}{n_A+n_B+n_C}$	$\frac{-n_C}{n_A+n_B+n_C}$	0
Flexible beta	$(1-\beta)/2$	$(1-\beta)/2$	$\beta(<1)$	0

a. 위 상수항을 적용하여 완전결합법에 대한 거리의 정의를 정리하시오.

b. 평균결합법의 항등식을 도출하시오.

c. 중심결합법이 다음과 같음을 보이시오.

$$
\begin{aligned}
(\bar{y}_C - \bar{y}_{AB})'(\bar{y}_C - \bar{y}_{AB}) &= \frac{n_A}{n_A+n_B}(\bar{y}_C - \bar{y}_A)'(\bar{y}_C - \bar{y}_A) \\
&= \frac{n_B}{n_A+n_B}(\bar{y}_C - \bar{y}_B)'(\bar{y}_C - \bar{y}_B) \\
&= \frac{n_A n_B}{(n_A+n_B)^2}(\bar{y}_A - \bar{y}_B)'(\bar{y}_A - \bar{y}_B)
\end{aligned}
$$

단, 여기서 $\bar{y}_{AB}$는 $\bar{y}_{AB} = (n_A \bar{y}_A + n_B \bar{y}_b)/(n_A + n_B)$이다.

d. Ward's 최소분산법이 다음과 같음을 보이시오.

$$l_{C(AB)} = \frac{n_A + n_C}{n_A + n_B + n_C} l_{AC} + \frac{n_B + n_C}{n_A + n_B + n_C} l_{BC} - \frac{n_C}{n_A + n_B + n_C} l_{AB}$$

단, 여기서 l_{AB}는 $l_{AB} = SSE_{AB} - (SSE_A + SSE_B)$과 같이 정의된다.

22. 아래 표는 성장기 어린이 20명을 대상으로 8세부터 6개월마다 척추 길이를 조사한 결과이다. 두 개의 군집으로 나눌 때 단일결합법과 다른 계층적 군집화 방법에 대한 결과의 차이를 기술하고, 요인분석에서 주성분 분석의 결과와 비교하시오.

Individual	Age			
	8 yr (y_1)	8½ yr (y_2)	9 yr (y_3)	9½ yr (y_4)
1	47.8	48.8	49.0	49.7
2	46.4	47.3	47.7	48.4
3	46.3	46.8	47.8	48.5
4	45.1	45.3	46.1	47.2
5	47.6	48.5	48.9	49.3
6	52.5	53.2	53.3	53.7
7	51.2	53.0	54.3	54.5
8	49.8	50.0	50.3	52.7
9	48.1	50.8	52.3	54.4
10	45.0	47.0	47.3	48.3
11	51.2	51.4	51.6	51.9
12	48.5	49.2	53.0	55.5
13	52.1	52.8	53.7	55.0
14	48.2	48.9	49.3	49.8
15	49.6	50.4	51.2	51.8
16	50.7	51.7	52.7	53.3
17	47.2	47.7	48.4	49.5
18	53.3	54.6	55.1	55.3
19	46.2	47.5	48.1	48.4
20	46.3	47.6	51.3	51.8

23. 한 제조업체에서 51명의 생산직을 대상으로 혈액을 채취하여 헤모글로빈 농도(y_1), 혈액 중 세포의 비중(y_2), 백혈구 수(y_3), 림프구 수(y_4), 백혈구 수(y_5), 혈청 농도(y_6) 등에 대한 조사를 실시한 결과가 아래 표와 같다. 다음 물음에 답하시오.

Observation Number	y_1	y_2	y_3	y_4	y_5	y_6
1	13.4	39	4100	14	25	17
2	14.6	46	5000	15	30	20
3	13.5	42	4500	19	21	18
4	15.0	46	4600	23	16	18
5	14.6	44	5100	17	31	19
6	14.0	44	4900	20	24	19
7	16.4	49	4300	21	17	18
8	14.8	44	4400	16	26	29
9	15.2	46	4100	27	13	27
10	15.5	48	8400	34	42	36
11	15.2	47	5600	26	27	22
12	16.9	50	5100	28	17	23
13	14.8	44	4700	24	20	23
14	16.2	45	5600	26	25	19
15	14.7	43	4000	23	13	17
16	14.7	42	3400	9	22	13
17	16.5	45	5400	18	32	17
18	15.4	45	6900	28	36	24
19	15.1	45	4600	17	29	17
20	14.2	46	4200	14	25	28
21	15.9	46	5200	8	34	16
22	16.0	47	4700	25	14	18
23	17.4	50	8600	37	39	17
24	14.3	43	5500	20	31	19
25	14.8	44	4200	15	24	29
26	14.9	43	4300	9	32	17
27	15.5	45	5200	16	30	20
28	14.5	43	3900	18	18	25
29	14.4	45	6000	17	37	23

Observation Number	y_1	y_2	y_3	y_4	y_5	y_6
30	14.6	44	4700	23	21	27
31	15.3	45	7900	43	23	23
32	14.9	45	3400	17	15	24
33	15.8	47	6000	23	32	21
34	14.4	44	7700	31	39	23
35	14.7	46	3700	11	23	23
36	14.8	43	5200	25	19	22
37	15.4	45	6000	30	25	18
38	16.2	50	8100	32	38	18
39	15.0	45	4900	17	26	24
40	15.1	47	6000	22	33	16
41	16.0	46	4600	20	22	22
42	15.3	48	5500	20	23	23
43	14.5	41	6200	20	36	21
44	14.2	41	4900	26	20	20
45	15.0	45	7200	40	25	25
46	14.2	46	5800	22	31	22
47	14.9	45	8400	61	17	17
48	16.2	48	3100	12	15	18
49	14.5	45	4000	20	18	20
50	16.4	49	6900	35	22	24
51	14.7	44	7800	38	34	16

a. 중심결합법으로 군집분석을 수행하고, 두 군집의 중심 사이에 거리를 구하시오.

b. 평균결합법으로 군집분석을 수행하고, 계통도(dendrogram) 상에서 몇 개의 군집이 구분되는지 구하시오.

24. 아래 표는 일본의 한 와인 업체에서 30개 브랜드에 대한 맛(y_1)과 향(y_2) 사이에서 산도(x_1), 신맛1(x_2), 신맛2(x_3), 와인 숙성기간(x_4), 당도(x_5), 설탕총중량(x_6), 알콜도수(x_7), 니트로겐 함유량(x_8) 등의 관련성을 연구한 결과이다. 각각의 계층적 군집화 방법을 활용하여 세 개의 군집을 구하고, 그 차이를 기술하시오.

y_1	y_2	x_1	x_2	x_3	x_4	x_5	x_6	x_7	x_8
1.0	.8	4.05	1.68	.85	3.0	3.97	5.00	16.90	122.0
.1	.2	3.81	1.39	.30	.6	3.62	4.52	15.80	62.0
.5	.0	4.20	1.63	.92	−2.3	3.48	4.46	15.80	139.0
.7	.7	4.35	1.43	.97	−1.6	3.45	3.98	15.40	150.0
−.1	−1.1	4.35	1.53	.87	−2.0	3.67	4.22	15.40	138.0
.4	.5	4.05	1.84	.95	−2.5	3.61	5.00	16.78	123.0
.2	−.3	4.20	1.61	1.09	−1.7	3.25	4.15	15.81	172.0
.3	−.1	4.32	1.43	.93	−5.0	4.16	5.45	16.78	144.0
.7	.4	4.21	1.74	.95	−1.5	3.40	4.25	16.62	153.0
.5	−.1	4.17	1.72	.92	−1.2	3.62	4.31	16.70	121.0
−.1	.1	4.45	1.78	1.19	−2.0	3.09	3.92	16.50	176.0
.5	−.5	4.45	1.48	.86	−2.0	3.32	4.09	15.40	128.0
.5	.8	4.25	1.53	.83	−3.0	3.48	4.54	15.55	126.0
.6	.2	4.25	1.49	.86	2.0	3.13	3.45	15.60	128.0
.0	−.5	4.05	1.48	.30	.0	3.67	4.52	15.38	99.0
−.2	−.2	4.22	1.64	.90	−2.2	3.59	4.49	16.37	122.8
.0	−.2	4.10	1.55	.85	1.8	3.02	3.62	15.31	114.0
.2	.2	4.28	1.52	.75	−4.8	3.64	4.93	15.77	125.0
−.1	−.2	4.32	1.54	.83	−2.0	3.17	4.62	16.60	119.0
.6	.1	4.12	1.68	.84	−2.1	3.72	4.83	16.93	111.0
.8	.5	4.30	1.50	.92	−1.5	2.98	3.92	15.10	68.0
.5	.2	4.55	1.50	1.14	.9	2.60	3.45	15.70	197.0
.4	.7	4.15	1.62	.78	−7.0	4.11	5.55	15.50	106.0
.6	−.3	4.15	1.32	.31	.8	3.56	4.42	15.40	49.5
−.7	−.3	4.25	1.77	1.12	.5	2.84	4.15	16.65	164.0
−.2	.0	3.95	1.36	.25	1.0	3.67	4.52	15.98	29.5
.3	−.1	4.35	1.42	.96	−2.5	3.40	4.12	15.30	131.0
.1	.4	4.15	1.17	1.06	−4.5	3.89	5.00	16.79	168.2
.4	.5	4.16	1.61	.91	−2.1	3.93	4.35	15.70	118.0
−.6	−.3	3.85	1.32	.30	.7	3.61	4.29	15.71	48.0

연습문제 해설

21. a. 완전결합법의 상수항을 포함한 항등식은 다음과 같이 $D(C,AB)=\frac{1}{2}D(C,A)+\frac{1}{2}D(C,B)+\frac{1}{2}|D(C,A)-D(C,B)|$으로 나타나는데, 만약 $D(C,A)>D(C,B)$에서 $|D(C,A)-D(C,B)|=D(C,A)-D(C,B)$이면, $D(C,AB)=D(C,A)$가 성립된다. 그런데 만약 $D(C,A)>D(C,B)$에서 $|D(C,A)-D(C,B)|=D(C,B)-D(C,A)$이면, $D(C,AB)=D(C,B)$가 된다. 결국 위의 항등식은 $D(C,AB)=\max[D(C,A),D(C,B)]$에 따라 완전결합법에 대한 거리의 정의가 성립한다.

b. 평균결합법에 대한 항등식은

$$\begin{aligned}D(C,AB) &= \frac{n_A}{n_A+n_B}\cdot\frac{1}{n_C n_A}\sum_{i=1}^{n_C}\sum_{j=1}^{n_A}d(y_i,y_j) \\ &\quad+\frac{n_B}{n_A+n_B}\cdot\frac{1}{n_C n_B}\sum_{i=1}^{n_C}\sum_{j=1}^{n_B}d(y_i,y_j) \\ &= \frac{1}{n_C(n_A+n_B)}\sum_{i=1}^{n_C}\left[\sum_{j=1}^{n_A}d(y_i,y_j)+\sum_{j=1}^{n_B}d(y_i,y_j)\right] \\ &= \frac{1}{n_C n_{AB}}\sum_{i=1}^{n_C}\sum_{j=1}^{n_{AB}}d(y_i,y_j)\end{aligned}$$

의 과정으로 도출된다.

c. $\bar{y}_{AB}=(n_A\bar{y}_A+n_B\bar{y}_B)/(n_A+n_B)$에 따라 $\bar{y}_{AB}$를 $(n_A\bar{y}_A+n_B\bar{y}_B)/(n_A+n_B)$으로 대체한 후 $(\bar{y}_C-\bar{y}_{AB})'(\bar{y}_C-\bar{y}_{AB})$을 전개하면,

$$\begin{aligned}&\bar{y}_C'\bar{y}_C-\frac{2n_A\bar{y}_A'\bar{y}_C}{n_A+n_B}+\frac{2n_An_B\bar{y}_A'\bar{y}_B}{(n_A+n_B)^2}-\frac{2n_B\bar{y}_B'\bar{y}_C}{n_A+n_B} \\ &+\frac{n_A^2\bar{y}_A'\bar{y}_A}{(n_A+n_B)^2}+\frac{n_B^2\bar{y}_B'\bar{y}_B}{(n_A+n_B)^2}\end{aligned}$$

으로 이를 정리하면 위 문항의 식이 된다.

d. 먼저 $(\bar{y}_A-\bar{y}_B)'(\bar{y}_A-\bar{y}_B)=\frac{n_A+n_B}{n_An_B}l_{AB}$로부터 $(\bar{y}_C-\bar{y}_{AB})'(\bar{y}_C-\bar{y}_{AB})$, $(\bar{y}_C-\bar{y}_A)'(\bar{y}_C-\bar{y}_A)$, $(\bar{y}_C-\bar{y}_B)'(\bar{y}_C-\bar{y}_B)$ 각각을 정리할 수 있다. 그러면 위 문항 $l_{C(AB)}$는 l_{AC}, l_{BC}, l_{AB} 등의 관계로 표현이 가능하다. 과정은 생략하고 각각을 정리해 하나의 식으로 표현하면,

$$\frac{n_C+n_{AB}}{n_Cn_{AB}}l_{C(AB)}=\left(\frac{n_A}{n_A+n_B}\right)\left(\frac{n_C+n_A}{n_Cn_A}\right)l_{CA}+\left(\frac{n_B}{n_A+n_B}\right)\left(\frac{n_C+n_B}{n_Cn_B}\right)l_{CB}$$
$$-\left[\frac{n_An_B}{(n_A+n_B)^2}\right]\left(\frac{n_A+n_B}{n_An_B}\right)l_{AB}$$

이 되고, 이를 정리하면 위 문항과 같다.

$$l_{C(AB)}=\frac{n_A+n_C}{n_A+n_B+n_C}l_{AC}+\frac{n_B+n_C}{n_A+n_B+n_C}l_{BC}-\frac{n_C}{n_A+n_B+n_C}l_{AB}$$

22. 도출과정은 생략하고, 간단한 결과만 기재하면 다음과 같다. 단일결합법에 따를 경우 20번째가 다른 19명과 상이한 군집이 된다. 한편 평균결합법, 완전결합법, Ward's 최소분산법 등은 모두 거리 상의 변화에 근거한 방법으로 각각의 변수 관계에 반영되는 계수에 차이가 존재하기 때문에 다소 상이한 결과가 나타난다. 한편, 주성분 분석의 결과와는 두 개의 그룹으로 구분된다는 점에서는 일치하지만, 단위 변화가 반영될 경우 매우 상이한 결과로 나타날 수 있다.

23. a. 두 개의 군집에 대한 중심 사이의 거리는 $\sqrt{2994.9}=54.7$이다.
    b. 평균결합법에 따른 계통도에서도 두 개의 군집으로 a의 결과와 일치하나 거리에서는 큰 변화가 나타난다.

24. 생략

5 일원다변량분산분석

우리는 최소자승법을 중심으로 분석 단계에서 모형을 가정하고, β_0, β_1, ϵ 등을 추정하는 동시에 그 결과에 대한 통계적 검정절차를 살펴보았다. 이와 함께 유의성을 검정하면서 선형회귀모형에서 직선의 기울기에 대한 추론과 상관계수, 결정계수 등을 개관하였다. 이번에는 특정 기준으로 임의의 모집단을 구분할 때 이들이 서로 다른 통계적 특성을 가지는지 확인하는 분산분석을 알아보고자 한다.

이 책에서는 분산분석(Analysis of Variance : ANOVA)의 단순 개념 개관과 함께 다양한 종속변수를 가지는 다변량분산분석(Multivariate Analysis of Variance : MANOVA)을 위주로 일원(one-way)과 이원(two-way)으로 나누어 학습할 것이다. 회귀분석에서는 다중회귀분석을 2부의 시계열 분석 사례에서 다루기로 했지만, 분산분석은 일원다변량분산분석의 검정 과정을 1부에서 다루고자 한다. 그리고 2부의 사례 접근에서 이원다변량분산분석을 다루게 될 것이다.

1) 단순회귀모형의 분산분석

다변량분산분석은 집단의 통계적 특성치들에 대한 차이를 파악하기 위한 일변량(univariate) 기법을 다변량(Multivariate)으로 확장한 것이다. 따라서 다변량분산분석의 논의에 앞서 일변량 분산분석을 살펴볼 필요가 있다.

관측치 y_i와 이들의 평균치 $\bar{y}$에 대한 차이를 총편차(total deviation)라 하는데, 이때 그 관계는 두 개의 편차 합인 $y_i - \bar{y} = (y_i - \hat{y_i}) + (\hat{y_i} - \bar{y})$로 표현될 수 있다. 여기서 $\hat{y_i} - \bar{y}$는 회귀선에 의해 설명되는 편차로 $e_i = y_i - \hat{y_i}$가 총편차에서 회귀선에 의해 설명되는 편차를 제외하고 남은 잔차(residual)라고 한다.

이러한 편차에 대한 관계는 다음과 같이 나타낼 수 있다. 총편차를 제곱하여 합한 것을 총변동 또는 총제곱합(total sum of squares)이라 하며, 간단히 SST로 표시한다. 회귀선에 의해 설명되는 편차 $\hat{y_i} - \bar{y}$를 제곱하여 합한 것을 회귀변동 또는 회귀제곱의 합(regression sum of squares)이라 하며, SSR로 나타낸다. 또한 잔차의 제곱 합을 잔차제곱의 합(error sum of squares)이라 하며, SSE로 나타낸다. 총제곱의 합은 잔차제곱합과 회귀제곱합으로 분해된다. 이러한 일련의 과정을 총변동의 분해라 하며, 수식으로 정리하면 다음과 같다.

총변동의 분해

$$SST = SSR + SSE$$

$$SST = \sum(y_i - \bar{y})^2 = \sum y_i^2 - \frac{(\sum y_i)^2}{n} = SS_{yy}$$

$$SSR = \sum(\hat{y_i} - \bar{y})^2 = \sum[\hat{\beta}_1(x_i - \bar{x})]^2 = \hat{\beta}_1^2\sum(x_i - \bar{x})^2 = \hat{\beta}_1^2 SS_{xx} = \frac{(SS_{xy})^2}{SS_{xx}}$$

$$SSE = \sum(y_i - \hat{y_i})^2 = SST - SSR$$

아울러 앞서 회귀분석에서 논의한 결정계수도 위와 같이 제곱의 합으로 표시하면 $\frac{SS_{yy} - SSE}{SS_{yy}} = \frac{SST - SSE}{SST} = \frac{SSR}{SST}$로 나타낼 수 있다.

제곱의 합은 각각의 자유도를 가지며, 단순회귀분석에서 이들 제곱의 합에 해당되는 자유도는 다음과 같다. SST를 구성하는 n개의 $y_i - \bar{y}$는 하나의 제약조건 $\sum(y_i - \bar{y}) = 0$을 가진다. 따라서 자유도는 n에서 1을 뺀 $n-1$이 된다. SSR은 회귀함수에 두 개의 모수를 가지고 있으나, $\hat{y_i} - y$가 하나의 제약조건 $\sum(\hat{y_i} - \bar{y}) = 0$을 가지므로 그 자유도는 둘에서 하나를 뺀 1이 된다. 또한 SSE를 구성하는 n개의 $e_i = y_i - \hat{y_i}$에서 두 개의 모수 β_0와 β_1을 추정해야 하기 때문에 n에서 2를 뺀 $n-2$가 된다. 아래는 이와 같은 자유도의 분해를 나타낸 것이다.

자유도의 분해

$$\underset{(n-1)}{SST\text{의 자유도}} = \underset{(1)}{SSR\text{의 자유도}} + \underset{(n-2)}{SSE\text{의 자유도}}$$

각각의 제곱 합을 대응하는 자유도로 나누어 평균제곱(mean square)이라 한다. 즉, $MSR = SSR/1$, $MSE = SSE/(n-2)$를 각각 회귀평균제곱(regression mean square), 잔차평균제곱(residual mean square)이라고 한다. 이러한 제곱의 합, 자

유도와 평균제곱을 하나의 표로 만든 것을 분산분석표(ANOVA table)라 한다. 분산분석표는 앞서 단순회귀모형에서 t분포로 회귀계수값(β_1)의 유의성 여부를 검정한 것과 동일하게 이용할 수 있다. 다만, 분산분석표의 검정통계량은 F분포를 이용한다. 검정통계량 F는 MSR/MSE를 구하고, 주어진 α값에서 귀무가설을 기각할 수 있는 기각영역의 F_α를 통해 귀무가설의 기각 여부를 결정한다. 이는 다음 다변량분산분석의 내용과 함께 중점적으로 다루게 될 것이다.

이외에 일변량(univariate) 부분은 '현대통계학'(안상형, 이명호. 2000년)을 참고하길 바라며, 여기서는 일원다변량분산분석(one-say MANOVA)을 살펴볼 것이다.

2) MANOVA : One-way Model

일반적으로 우리는 통계분석 과정에서 하나의 종속변수에 대하여 두 개 이상의 독립변수를 포함하는데 익숙하지만, 선형결합 과정에서 행렬로 구성된 종속변수의 조합이 반영될 수 있기 때문에 다변량분산분석이 필요하다. 따라서 다변량분산분석에서 귀무가설 검정은 집단별 종속변수를 벡터(vector)로 나타낼 때 각각의 평균이 동일한지를 파악하는데 초점을 맞춘다.

본 설명에 앞서 일변량분산분석과 다변량분산분석의 차이를 간략히 살펴보면, ANOVA는 종속변수 각 평균에 대하여 독립변수들의 차이를 검증하는 것이다. 반면, MANOVA는 상호상관을 전제로 각 종속변수들에 의해 새롭게 만들어진 평균 집합의 차이를 검증하는 것으로 이해할 수 있다. 이를 구체적으로 설명하기 위해 다음과 같이 다변량에 대한 동일한 공분산(covariance) 행렬을 제시하고, 정규분포하는 모집단으로부터 n개 크기의 독립적인 표본을 무작위로 k개 추출한다고 가정해 보자.

	표본1 $N_p(\mu_1, \Sigma)$	표본2 $N_p(\mu_2, \Sigma)$	…	표본k $N_p(\mu_k, \Sigma)$
	y_{11}	y_{21}	…	y_{k1}
	y_{12}	y_{22}	…	y_{k2}
	¦	¦	¦	¦
	y_{1n}	y_{2n}	…	y_{kn}
Total	y_1	y_2	…	y_k
Mean	$\bar{y}_1$	$\bar{y}_2$	…	$\bar{y}_k$

여기서 총합(total)과 평균(mean)은 다음과 같이 정의되어진다. i번째 표본의 총합은 $y_i = \sum_{j=1}^{n} y_{ij}$이고, 개별적인 k개 표본의 모든 구성요소에 대한 합은 $y = \sum_{i=1}^{k}\sum_{j=1}^{n} y_{ij}$이 된다. 한편, i번째 표본의 평균은 $\overline{y_i} = y_i/n$이 되는데, 이를 통해 모든 표본에 대한 평균은 $\overline{y} = y/kn$이 됨을 알 수 있다.

각 관측치의 순서가 $i = 1,2,\cdots,k; j = 1,2,\cdots,n$일 때, 해당 모형은 i의 평균에 대하여 관측치 표본들의 오차항 관계인 $y_{ij} = \mu + \alpha_i + \epsilon_{ij} = \mu_i + \epsilon_{ij}$로 표현할 수 있다. 그럼 위 모형에서 각각의 벡터 y_{ij}의 r번째 변수($r = 1,2,\cdots,r$)를 고려하면 $y_{ijr} = \mu_r + \alpha_{ir} + \epsilon_{ijr} = \mu_{ir} + \epsilon_{ijr}$이 된다. 우리는 여기서 k개 표본의 평균 벡터를 비교하고자 하기 때문에 '$H_0 : \mu_1 = \mu_2 = \cdots = \mu_k$'라는 귀무가설과 '$H_1$: 최소한 두 개의 평균이 같지 않다.'는 대립가설을 살펴볼 수 있다. 즉 귀무가설이 성립하는 $\mu_{1r} = \mu_{2r} = \cdots = \mu_{kr}$을 구체적으로 살펴보기 위해 모집단 평균 벡터들에 대하여 조사한 구성요소들을 나열하면

$$H_0 : \begin{pmatrix} \mu_{11} \\ \mu_{12} \\ \vdots \\ \mu_{1p} \end{pmatrix} = \begin{pmatrix} \mu_{21} \\ \mu_{22} \\ \vdots \\ \mu_{2p} \end{pmatrix} = \cdots = \begin{pmatrix} \mu_{k1} \\ \mu_{k2} \\ \vdots \\ \mu_{kp} \end{pmatrix}$$

이 되고,

$$\begin{array}{c} \mu_{11} = \mu_{21} = \cdots = \mu_{k1} \\ \mu_{12} = \mu_{22} = \cdots = \mu_{k2} \\ \vdots \quad\quad \vdots \quad \vdots \\ \mu_{1p} = \mu_{2p} = \cdots = \mu_{kp} \end{array}$$

으로 나타낼 수 있다. 여기서 만약 두 개의 평균이 같지 않은 경우, 예를 들어 $\mu_{23} \neq \mu_{33}$이면 귀무가설은 기각되는 것이다.

그렇다면 일변량분산분석의 총제곱합(SST)과 잔차제곱합(SSE)을 고려해 다변량분산분석의 관계를 살펴보자. 이들은 벡터로 표현되기 때문에 표기법에서 총제곱합을 H, 잔차제곱합을 E로 변형하여 반영하자.

먼저 H는 $n\sum_{i=1}^{k}(\overline{y_{i.}} - \overline{y_{..}})(\overline{y_{i.}} - \overline{y_{..}})' = \sum_{i=1}^{k}\frac{1}{n}y_{i.}y'_{i.} - \frac{1}{kn}y_{..}y'_{..}$ 이고, p변수 각각에 대

한 대각행렬(diagonal)에서 총제곱합의 행렬을 나타낸다. 비대각행렬 요소를 쌍($p\times p$)으로 하는 결과들에 대한 합도 유사한 값을 가지게 되는데, 여기서 변수들 중 H를 순서대로 열거할 때 최소값을 가지는 p와 v_H의 비선형 종속변수를 가정한다. 단, v_H는 자유도를 나타내는 값으로 일원(one-way) 분산분석의 경우에는 요인이 하나이기 때문에 $v_H=k-1$이 됨을 이해할 때 그 변화에 주목해야 할 것이다. 다음으로 잔차에 대한 대각행렬에서 $p\times p$의 각 변수들 관계로부터 E는 $\sum_{i=1}^{k}\sum_{j=1}^{n}(y_{ij}-\overline{y_{i.}})(y_{ij}-\overline{y_{i.}})'=\sum_{ij}y_{ij}y'_{ij}-\sum_{i}\frac{1}{n}y_{i.}y'_{i.}$과 같이 나타낸다. 따라서 이들 대각행렬과 비대각행렬의 평균제곱합과 잔차제곱합을 제각각 서로 다르게 표현하면 다음과 같다.

$$H=\begin{pmatrix} SSH_{11} & SPH_{12} & \cdots & SPH_{1p} \\ SPH_{12} & SSH_{22} & \cdots & SPH_{2p} \\ \vdots & \vdots & & \vdots \\ SPH_{1p} & SPH_{2p} & \cdots & SSH_{pp} \end{pmatrix}$$

$$E=\begin{pmatrix} SSE_{11} & SPE_{12} & \cdots & SPE_{1p} \\ SPE_{12} & SSE_{22} & \cdots & SPE_{2p} \\ \vdots & \vdots & & \vdots \\ SPE_{1p} & SPE_{2p} & \cdots & SSE_{pp} \end{pmatrix}$$

여기서 SS(sums of squares)와 SP(sums of products for each of the p variables) 각각의 의미에 차이를 살펴보자. 예를 들어, H에 대한 SSH_{22}는 $\sum_{i=1}\frac{y_{i.2}^2}{n}-\frac{y_{..2}^2}{kn}$인 반면, SPH_{12}는 $\sum_{i=1}\frac{y_{i.1}y_{i.2}}{n}-\frac{y_{..1}y_{..2}}{kn}$가 되어 각 평균에서 차이가 발생하는 원인이 된다. E에서도 SSE_{22}는 $\sum_{ij}y_{ij2}^2-\frac{y_{i.2}^2}{n}$인 반면, SPE_{12}는 $\sum_{ij}y_{ij1}y_{ij2}-\sum_{i}\frac{y_{i.1}y_{i.2}}{n}$으로 차이가 있다. E는 공분산의 의미로 Σ로 표현하며, 추정은 각각의 분산 $S_{p1}=E/(nk-k)$을 활용해 $\Sigma=E(\frac{E}{nk-k})$로 나타낼 수 있다.

3) One-way MANOVA 검정의 유형

(1) 일원다변량분산분석과 Wilks 검정통계량

한 개의 독립변수가 존재하는 상황에서 종속변수 평균의 집합 즉, 벡터를 이용한 일원다변량분산분석은 앞서 언급한대로 F-test를 검정통계량으로 활용하는데, 그 접근은 우도비 검정(the likelihood ratio test)을 이용한 Wilks 검정통계량에 근거한다.

우선 Wilks 검정통계량을 통한 접근 방법을 개관하여 보자. 본래 Wilks' Λ는 판별함수의 계수를 산출하기에 앞서 해당 함수에 포함시킬 변수를 단계적으로 선택 가능하게 하는 방법 가운데 하나이다. 그렇다면 이런 변수 선택의 이유는 무엇일까? 판별력(discriminating power)이 없는 변수를 판별함수에 포함시킬 경우 우리는 함수에 대한 다중공선성 문제뿐만 아니라, 그 계산도 복잡해지기 때문이다. 이러한 판별함수와 관련한 사항은 판별분석에서 중점적으로 다루었으며, 여기서는 왜 다변량 분산분석에서 판별분석이 논의되는지 이해해야 한다.

이해를 위해 다음 경우를 살펴보자. MANOVA를 통해 세 개의 종속변수를 동시에 분석하고자 한다면 1종 오류(type I error)의 증가를 막기 위해 Hotelling T^2 통계치를 사용한다. 또 F검증을 통해 종속변수의 상대적 효과를 비교할 수도 있지만, 1종 오류의 증가를 억제하면서 명백한 상대적 중요도를 평가하기 위하여 Roy의 단계적 F검증을 활용한다. 결국 MANOVA는 집단 간 차이를 가장 명확하게 구분하는 종속변수들의 선형조합을 선택하기 때문에 앞서 밝힌 바와 같이 판별분석의 통계값들이 산출되는 것이다.

따라서 다변량분산분석의 논의에 앞서 판별함수에 등장하는 Wilks 검정통계량을 살펴볼 필요가 있다. Wilks 검정통계량은 판별함수에서 λ의 값이 최소가 되는 변수를 선택하는 방법이며, 앞서 선형회귀와 관련하여 다음과 같이 나타낼 수 있다. 평균제곱합과 잔차제곱합의 관계식을 $\Lambda = \frac{|E|}{|E+H|}$ 와 같이 나타낸다고 할 때, $\Lambda \leq \Lambda_{\alpha, p, \nu_H, \nu_E}$이면 평균들에 대한 집합에서 각각의 μ_i가 모두 같다는 귀무가설(H_0)은 기각된다. 여기서 p는 변수의 개수를 의미하고, ν_H는 가설에 대한 자유도, ν_E는 잔차의 자유도를

나타낸다. 또 검정통계량 Λ는 수량 지표로 E와 E+H의 관계에 따른 일원다변량분산분석의 F-통계량을 의미한다. 즉, E와 H로 나타낸 다변량 평균 벡터에서 개별적인 크기들이 차이를 보이면 귀무가설이 기각되는 전형적 다변량분산분석의 검정 방법이다.

Wilks'Λ의 특성은 다음과 같이 정리되어진다.

Wilks'Λ의 특성

1. $\Lambda = \frac{|E|}{|E+H|}$의 결과가 양(+)의 값을 가지기 위해 $\nu_E \geq p$여야 한다.
2. MANOVA 모형에서 자유도 ν_H, ν_E는 각각 $v_H = k-1$, $\nu_E = k(n-1)$이다.
3. Wilks'Λ에서 상수 p와 ν_H 관계로 나타낸 Λ_{p,ν_H,ν_E}는 $\Lambda_{\nu_H,p,\nu_E+\nu_H-p}$로 변환할 수 있다.
4. $E^{-1}H$의 고유값(eigenvalue) $\lambda_1, \lambda_2, \cdots, \lambda_s$ 관계로부터 $\Lambda = \prod_{i=1}^{s} \frac{1}{1+\lambda_i}$임을 나타낼 수 있다. 여기서 $E^{-1}H$은 절대로 0이 아닌 고유값이며, s는 H의 순서에 따라 $s = \min(p, \nu_H)$와 같이 극소값을 나타낸다.
5. $0 \leq \Lambda \leq 1$의 범위 안에서 Λ에 대한 검정 결과가 작은 값을 나타내게 될 경우 귀무가설(H_0)은 기각된다. 만약 표본의 평균벡터가 동일하다면, $H=0$으로 $\Lambda = \frac{|E|}{|E+0|} = 1$이기 때문이다. 반대로 말해서 표본 평균의 벡터가 넓게 퍼진 상태로 다양하게 나타날 경우 H는 E보다 더 크기 때문에 Λ는 0에 근사하게 된다.
6. Wilks'Λ의 p값에 대한 ν_H와 ν_E의 값을 나타내는 통계표(뒤에 부록 첨부 예정)에서 p가 증가할수록 ν_H와 ν_E는 작아짐을 알 수 있다. 즉 p의 증가에 따라 앞의 5. 특성에서처럼 H는 E보다 더 커지기 때문에 Λ는 0에 근사하여 귀무가설은 기각된다.
7. ν_H 또는 p가 1이나 2의 값을 가질 때, Wilks'Λ는 F-통계량으로 변화한다. 이를 표로 나타내면 다음과 같다. 아울러 귀무가설은 Λ의 변환값이 F분포의 통계값을 초과할 때 기각됨을 나타낸다.

〈F통계량의 꼬리 부분을 초과한 Wilks'Λ의 변환〉

상수 p와 ν_H	F분포의 통계량	자유도
임의의 p, ν_H=1	$\frac{1-\Lambda}{\Lambda}\frac{\nu_E-p+1}{p}$	p, ν_E-p+1
임의의 p, ν_H=2	$\frac{1-\sqrt{\Lambda}}{\sqrt{\Lambda}}\frac{\nu_E-p+1}{p}$	$2p, 2(\nu_E-p+1)$

상수 p와 ν_H	F분포의 통계량	자유도
p=1, 임의의 ν_H	$\frac{1-\Lambda}{\Lambda}\frac{\nu_E}{\nu_H}$	ν_H, ν_E
p=2, 임의의 ν_H	$\frac{1-\sqrt{\Lambda}}{\sqrt{\Lambda}}\frac{\nu_E-1}{\nu_H}$	$2\nu_H, 2(\nu_E-1)$

8. p와 ν_H의 값이 앞선 표와 달리 F통계량에 근사하면 F값은 다음과 같이 $F=\frac{1-\Lambda^{1/t}}{\Lambda^{1/t}}$ $\frac{df2}{df1}$으로 정리할 수 있다. 여기서 t는 $\sqrt{\frac{p^2\nu_H^2-4}{p^2+\nu_H^2-5}}$이며, df_1과 df_2는 각각 $p\nu_H$, $wt-\frac{1}{2}(p\nu_H-2)$로 나타낸다. 그리고 w는 $\nu_E+\nu_H-\frac{1}{2}(p+\nu_H+1)$이다. 만약 $p\nu_H$가 2일 경우 p와 ν_H는 각각 1 또는 2 중에 하나로 나타낼 수 있음을 의미하며, 이 때 t는 1이 되어 앞선 표에서 F분포의 통계량과 같게 된다. 그러나 Λ가 다음과 같이 $p\nu_H$의 자유도를 가지는 χ^2분포에 근사하는 $\chi^2=-\left[\nu_E-\frac{1}{2}(p-\nu_H+1)\right]\ln\Lambda$으로 표현될 경우 검정 방법이 χ^2로 바뀌게 된다. 여기서 만약 $\chi^2>\chi^2_\alpha$이라면 귀무가설(H_0)은 기각된다고 간략히 표현할 수 있다.
9. Λ에 근거한 다변량분산분석의 귀무가설(H_0)이 기각될 경우 일변량분산분석에서 개별 y 값은 $F=\frac{ns\frac{2}{y}}{s_e^2}=\frac{SSH/(k-1)}{SSE/[k(n-1)]}$로 나타낸 p값의 F검정에 의존한다. 다시 말해 각 변수에 대한 k그룹들의 평균을 교차시켜 비교하는 것으로, 귀무가설(H_{0r})을 검정한다. 여기서 귀무가설($H_{0r}:\mu_{1r}=\mu_{2r}=\cdots=\mu_{kr}$)은 r이 1부터 p까지 범위의 자연수이고, 0부터 k까지에 대한 평균이 모두 동일하다. 결국 H_0가 Λ검정에서 기각되지 않으면, H_{0r}은 F검정에서 기각될 수 있다. 이후에 나오는 Roy's Test에 부가적인 설명이 첨부될 것이다.
10. Wilks'Λ 검정은 우도비 검정(the likelihood ratio test)이다.

위의 특성 가운데 10.의 내용에서 검증의 다른 접근 방법으로 Roy's Test, Pillai Test, Lawley–Hotelling Test 등이 활용되고 있는데, 다음은 이들 각 검정의 유형을 개관한 것이다.

(2) Roy's Test

다변량분산분석에서 전체 평균으로부터 각 종속변수들의 평균에 대한 분산을 극대화하는 선형결합 $z_{ij}=a'y_{ij}$ 관계로부터 벡터 a를 산출하기 위해 다음 과정을 따른다. 우선 $F=\dfrac{n\sum_{i=1}^{k}(\overline{z_{i.}}-\overline{z_{..}})^2/(k-1)}{\sum_{i=1}^{k}\sum_{j=1}^{n}(z_{ij}-\overline{z_{i.}})^2/(kn-k)}$의 식을 $F=\dfrac{a'Ha/(k-1)}{a'Ea/(kn-k)}$로 간단히 한 후 λ_1에 대응하는 고유값 a_1이 극대화될 경우 $\dfrac{H}{E}(E^{-1}H)$는 가장 큰 고유값을 가지기 때문에 $\max_a F=\dfrac{a'_1Ha_1/(k-1)}{a'_1Ea_1/(kn-k)}=\dfrac{k(n-1)}{k-1}\lambda_1$로 바꾸어 쓸 수 있다. 여기서 $\max_a F$는 모든 가능한 선형함수들 가운데 가장 극대화된 값이기 때문에 F분포를 통한 검증이 아니라, λ_1에 기반한 각 종속변수의 평균이 동일한 값을 가지는지 Roy의 합집합–교집합 검정(union–intersection test)이 활용된다. 우리는 이를 Roy's largest root test라고 하며, $\theta=\dfrac{\lambda_1}{1+\lambda_1}$으로 표현한다. 그리고 $H_0:\mu_1=\mu_2=\cdots=\mu_k$의 귀무가설은 $\theta\geq\theta_{\alpha,s,m,N}$일 경우 기각된다. 우항에 $\theta_{\alpha,s,m,N}$으로 표시된 각 상수항은 $s=\min(\nu_H,p)$, $m=\dfrac{1}{2}(|\nu_H-p|-1)$, $N=\dfrac{1}{2}(\nu_E-p-1)$로 정의된다.

위에서 만약 $s=1$일 경우 F검정을 활용할 수 있다. 그렇지 않은 경우에는 λ_1에 대응하는 고유값 벡터 a_1은 판별함수 $z=a'_1y$에서 활용되어진다. 즉 선형결합을 나타내는 $z=a'_1y$으로부터 계수값 $a_{11},a_{12},\cdots,a_{1p}$에 따라 도출된 평균 $\overline{z_{i.}}=a'\overline{y_{i.}}\,(i=1,2,\cdots,k)$에서 최적의 분류를 할 수 있다는 의미이다.

(3) Pillai Test

$E^{-1}H$의 고유값 $\lambda_1,\lambda_2,\cdots,\lambda_s$에 기반한 귀무가설 $H_0:\mu_1=\mu_2=\cdots=\mu_k$에서 또 다른 방법을 고려할 수 있다. $V^{(s)}=tr\left[(E+H)^{-1}H\right]=\sum_{i=1}^{s}\dfrac{\lambda_i}{1+\lambda_i}$에서 $V^{(s)}\geq V_{\alpha}^{(s)}$이

면 귀무가설이 기각된다고 할 수 있다. 우리는 이를 Pillai 검정통계량이라 한다. 이는 앞선 각 지표 s, m, N 등을 정의한 Roy's statistic θ의 확장된 형태이며, 각 상수항 정의와 $F_{s(2m+s+1),\, s(2N+s+1)}$에 따르는 배분 과정을 적용해 F통계량은 $F_1 = \dfrac{(2N+s+1)\,V^{(s)}}{(2m+s+1)(s-V^{(s)})}$이 됨을 알 수 있다. 해당 식에서 다시 자유도 $p\nu_H$와 $s(\nu_E-\nu_H+s)$를 반영하면, $F_2 = \dfrac{s(\nu_E-\nu_H+s)\,V^{(s)}}{p\nu_H(s-V^{(s)})}$로 나타낼 수 있다. 위 식에서 자유도를 sd와 $s(\nu_E-p+s)$으로 정리하면, $F_3 = \dfrac{(\nu_E-p+s)\,V^{(s)}}{d(s-V^{(s)})}$의 새로운 관계식을 얻게 된다. 상기 F_3 관계식에서 만약 $d=\max(p,\nu_H)$로 자유도를 가정할 경우에는 F_3은 F_1과 동일해져 귀무가설이 기각된다.

(4) Lawley-Hotelling Test

Hotelling's generalized T^2-통계량은 $U^{(s)} = tr(E^{-1}H) = \sum_{i=1}^{s}\lambda_i$와 같이 정의되어진다. 검정통계량 $\dfrac{\nu_E}{\nu_H}U^{(s)}$에 대하여 Lawley-Hotelling의 주어진 통계량을 상회할 경우에 $H_0: \mu_1 = \mu_2 = \cdots = \mu_k$의 귀무가설은 기각된다.

Lawley-Hotelling의 주어진 통계량에서 $p \le \nu_H$의 $p \le \nu_E$ 일반적인 상황과 달리, 만약 $p > \nu_H$이면 (p, ν_H, ν_E) 대신에 $(\nu_H, p, \nu_E+\nu_H-p)$를 활용할 수 있다. 이러한 활용 가능성은 앞서 wilks'Λ에서 밝혔던 상수항의 관계, wilks'Λ의 특성 3.과 동일한 의미로 이해할 수 있다.

이를 토대로 만약 $\nu_H = 1$이고 $p > 1$인 상황을 가정하면, $U^{(1)} = \dfrac{T^2}{\nu_E}$의 관계식이 되고, Lawley-Hotelling의 주어진 통계량에서 다른 상수항 값은 포함되지 않기 때문에 근사한 F-통계량을 적용하여 $F_1 = \dfrac{U^{(s)}}{c}$와 같이 나타낼 수 있다. 해당 식에서 분모 c를 다음 식 $c=\dfrac{a(b-2)}{b(\nu_E-p-1)}$으로 정의하고, 그 안에 표시된 a, b 등을 $a=p\nu_H$, $b=4+\dfrac{a+2}{B-1}$, $B=\dfrac{(\nu_E+\nu_H-p-1)(\nu_E-1)}{(\nu_E-p-3)(\nu_E-p)}$로 나타낼 수 있다. 이를 자유도에 따라 근사한 F-통계량인 $F_2=\dfrac{2(sN+1)U^{(s)}}{s^2(2m+s+1)}$로 대체할 수 있다. 여기에 다시 $p\nu_H$, $s(\nu_E-\nu_H+s)$ 자유도를 적용하면 $F_3=\dfrac{[s(\nu_E-\nu_H-1)+2]\,U^{(s)}}{sp\nu_H}$가 되는데, 앞서 일반적인 상황으로 나타낸 $p\le\nu_H$일 경우에 F_3은 F_2와 동일해져 귀무가설은 기각된다.

(5) 각각의 검정과 T^2의 관계

$E^{-1}H$의 고유값 $\lambda_1>\lambda_2>\cdots>\lambda_s$의 조건에서 앞서 정리한 네 개의 통계량에 대한 비교를 살펴보고자 한다. 단, 여기서 $s=\min(\nu_H, p)$이다.

① Pillai : $V^{(s)}=\sum_{i=1}^{s}\dfrac{\lambda_i}{1+\lambda_i}$

② Lawley-Hotelling : $U^{(s)}=\sum_{i=1}^{s}\lambda_i$

③ Roy's largest root : $\theta=\dfrac{\lambda_1}{1+\lambda_1}$

④ Wilks' Λ : $\Lambda=\prod_{i=1}^{s}\dfrac{1}{1+\lambda_i}$

우리는 이미 논의에 앞서 p는 변수의 개수를, ν_H는 가설에 대한 자유도를, ν_E는 오차에 대한 자유도를 의미한다고 하였으며, 각 검정에서 $\nu_E\ge p$를 전제하였다. 결국 이 같은 동일한 상황 하에 귀무가설 기각 여부를 판단하는데, 왜 네 개의 상이한 검정이 필요할까? 먼저 그 해답을 제시하자면, 상이한 검정과정을 제시한 만큼 귀무가설의 기각 여부도 다르게 나타난다. 보다 구체적으로 $\nu_H=1$인 경우에 F_{p,ν_E-p+1}에 따르는 분포라고 한다면, 네 개의 검정통계량은 모두 $F=\dfrac{\nu_E-p+1}{p}U^{(1)}$로 변형

될 수 있다. 그러나, $\nu_H = 1$, $s = 1$인 상황에서 고유값 λ_1만이 0이 아닌 경우를 가정하고, 이를 Roy's largest root test의 θ로 재정리하면 각각 $U^{(1)} = \lambda_1 = \frac{\theta}{1-\theta}$, $V^{(1)} = \theta$, $\Lambda = 1-\theta$와 같이 상이한 것으로 나타난다.

$\nu_H = 1$일 때, 네 개의 모든 검정통계량은 Hotelling's T^2와 동등한 값을 가진다. 이를 위해 다음 관계식 $T^2 = (n_1 + n_2 - 2)U^{(1)}$을 설명해야만 하는데, 이는 T^2식에서 n_1과 n_2가 같지 않음을 H와 E의 식을 활용할 수 있다. 우리는 $H = \sum_{i=1}^{k} n_i(\overline{y_{i.}} - \overline{y_{..}})(\overline{y_{i.}} - \overline{y_{..}})' = \sum_{i=1}^{k} \frac{1}{n_i} y_{i.} y'_{i.} - \frac{1}{N} y_{..} y'_{..}$와 $E = \sum_{i=1}^{k} \sum_{j=1}^{n} y_{ij} y'_{ij} - \sum_{i=1}^{k} \frac{1}{n_i} y_{i.} y'_{i.}$를 이미 앞서 배운 바 있다. 여기서는 단지 두 개의 그룹만으로 구성된 경우를 통하여 $H = \sum_{i=1}^{2} n_i(\overline{y_{i.}} - \overline{y_{..}})(\overline{y_{i.}} - \overline{y_{..}})'$으로 표현할 수 있으며, 보다 간략히 나타내고자 다음과 같이 $H = \frac{n_1 n_2}{n_1 + n_2}(\overline{y_{1.}} - \overline{y_{2.}})(\overline{y_{1.}} - \overline{y_{2.}})'$으로 변형할 수 있다. 또, $c = \frac{n_1 n_2}{n_1 + n_2}$라 하면 $H = c(\overline{y_{1.}} - \overline{y_{2.}})(\overline{y_{1.}} - \overline{y_{2.}})'$이 되는데, 앞서 Lawley-Hotelling에서 $U^{(1)} = \lambda_1$을 다음과 같은 과정으로 나타낼 수 있다.

$$
\begin{aligned}
U^{(1)} = \lambda_1 &= tr(E^{-1}H) = tr\left[cE^{-1}(\overline{y_{1.}} - \overline{y_{2.}})(\overline{y_{1.}} - \overline{y_{2.}})'\right] \\
&= c\,tr\left[(\overline{y_{1.}} - \overline{y_{2.}})'E^{-1}(\overline{y_{1.}} - \overline{y_{2.}})\right] \\
&= \frac{c}{n_1 + n_2 - 2}(\overline{y_{1.}} - \overline{y_{2.}})'\left(\frac{E}{n_1 + n_2 - 2}\right)^{-1}(\overline{y_{1.}} - \overline{y_{2.}}) = \frac{T^2}{n_1 + n_2 - 2}
\end{aligned}
$$

결국, 두 그룹만을 나타낸 경우에서 $U^{(1)}$과 T^2 사이의 직접적인 관계 때문에 Lawley-Hotelling 통계량 $U^{(1)}$은 일반화된(generalized) T^2 통계량으로 불리기도 한다.

4) One-way MANOVA의 가설검정

유형별 가설검정 과정을 고려하여 다음 예제를 풀어보자.

예제) Andrews & Herzberg는 'A Collection of problems from many fields for the student and research worker'(1985)의 pp.357-360에서 다음과 같은 예제를 제시하였다.

Q1. 1918년부터 1934년까지의 기간에 걸쳐 사과나무들의 상이한 뿌리줄기와 수확을 관찰하였다. 이 가운데 여덟 그루 각각에 대한 여섯 개 뿌리줄기로부터 다음의 결과를 얻었다.

y_1= 4년간 줄기의 둘레 변화

y_2= 4년간 크기의 성장 변화

y_3= 15년간 줄기의 둘레 변화

y_4= 15년간 땅 위로 나온 무게

이를 토대로 4차원의 H와 E를 평균벡터로 나타내면 다음과 같다.

$$H=\begin{pmatrix}0.074 & 0.537 & 0.332 & 0.208\\ 0.537 & 4.200 & 2.355 & 1.637\\ 0.332 & 2.355 & 6.114 & 3.781\\ 0.208 & 1.637 & 3.781 & 2.493\end{pmatrix},\quad E=\begin{pmatrix}0.320 & 1.697 & 0.554 & 0.217\\ 1.697 & 12.143 & 4.364 & 2.110\\ 0.554 & 4.364 & 4.291 & 2.482\\ 0.217 & 2.110 & 2.482 & 1.723\end{pmatrix}$$

Wilks'Λ를 구하고, 5% 신뢰수준에서 귀무가설을 검정하여라.

A1. Wilks'Λ는 $\frac{|E|}{|E+H|}$로 이를 계산하면, $\frac{0.6571}{4.2667}=0.154$가 된다. 한편, 5% 신뢰수준에서 귀무가설 $H_0 : \mu_1 = \mu_2 = \cdots = \mu_6$은 다음과 같은 과정으로 얻을 수 있다. 우선, 변수 개수 $p=4$, 가설에 대한 자유도 $\nu_H = 6-1=5$, 잔차의 자유도 $\nu_E = 6(8-1)=42$이다. Wilks'Λ의 통계표를 활용해 Λ를 구하면, $\Lambda_{0.05,4,5,40}=0.455$가 된다. 결국 $\Lambda=0.154$보다 크기 때문에 귀무가설은 기각된다.

상기 예제를 Pillai, Lawley-Hotelling, Roy's largest root 등으로 각각 가설 검정하여 그 차이를 살펴보면 다음과 같다.

먼저 Pillai를 살펴보자. 이를 위해 네 개의 고유값을 $E^{-1}H$으로 다음과 같이 1.876, 0.791, 0.229, 0.026 산출할 수 있다. 여기서 $V^{(s)}$를 구하면, $V^{(s)}=\sum_{i=1}^{4}\frac{\lambda_i}{1+\lambda_i}=1.305$가 된다. 부분적으로 $s=\min(\nu_H, p)=4$, $m=\frac{1}{2}(|\nu_H-p|-1)=0$, $N=\frac{1}{2}(\nu_E-p-1)=18.5$ 등의 값을 얻어 Pillai의 통계량을 활용하면 $V^{(s)}_{0.05}=0.645$를 구할 수 있다. 결국, 귀무가설은 $V^{(s)}=1.305$보다 작기 때문에 기각된다.

다음은 Lawley-Hotelling으로 가설을 검정하기 위해 $U^{(s)}=\sum_{i=1}^{s}\lambda_i=2.921$을 구하고, 이를 활용해 $\frac{\nu_E}{\nu_H}U^{(s)}$의 검정통계량을 얻을 수 있다. 앞서 예제의 가설 및 잔차에 대한 자유도를 적용하면 그 값은 24.539가 된다. 신뢰수준 5%에서 Lawley-Hotelling 검정통계량에 따라 7.618을 얻어 귀무가설이 기각됨을 알 수 있다.

마지막으로 Roy의 통계량에서 θ를 구하면, $\theta=\frac{\lambda_1}{1+\lambda_1}=\frac{1.876}{1+1.876}=0.652$이 된다. 이를 5% 신뢰수준에 대한 Roy's largest root 통계표의 값 0.377과 비교하면 되는데, 통계표의 값보다 크기 때문에 귀무가설은 기각된다.

이처럼 앞선 예제에 따라 네 가지 방법으로 가설 검정을 실시한 결과, 모두 귀무가설이 기각되는 것으로 나타났다. 하지만, 상이한 검정방법과 제각각 다른 통계표를 활용한다는 점에서 그 차이를 이해할 필요가 있다.

연습문제

25. 다음은 어느 대학의 학과별 입학성적에 차이가 있는지를 알아보기 위해 대표적인 네 개 학과에서 각각 다섯 명씩 임으로 선정하여 평균과 표준편차를 기재한 표이다. 이 표를 통해 학과에 따라 입학성적의 차이가 있다고 할 수 있겠는가?(단, $\alpha=5\%$)

학과	입학성적	표준편차 ($\sqrt{\frac{1}{n-1}\Sigma(X_i-\overline{X})^2}$)
A	258	15
B	274	20
C	260	9
D	250	10

26. Wilks'Λ의 특성 정리 가운데 4.의 $E^{-1}H$을 고유값으로 나타내시오.

(특성 4.는 $E^{-1}H$의 고유값(eigenvalue) $\lambda_1, \lambda_2, \cdots, \lambda_s$ 관계로부터 $\Lambda=\prod_{i=1}^{s}\frac{1}{1+\lambda_i}$ 임을 나타낼 수 있다. 여기서 $E^{-1}H$은 절대로 0이 아닌 고유값이며, s는 H의 순서에 따라 $s=\min(p, \nu_H)$와 같이 극소값을 나타낸다는 내용이다.)

27. Roy의 통계량 θ를 $\theta=SSH(z)/[SSE(z)+SSH(z)]$으로 나타낼 수 있는지 보이시오.

28. $\Lambda=\frac{|E|}{|E+H^*|}$에서 귀무가설 $H_0:\overline{\mu}=0$의 Wilks' Λ 검정은 타당한지 보이시오.

29. Wilks'Λ에서 $\prod_{i=1}^{s}\frac{1}{1+\lambda_i}=\prod_{i=1}^{s}(1-r_i^2)$임을 보이시오.(단, $r_i^2=\lambda_i/(1+\lambda_i)$)

30. 12종류의 생선을 세 가지 요리 방식으로 준비한 후 향(y_1), 풍미(y_2), 데코레이션(y_3), 육즙(y_4) 등을 평가한 것이 아래 표이다. 다음 물음에 답하시오.

Method 1				Method 2				Method 3			
y_1	y_2	y_3	y_4	y_1	y_2	y_3	y_4	y_1	y_2	y_3	y_4
5.4	6.0	6.3	6.7	5.0	5.3	5.3	6.5	4.8	5.0	6.5	7.0
5.2	6.2	6.0	5.8	4.8	4.9	4.2	5.6	5.4	5.0	6.0	6.4
6.1	5.9	6.0	7.0	3.9	4.0	4.4	5.0	4.9	5.1	5.9	6.5
4.8	5.0	4.9	5.0	4.0	5.1	4.8	5.8	5.7	5.2	6.4	6.4
5.0	5.7	5.0	6.5	5.6	5.4	5.1	6.2	4.2	4.6	5.3	6.3
5.7	6.1	6.0	6.6	6.0	5.5	5.7	6.0	6.0	5.3	5.8	6.4
6.0	6.0	5.8	6.0	5.2	4.8	5.4	6.0	5.1	5.2	6.2	6.5
4.0	5.0	4.0	5.0	5.3	5.1	5.8	6.4	4.8	4.6	5.7	5.7
5.7	5.4	4.9	5.0	5.9	6.1	5.7	6.0	5.3	5.4	6.8	6.6
5.6	5.2	5.4	5.8	6.1	6.0	6.1	6.2	4.6	4.4	5.7	5.6
5.8	6.1	5.2	6.4	6.2	5.7	5.9	6.0	4.5	4.0	5.0	5.9
5.3	5.9	5.8	6.0	5.1	4.9	5.3	4.8	4.4	4.2	5.6	5.5

a. 네 종류의 MANOVA 검증을 활용하여 각 결과를 비교하시오.

b. η^2_Λ, η^2_θ, A_Λ, A_{LH}, A_P 등에 대한 각각의 값을 계산하시오.

연습문제 해설

25. 귀무가설을 모든 입학성적이 동일한 것으로 하여 다음과 같이 한다. $H_0: \mu_A = \mu_B = \mu_C = \mu_D$에 따라 F통계량을 구하여 검증한 결과,

$$F = \frac{S_B^2}{S_w^2} = \frac{498.\dot{3}}{201.5} \fallingdotseq 2.47 < F_{3,\,16,\,0.05} = 3.24$$가 된다.

따라서, 귀무가설을 기각할 수 없기 때문에 입학성적에 차이는 없다.

26. 우선 $\Lambda = \dfrac{|E|}{|E+H|}$ 식에서 $|E^{-1}|$을 분자, 분모에 각각 나타내면, $\dfrac{|E^{-1}||E|}{|E^{-1}||E+H|}$ 이 된다. 이를 풀면, $\dfrac{|E^{-1}E|}{|E^{-1}(E+H)|}$이 되고, $E^{-1}E$은 단위행렬(I)로 표현이 가능하므로 $\dfrac{|I|}{|I+E^{-1}H)|}$이 되는데, $E^{-1}H=\lambda$로 정의되기 때문에 $\dfrac{1}{\prod_{i=1}^{s}(1+\lambda_i)}$로 나타낼 수 있다.

27. 먼저 Roy의 통계량 θ는 $\theta = \dfrac{\lambda_1}{1+\lambda_1}$인데, λ_1에 대한 정의가 필요하다. 판별함수는 $z = a'_1 y$의 선형함수로 나타낸다. 이는 $i = 1,2,\cdots,k$에 대한 평균 $\bar{z}_i = a'_1 \bar{y}_i$의 차이가 극대화되는 값으로, 여기서 a_1은 극대화된 고유값 λ_1과 일치하는 $E^{-1}H$의 고유값이다. $SSH = n\sum_{i=1}^{k}(\bar{z}_{i.} - \bar{z}_{..})^2$에 의해 평균 사이의 차이를 측정할 수 있다. 따라서 λ_1에 의해 나타낼 수 있는 해당 비율의 최대값은 $\lambda_1 = \dfrac{SSH(z)}{SSE(z)}$이 된다. 이를 $\theta = \dfrac{\lambda_1}{1+\lambda_1}$에 대입하면, $\theta = \dfrac{\lambda_1}{1+\lambda_1} = \dfrac{SSH(z)}{SSE(z)+SSH(z)}$이 됨을 알 수 있다.

28. 귀무가설 $H_0 : \bar{\mu} = 0$이 채택될 경우 기대되는 평균자승은 $\bar{\mu}$와 일치한다. 일원 ANOVA에서는 $\sigma^2 + N\mu^2$이 되는데, 여기서 $\bar{\mu}$에 대한 평균자승은 MSE로 검정할 수 있다. 이는 H^*와 E를 활용하는 Wilks' Λ의 다변량 검정과 동일하다.

29. $r_i^2 = \lambda_i/(1+\lambda_i)$로부터 이 식을 λ_i로 정리하면, $\lambda_i = r_i^2/(1-r_i^2)$을 얻는다. 이를 $\prod_{i=1}^{s} \frac{1}{1+\lambda_i} = \prod_{i=1}^{s}(1-r_i^2)$식의 좌변 $1/(1+\lambda_i)$에 넣으면, 둘의 등식이 성립됨을 알 수 있다.

30. a. $E = \begin{pmatrix} 13.41 & 7.72 & 8.68 & 5.86 \\ 7.72 & 8.48 & 7.53 & 6.21 \\ 8.68 & 7.53 & 11.61 & 7.04 \\ 5.86 & 6.21 & 7.04 & 10.57 \end{pmatrix}$, $H = \begin{pmatrix} 1.05 & 2.17 & -1.38 & -.76 \\ 2.17 & 4.88 & -2.37 & -1.26 \\ -1.38 & -2.37 & 2.38 & 1.38 \\ -.76 & -1.26 & 1.38 & .81 \end{pmatrix}$에 대하여

$\Lambda = .224$, $V^{(S)} = .860$, $U^{(S)} = 3.08$, $\theta = .747$를 구할 수 있다.

b. 각각은 $\eta_\Lambda^2 = 1 - \Lambda = .776$, $\eta_\theta^2 = \theta = .747$, $A_\Lambda = 1 - \Lambda^{1/s} = .526$, $A_{LH} = .606$, $A_P = V^{(S)}/s = .430$이 된다.

제4장

구조방정식모형

우리는 앞서 신뢰성, 탐색적 요인, 회귀분석, 판별분석, 군집분석과 함께 일원다변량분산분석 등 사회과학 가운데 경영학에서 주로 다루고 있는 다변량분석의 기법을 개관하였다.

이번에는 상기 기법을 활용하는 구조방정식모형을 중심으로 학습하고자 한다. 이와 함께 요인과 변수들 간의 관계를 드러내는 역할을 하는 요인분석 가운데 확인요인분석과 2단계 접근을 살펴보고자 한다. 그리고 마지막 과정에서는 최근 연구에서 구조방정식모형이 어떻게 활용되고 있는지를 선행연구 사례를 통해 살펴볼 것이다.

본 장의 구성은 처음에 '전략적 의사 결정'이라는 주제로 구조방정식모형 개념과 특징, 연구절차 등을 개관하였다. 두 번째로는 구조방정식모형의 '2단계 접근'이라는 주제로 탐색 및 확인적 요인분석의 개념과 그 활용을 기술하였다. 따라서 앞선 장에서 등장시켰던 대부분 내용들이 반복될 수 있음을 유의하길 바란다. 마지막으로 '구조방정식모형의 활용'이라는 측면에서 사례 중심으로 접근, 독자들이 연구 과정에 반영시킬 수 있도록 노력하였다.

1 구조방정식모형의 연구절차

1) 구조방정식모형의 개요

구조방정식모형(Structural Equation Modeling)은 어떤 현상에 대한 체계적인 이론을 분석하는 다변량분석기법으로 가설검정(주로 확인적인)에 주로 사용되는 분석방법이다(김계수. '구조방정식모형 분석', 한나래 출판, 2007년).

구조방정식모형은 인과분석을 검증하기 위해 활용되며, 그 사용은 경영을 비롯해 행정, 사회, 교육 등 사회과학 모든 분야에서 활용도가 높다. 국내에도 개념이 정립된 서적과 논문이 다양하게 존재하는데, 본 책자는 독자들의 이해 제고의 취지에서 다시 한 번 기본적 개념에 접근하여 향후 연구 활동에 적극 활용될 수 있도록 한다는 측면으로 접근하였다.

구조방정식모형은 각 개념들 간에 적절한 관련성을 반영, 그 관계를 통계적으로 나타내는 시스템이다. 우리는 이 시스템 안에서 개념적 측면과 통계적 측면으로 구분, 각 요인들 상호간의 직접적 혹은 비직접적 관계를 포함한다. 그리고 궁극에 구조방정식모형의 잠재된 복잡성을 각각의 관계를 정리하여 분명하게 묘사한다(Hoyle과 Panter, 1995).

개념적 모형 및 통계적 모형의 묘사

1. **개념적 모형**(The Conceptual Model)
   구조방정식모형의 전체 시스템 안에서 각각의 의미를 효과적으로 제공하고자 사전에 동의된 개념에 따라 하나의 diagram은 이론적 예측을 위한 변환 과정을 거친다. 구조방정식모형의 실증연구에서 조작되어지는 개념들 사이의 관계로부터 그 특성이 부여되며, 명백하게 개념화된다(Tanaka, Panter, Winborne, 그리고 Huba, 1990).
2. **통계적 모형**(The Statistical Model)
   우리는 구조방정식모형에서 앞선 개념적 모형을 정리하는데, 여기서 그 관계가 유추되는 것은 아니다. 따라서 이를 검증하는 정확한 통계적 모형이 필요한데, 그 과정에서 우리는 경로도를 작성한다. 경로도는 검증되어야 할 가설을 설명하기 위해 이론적 근거에 따라 작성되어야 한다(Tanaka et al., 1990).

2) 구조방정식모형의 특징

구조방정식모형은 본래 계량경제학에서 개발되었고, 그 뒤로 심리학과 사회학에서의 측정 방향과 함께 진화하여 회귀분석이나 MANOVA까지도 평가하는 다변량 모형의 평가도구로까지 활용된다. 특히 경영 관련 학문적 연구는 물론 경영상의 의사결정 과정에서도 필수 도구로 각광받고 있다. 구조방정식모형의 이 같은 활용도에는 분명한 특징이 존재한다. 우리는 이들 특징을 다음과 같이 정리할 수 있다.

구조방정식모형의 특징

① 밀접한 관련이 있는 다중의 종속관계를 수용
② 직접 측정하지 않은 변수의 포함이 가능
③ 통계적 평가의 개선

(1) 밀접한 관련이 있는 다중의 종속관계를 수용

구조방정식모형과 다른 다변량 분석 기법의 가장 큰 차이는 각각의 종속변수 구성에서 별도의 관계를 이용할 수 있다는 것이다. 즉, 구조방정식모형은 통계 프로그램에 의한 모형 명시와 함께 독립적으로 다중 회귀방정식을 동시에 평가할 수 있다. 예를 들어 어떤 상품의 이미지와 그 만족도를 예측하기 위한 연구를 가정해 보자. 우리는 여기서 사전적 경험과 이론 체계를 고려하여 연구 목적에 부합하는 구조방정식모형을 설정한다. 모형 안에서 우리는 이미지 예측 후에 만족도를 예측할 수 있을 뿐만 아니라 그 상품의 충성도 예측을 추가로 수행할 수 있다.

(2) 직접 측정하지 않은 변수의 포함이 가능

구조방정식모형에는 측정되지 않은 변수를 분석에 포함시키는 특징도 있다. 측정되지 않은 변수는 식별 불가능한 개념으로 식별 가능하거나 측정 가능한 다른 변수들에 의해 계산될 수 있음을 가설로 제시하여 모형에 포함시킬 수 있다. 그런데 왜 다양한 방법을 통해 얻어낸 식별 가능한 변수(manifest variables) 대신에 측정하지 않은 변수를 사용할까? 이는 모형 자체의 통계적 평가를 개선하는 동시에 이론적인 개념을 더 잘 나타낼 수 있기 때문이다. 특히 측정 오차의 설명력을 개선시켜 실질적으로 이론적인 정당화를 가능하게 할 수 있다는 점에서 그 유용성은 높이 평가된다.

(3) 통계적 평가의 개선

앞서 언급된 사항 가운데 통계적 평가의 개선 효과는 하나의 특징으로 분리하여 설명할 수 있다. 우리는 일반적인 회귀모형에서 신뢰도를 언급할 때 독립변수에 오차가 없거나 최소화되는 정도를 말하며, 이때 이론상으로 예측변수의 신뢰도를 높이는 것을 모형에 대한 평가의 개선이라 한다. 그런데 우리는 대부분 다변량 분석모형에서 변수에 오차가 없다고 가정해 이러한 통계적 평가의 개선을 축약한다. 예를 들어, 가계 소득과 관련한 설문에 대해 사람들은 더 많게 혹은 더 적게 말하거나 정확히 잘 몰라서 대답을 부정확하게 할 수 있음을 암묵적으로 인식한다. 그러나 해당 응답을 분석 모형에 적용할 때 그 변수의 계수가 측정 오차를 가지지 않는다고 가정해 최종적인 평가가 왜곡되는 결과를 초래한다.

측정 과정에서 발생하는 오차로 인한 신뢰도 저하와 관련하여 구조방정식모형은 회귀계수를 $\beta_{y \cdot x} = \beta_s \times \rho_x$과 같이 나타낸다. 여기서 $\beta_{y \cdot x}$는 관찰된 회귀계수이며, 이는 오차가 제거된 구조적 계수(β_s)와 예측 변수의 신뢰도(ρ_x)로 구성됨을 알 수 있다. 따라서 신뢰도가 100%가 아니라면 관찰된 상관관계는 항상 과소평가 될 것이다. 모든 종속 관계는 관찰된 상관관계를 기반으로 하기 때문에 그 모형에 사용하는 상관관계를 보다 강화하려 한다. 결국 구조방정식모형에서는 측정과 관련된 문제에 기여하는 상관관계를 설명하면서 보다 정확하게 구조적 계수를 평가할 수 있다.

구조방정식모형은 측정 모델 제공과 함께 측정수준(measure level)의 변수와 직접 측정하지 않은 변수 사이의 관련성에 대한 규칙을 명시한다. 측정 모델은 연구자가 하나의 독립적이거나 종속적인 개념에 대해 하나 이상의 변수를 사용할 수 있도록 하며, 신뢰도 측정을 가능하게 한다. 예를 들어 종속변수는 몇 가지 질문의 구성에 의해 나타나는 개념이라 할 수 있다. 측정 모델 이용을 통해 종속변수와 독립변수 사이의 관계에 대한 평가에 신뢰도를 포함시킬 수 있으며, 각 크기 항목의 기여도를 평가할 수도 있다. 이 과정은 크기 항목의 요인분석 수행과 회귀에서의 요인 점수를 사용하는 것과 유사하다.

상기 언급된 장점으로 인해 우리는 구조방정식모형에 매료될 수 밖에 없는 것이다. 그러나 구조방정식모형은 상당히 많은 변량이 존재할 수 있는 기법이기 때문에 다양한 분야로 적용되는데 있어서 이론적 기반이 미약할 경우에 무엇이 모형을 구성하는 주요 요인인지 확신하지 못할 수 있음을 항상 인식하여야 한다.

3) 구조방정식모형의 경로도

단순한 연구모형 예로 가계의 소득과 소비 관계를 고려해 보자. 일반적으로 소득은 소비에 대한 직접적 영향요인으로 인과관계(causal relation)를 형성한다. 그러나 연구모형의 구축 과정에서 가계 소비는 이처럼 단순하지만은 않다. 가계가 보유한 자산, 대출 등 여러 요인들이 소비에 영향을 미칠 수 있기 때문이다. 그렇다면 그 관계를 어떻게 나타낼 수 있을까?

인과관계의 성립 조건

① 결과변수에 대한 원인변수의 시간적 선행
② 변수 간 미세한 관계의 중요도는 배제 가능
③ 대체로 개방석 관계임을 고려
④ 인과관계에서 결과를 초래하는 원인의 다양성을 고려
⑤ 이론의 완전성보다는 확률적 접근에 집중
⑥ 많은 외생변수가 존재할 경우 이를 통제할 필요

우리는 구조방정식모형에서 밀접한 관련성을 가지는 변수들 간의 인과관계를 더 쉽게 묘사하도록 그림으로 나타내는데, 이를 경로도(path diagram)라 한다. 그리고 그 경로도 안에서 직선으로 된 화살표는 독립변수가 종속변수에 미치는 영향을 나타내며, 곡선으로 된 화살표는 다변량 회귀분석에서와 같이 변수간의 상관관계를 반영한다. 구조방정식모형을 토대로 경로도 작성 시에 표기 방법과 인과관계의 표시 방법을 다음에 작성하였다. 이미 그 활용에 익숙하더라도 다시 한 번 더 확인하기를 바란다.

〈참고〉 구조방정식모형 표기 방법

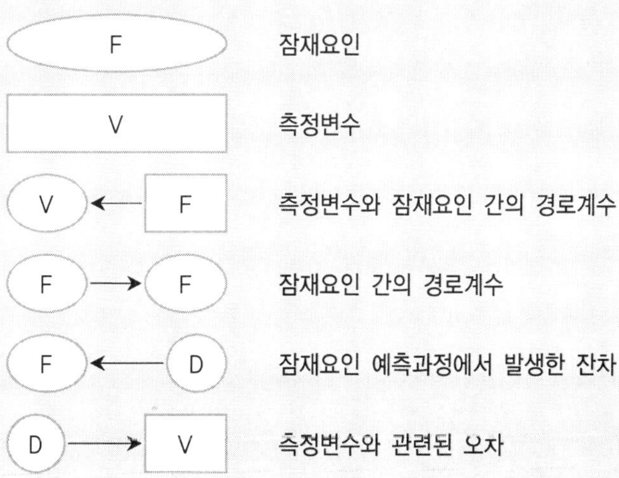

(김계수. '구조방정식모형 분석' p. 115, 한나래 출판, 2007)

〈참고〉 인과관계 표시 방법

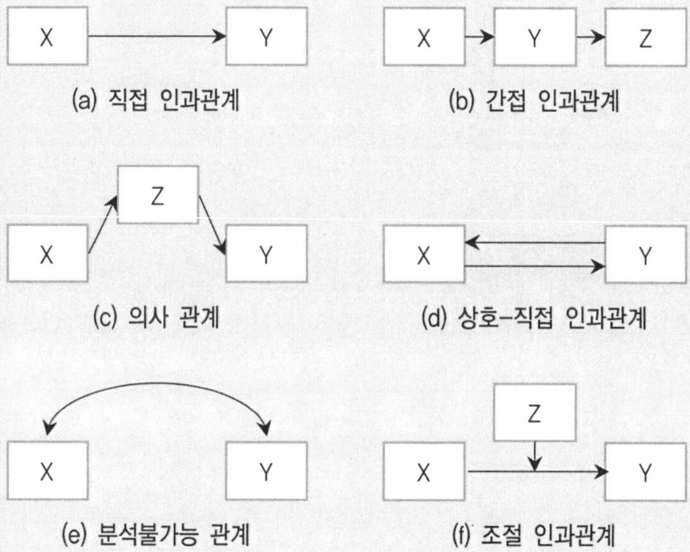

(김계수. '구조방정식모형 분석' p. 112, 한나래 출판, 2007)

경로도의 목적은 무엇일까? 경로도는 경로분석의 기본이며, 여기서 묘사된 각 관계의 강도를 파악하는 실증적 평가 절차이다. 경로분석은 상관관계나 공분산 매트릭스만을 투입요소로 사용, 각 관계의 강도를 계산한다. 임의 두 변수에 대한 단순 상관관계는 이들을 연결하는 복식 경로의 총합이며, 이는 다음의 세 가지 규칙에 근거한 화살표의 경로이다.

복식 경로의 규칙

1. 화살표는 전진 후에 다시 뒤로 올 수 없다. 다만, 경로의 전진에 앞서 필요한 만큼 뒤로 움직일 수 있다.
2. 경로는 같은 변수를 통해 1회 이상 통과할 수 없다.
3. 경로는 하나의 곡선으로 된 화살표만 가질 수 있다.

4) 구조방정식모형의 연구절차

구조방정식모형의 본질은 구조화와 함께 측정모형을 사용함으로써 각각의 구별된 역할을 전반적인 분석에서 동시에 사용한다는 점에 있다. 두 모형이 모두 정확히 명시되고 그 결과가 유효하다는 것이 확실하다면 우리는 다음의 절차대로 진행할 수 있다.

구조방정식모형의 연구절차

1. 이론에 기반한 모형의 개발
2. 인과관계의 경로도 구축
3. 경로도의 구조화와 그에 따른 측정 모형의 전환
4. 입력 유형을 선택하고, 제안된 모형을 측정
5. 모형의 분석과 그 평가
6. 적합도 기준 평가
7. 모형 해석 및 추가 수정, 선택

상기에 개관한 구조방정식모형에 대한 연구절차를 단계별로 다음과 같이 기술하였으니 참고하기 바란다.

(1) 이론에 기반한 모형의 개발

구조방정식모형은 한 변수의 변화가 다른 변수의 변화를 발생시키는 인과관계에 기반한다. 인과관계는 다양한 형식과 수단을 취한다. 연구자가 두 변수 사이의 인과관계를 가정할 수 있는 강도와 확신은 선택한 분석적 방법에 있는 것이 아니라 분석을 지원하기 위한 이론적 정당화에 있는 것이다. 일반적으로 인과관계를 주장할 수 있게 만드는 최소 네 개의 기준이 있는데, 이는 앞서 언급한 인과관계의 성립조건 여섯 개를 다시 한 번 다음과 같이 정리한 것이다. 첫째, 두 변수 사이의 충분한 연관성이 있어야 한다. 둘째, 시간상 원인이 효과보다 선행해야 한다. 셋째, 대체할 인과 변수의 부족이다. 그리고 마지막으로 관계에 대한 이론적 기반이 있어야 한다.

실제로 많은 사례에서 인과관계를 주장하기 위해 정립된 기준이 엄격하게 충족되지는 않지만, 그 관계가 이론적 근거에 기반한다면 인과관계의 주장을 만드는 것은 가능하다고 이해한다. 그러나 논의하는 기법들에 대한 이론적 관점을 배제하고 그 자체만으로도 인과관계를 증명한다고 판단하는 것에 대해서는 주의해야 한다. 왜냐하면 이 기법늘을 활용하여 적절한 결과를 도출하는 경우보다 단순한 탐구의 방법으로 사용하는 것은 효력이 없이 인과관계에 대한 오해를 불러오는 경우가 더 많아지기 때문이다.

한편, 이론에 기반한 모델을 개발하는 것에서 가장 중요한 오류는 하나 이상의 중요 예측변수를 누락하는 지정오차이다. 예를 들어, 2개의 변수 a와 b가 c의 예측변수라고 가정하자. 만약 a와 b를 둘 다 분석에 포함시켰다면 그것들의 계수에서 나타난 상대적 중요성에 대해 정확한 평가를 할 수 있지만, 만약 b를 분석에 포함시키지 않았다면 a에 대한 계수는 다르게 나타날 것이다. 이와 같이 임의로 변수를 누락시키는 것은 다른 변수들의 중요도 평가에 편견을 가지게 할 수 있음을 우리는 유의하여야 한다.

(2) 인과관계의 경로도 구축

인과관계를 묘사하는 경로도에 대하여 앞서 언급하였는데, 우리는 경로도가 연속적인 인과관계를 묘사하는데 효과적임을 알고 있다. 아울러 경로도는 종속변수와 독립변수 사이의 예측적인 관계만을 나타내는 것이 아니라, 그 구조와 지표 중의 상관관계도 표현할 수 있다. 따라서 그 관계를 시각적으로 묘사한 것만이 아닌 각 관계의 종류를 표현하는 간결한 방법임을 인식할 필요가 있다.

다음 단계로 진행하기에 앞서 추가적으로 경로도에서 구조를 구별하는데 도움이 되는 용어들을 알아볼 필요가 있다. 경로도에서 모든 구조는 내생과 외생으로 분류되는데, 본래의 변수와 독립변수로 알려져 있는 외생 구조는 모델에서 어떤 다른 변수에 의해서도 변화되거나 예측되지 않는다. 그러나 내생 구조는 하나 이상의 구조에 의해 예측이 가능하다. 결국 이 둘의 차이로부터 내생 구조는 다른 구조의 예측을 가능하게 하지만, 외생 구조는 내생 구조에 연계시켜서만 원인이 될 수 있다. 이러한 차이를 나타내는 내생과 외생의 구분은 회귀분석에서 독립변수인지 종속변수인지를 결정하는 것처럼 연구자의 몫이라 할 수 있다.

(3) 경로도의 구조화와 그에 따른 측정모형의 전환

구조방정식모형은 요인분석과 회귀분석을 적절하게 조합하여 여러 변수들 간에 관계를 동시에 분석한다. 이러한 특징에 따라 구조방정식모형은 이론모형과 측정모형으로 나타낼 수 있다.

우리는 앞서 독립변수와 종속변수의 관계를 고려해 연결한 것을 경로도라 하였고,

이를 경로모형 혹은 이론모형이라 한다. 이러한 이론모형에 따라 독립변수와 종속변수를 관련시키는 것은 기존의 이론, 사전 경험, 혹은 지식이 풍부한 경험자들에 의존한다. 이론모형 구축에 따라 경로도를 묘사하였다면, 연구자는 더 공식적인 용어로 이를 전환하여야 한다. 이는 ① 구조를 연결하는 구조방정식, ② 어떤 변수가 어떤 구조를 측정하는지 명시하는 측정모형, ③ 가설로 세워진 구조들이나 변수 가운데 상관관계를 나타내는 하나의 구성으로 이루어진 매트릭스들을 정의하는 연속적 방정식을 구축하여야 함을 의미한다. 이러한 과정은 구조의 조작적 정의를 실질적 근사치 검증에 대한 이론으로 연결하는데 목적을 둔다.

측정모형은 어떤 변수들이 각 요인을 서술하는지에 대해 요인분석을 통해 어떠한 구조를 명시하는지 연구자가 통제할 수 있는 변환 과정을 의미한다. 우리는 응답자들로부터 얻은 관찰 가능한 변수를 측정모형 상에서 지표라 하는데, 이들은 다시 잠재 요인들을 측정하거나 나타낼 때 사용할 수 있다.

〈참고〉 구조방정식모형에서 이론모형과 측정모형의 반영

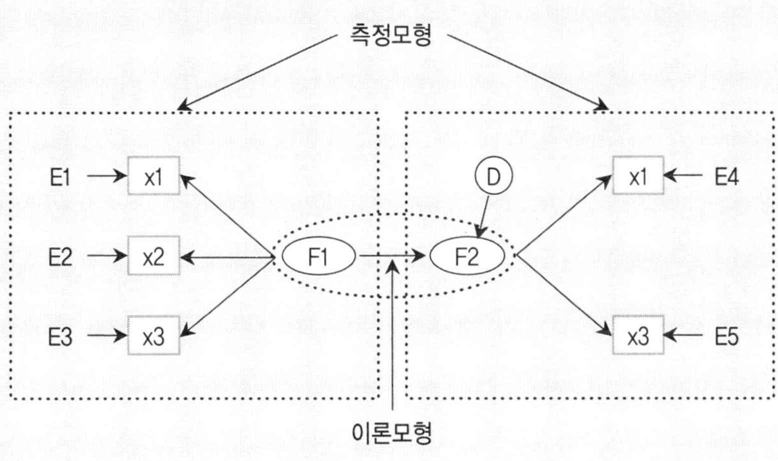

(김계수. '구조방정식모형 분석' p. 114, 한나래 출판, 2007년)

그렇다면 하나의 구조 속에 몇 개의 지표를 사용하여야 할까? 일반적으로 하나의 구조에서 지표는 최소 한 개가 있을 수 있다. 그러나 하나의 지표를 사용하는 것은 연구자에게 신뢰도 부문에서 문제를 야기할 수 있다. 아울러 두 개의 지표를 사용하는 경우에도 연구 의도와 달리 모호한 분석결과를 도출할 확률을 증가시킬 수 있다.

따라서 한 구조 속에는 3개 이상의 지표를 사용하는 것이 선호되며, 대부분 연구에서는 구조 속에서 지표의 개수에 대한 이론적 상한선이 존재하지 않기 때문에 5~7개의 지표를 반영한다.

측정모형이 명시되면 연구자는 지표 개수 결정과 관련하여 그 신뢰성을 제공할 필요가 있다. 이러한 신뢰성 확인을 위한 방법에는 실증적인 측정 혹은 연구자에 의한 설명 등 두 가지가 있다.

신뢰성 확인
(1) 실증적인 측정
(2) 연구자에 의한 설명

먼저 실증적인 신뢰성 평가에 대하여 살펴보자. 실증적인 신뢰성 평가는 구조가 둘 이상의 지표를 가질 경우에만 가능하다. 실증적 평가에서 연구자는 각 지표가 완벽하게 예측될 수 없기 때문에 해당 지표 변수에 대한 오차항과 함께 경로를 명시한다. 그리고 분석 결과 도출된 계수로부터 지표와 함께 전체 구조에서의 신뢰성을 판단할 수 있게 된다. 다만, 전체 모형을 평가하는 신뢰도에는 아무 영향도 미치지 않음을 유의하여야 한다.

이와 달리 만약 하나의 지표를 가진 구조라면 실증적 측정 이외에 어떠한 방법이 있을까? 앞서 신뢰성 확인의 두 개 카테고리 가운데 두 번째 항목인 연구자에 의한 설명이 그 방법으로 다르게 표현하면 '연구자의 신뢰도 명시'가 가능할 수 있음을 의미한다. 구조방정식모형에서 임의 지표에 대한 신뢰성 명시는 그 것의 목적에 반대된다고 볼 수도 있지만, 다음의 세 가지 상황에 기반한다면 가능하다.

첫째, 일반적인 단일 항목 측정에서는 실증적 신뢰성 평가가 불가능하지만, 연구자가 측정 오차의 존재를 인지하는 경우 지표에 측정 오차가 없다는 측면에서 신뢰성을 1로 고정할 수 있다. 다만, 데이터 수집 과정에서 발생한 오차의 존재라면, 이것은 완전히 잘못된 것이어서 예외가 된다. 예를 들어, 성별의 경우는 설문 기입 과정에서의 오류만 아니면 거의 100% 완벽하지만, 가계소득에 대한 조사 과정에서는 설문 대상자의 주관적 편견과 제시된 답안의 금액 범위에 따라 상이한 접근이 이루어져 오류를 발생시킬 수 있다. 따라서 연구자는 지속적으로 신뢰성 평가를 해야 하고, 해당되는 단일 항목 지표를 명시해야 한다. 한편, 전체 규모의 신뢰성을 정하는 중에 생긴 변동은 단계화된 절차를 수반하여야 하는데, 이는 대체로 Hayduk(1987)에 의해 지지되는 접근법이다.

둘째는 지표가 광범위하게 사용되어 다른 연구 사례로부터 그 신뢰도를 알 수 있는 경우이다. 연구자는 이전 연구에 광범위하게 검증된 자료의 크기 및 그 측정치를 자주 사용한다. 만약 이들을 사용하는 목적이 이전 연구에서 발견된 효과의 반영이라면, 신뢰도는 이전에 정해진 수준에서 고정할 수 있다. 연구자는 신뢰도 고정을 통해 지표는 물론 구조에 대한 구체적 의미를 유지하며 통제가 가능하다. 결국 연구자가 구조의 통제를 유지하기 위해 신뢰도를 명시할 수 있는 하나의 경우가 되는 것이다.

마지막으로는 측정모형이 요인분석처럼 측정되었을 때와 구조모형이 측정되었을 때의 두 개의 단계로 구분하여 접근하는 방법이 있다. 즉, 단계에 따라 먼저 신뢰도를 평가하고, 이후의 측정 과정에서 명시하는 방법인 것이다. 이러한 단계별 접근의 이유는 정확한 지표의 신뢰도를 표현하는 것이 대부분 두 번째 단계에서 잘 이루어지기 때문이다. 그리고 무엇보다도 측정 시에 구조 안에서 혹은 구조 간의 효과를 살펴보고자 할 때에 잠재적 요인을 고려, 불필요한 상호작용으로 인해 발생할 수 있는 결과의 해석에서 혼란을 배제할 수 있기 때문이다. 단계별 분석은 모형이 강한 이론적 근거를 따르는 동시에 높은 신뢰도를 가질 때 최적의 접근법이다. 그러나 측정의 신뢰도가 낮거나 이론이 다소 모호한 상황이라면 연구자는 구조모형과 측정모형 모두에서 가능성을 열어 놓고 각 단계로부터 접근하는 방법을 고려해야 한다. 최근까지도 이러한 접근의 차이는 그 타당성, 개념, 실증적 측면에서 연구의 정당성에 대한 중요한 논의를 제기하고 있다.

(4) 입력 유형을 선택하고, 제안된 모형을 측정

우리는 통계패키지에 부합하는 자료의 입력 방법을 선택하여야 한다. 이 때 한 가지 유의할 것은 설문 과정에서 발생할 수 있는 무응답 문항의 처리인데, 흔히 사용되는 AMOS 프로그램에서 이와 관련한 옵션 단추를 활용할 수 있다. 그렇다면 자료의 입력 방법으로 돌아와 그 종류를 살펴보면 다음과 같다.

우선 비표준화 자료의 입력으로 측정단위가 표준화 되어 있지 않은 경우 공분산 행렬을 이용한다. 다만, 측정단위와 무관하게 상이한 단위로 나타낸 측정값을 가지고 분석할 경우에 이용되는 자료 입력이다. 우리는 공분산 행렬을 이용, 연구의 비교 목적과 미지수 계산에 안정적 결과를 얻으며 의사 전달에 효율성을 반영할 수 있다. 그 반대로 표준화 자료 입력이 있다. 표준화 자료의 활용은 분석결과 나타낸 계수의 상호비교를 가능하게 하도록 상관행렬을 이용한다. 우리는 상관행렬을 통해 하나의 모형 안에서 상이한 변수들 간에 효과를 비교할 수 있다.

(5) 모형의 분석과 그 평가

상기 과정 이후 모형을 분석하는데, 이때 해당 모형에 대한 가치를 평가할 필요가 있다. 이를 모형인정(model identification) 단계로 표현한다. 구조방정식모형을 활용한 분석에서 우리는 측정모형의 신뢰성 및 타당성을 제고하기 위해 요인들 간에 모수들이 인정되는지를 알 수 있게 된다.

이때 등장하는 모형의 문제점은 다음과 같다. 첫째, 경로계수의 표준오차가 일반적으로 2.5 이상인 경우의 문제이다. 둘째, 오차의 분산이 음(−)의 값을 가지거나 추정치가 큰 경우(heywoodcase)의 문제이다. 셋째, 추정된 상관계수가 1에 근접하여 이상하게 크다고 판단되는 문제이다.

이러한 문제로부터 모형의 인정을 높이기 위해 이론적 틀 안에서 다음과 같은 전략을 고려할 수 있다. 첫째, 변수 혹은 요인들 간에 불필요한 경로로 판단되는 경로의 계수를 0으로 고정시킬 수 있다. 둘째, 추정할 경로계수를 감소시킴으로서 자유도를 증가시킬 수 있다. 셋째, 잠재 요인에 대한 오차분산을 0.005 이하의 값으로 고정시킬 수 있다. 마지막으로 문제가 있다고 판단되는 변수를 제거할 수 있다.

(6) 적합도 기준 평가

모형과 실제 공분산 자료 사이의 일치하는 정도를 평가하는 과정이 적합도 평가이다. 기본적으로 표본자료의 특성과 이론적 특성이 일치하는 정도에 따라 우리는 적합도를 판단하게 된다. 이때 측정변수가 제공해 주는 정보의 수가 추정될 모수의 수보다 최소한 같거나 많아야 함을 필요조건으로 제시한다. 추정될 모수의 수가 정보의 수와 같은 경우를 포화모형(satured model), 큰 경우를 간명모형(overidentified model)이라 한다. 반면에 모수의 수가 큰 경우를 부정모형(unidentified model)이라 하는데, 이때 자유도가 음(−)의 수치를 보이게 된다. 각 관계를 정리하면 다음과 같다.

> 자유도 : $d.f$ = 정보의 수(s) - 미지수(t) = $k(k+1)/2 - t$
>
> | | | | |
> |---|---|---|---|
> | | 〉 | | ⇒ 간명모형 |
> | 정보의 수 | = | 미지수 | ⇒ 포화모형 |
> | | 〈 | | ⇒ 부정모형 |

우리가 구조방정식모형을 분석하는 AMOS에서 그 관계가 출력되며, 기본적으로 절대적합지수(absolute fit measures), 증분적합지수(incremental fit measures), 간명부합지수(parsimonious fit measures) 등이 그 것이다.

절대적합지수는 모형의 전반적 부합도를 평가하는 대표적 지수로 카이제곱(χ^2), 적합도지수(Goodness of Fit Index : GFI 또는 r), 조정된 적합지수(Adjusted GFI), 평균제곱잔차제곱근(Root Mean-Square Residual : RMSR, 개략오차평균제곱의 제곱근(RMS Error of Approximation : RMSEA) 등이 있다.

먼저 자료가 정규분포를 이룬다는 근거 하에서 카이제곱(χ^2) 결과를 살펴볼 수 있다. 만약 χ^2의 통계치가 클 경우에 적합도가 좋지 않아 모형이 통계적으로 기각될 가능성을 반영한다. 다만, χ^2은 표본의 크기가 커지면 아주 작은 편차도 통계적으로 유의해져 모형의 적합도에 대한 귀무가설을 기각할 가능성이 커진다. 그 대안으로 Q값을 사용하는 경우가 있는데, 산식 $Q = \frac{\chi^2}{df}$에 대하여 결과가 3 이하이면 모형이 적합하다고 본다(Wheaton et al.,1977).

> χ^2을 활용한 검정통계량과 가설설정
>
> $$\chi^2 = (N-1)(S-\Sigma)$$
>
> (N=표본의 수, S=표본 공분산 행렬, Σ=구조모형에서 추정된 공분산 행렬)
>
> H_0: 모형은 모집단 자료에 적합하다. 또는 $\Sigma = \Sigma(\theta), p > \alpha = 0.05$
>
> H_1: 모형은 모집단 자료에 적합하지 않다. 또는 $\Sigma \neq \Sigma(\theta), p < \alpha = 0.05$
>
> (Σ=모집단 공분산, $\Sigma(\theta)$=특정 모형에 의해 제안된 공분산 행렬)

적합도지수는 대체로 0.9 이상인 경우 좋은 모형으로 판단되며, 산출식은 $GFI=$

$1-\frac{오차변량}{전체변량}$으로 나타낸다. 조정된 적합지수도 0.9 이상인 경우 좋은 모형으로 이해할 수 있으며, $AGFI=1-\frac{(p+q)(p+q+1)}{2\times df}(1-GFI)$로 나타낸다. 여기서 p는 독립변수의 수, q는 종속변수의 수를 나타내며, 자유도에 의해 조정된 것을 의미한다. 관찰행렬과 추정행렬 사이의 잔차평균을 나타내는 평균제곱잔차제곱근은 그 결과가 0.05와 0.08 사이에서 적당한 모형임을 반영한다. 그리고 개략오차평균제곱의 제곱근은 앞서 χ^2 한계를 교정하기 위한 것으로 RMSR과 같은 결과에서 모형의 적합도를 나타낸다.

다른 방법으로 논의되는 증분적합지수는 기초모형에 대한 제안모형의 부합도를 평가하는 지수이다. 대표적으로 비표준적합지수(Non-Normed Fit Index : NNFI)는 다음의 산식 $NNFI=\frac{\chi_0^2/df_0-\chi_p^2/df_p}{\chi_0^2/df_0-1}$에서 기초모형과 제안모형 차이를 나타내는 분자와 기초모형에서 1을 차감한 분모와의 비율로 그 값이 0.9보다 클 경우 모형이 적합하다고 할 수 있다. 이 외에 표준적합지수(Normed Fit Index : NFI), Delta2 등이 모형의 적합도를 측정하는 증분적합지수에 해당된다.

마지막으로 간명적합지수가 있는데, 이는 모형에서의 복잡성 및 객관성의 상이성을 비교하는 지수이다. 대표적으로 간명기초적합지수(Parsimonious Goodness-of-Fit Index :PGFI)는 $PGFI=[2df/p(p+1)]GFI$의 산식이 이용되며, 그 값이 커질 때에 모형이 적합함을 의미한다. 그리고 표준적합지수를 수정한 간명표준적합지수(Parsimonious Normed-of-Fit Index :PNFI)가 있는데, 그 산식은 $PNFI=\frac{df_p}{df_0}\times NFI$로 모형의 적합도를 위한 결과값은 0.6 이상에서 권장되어진다. 이외에 아카이케정보기준(Akaike Information Criteria : AIC)이 있는데, 이는 평가모형의 검정통계량(χ^2)과 자유모수의 수에 두 배한 값을 더했을 때 0에 근접할수록 모형적합도가 높다고 판단하는 지표이다.

(7) 모형 해석 및 추가 수정, 선택

위에서 언급된 모형의 평가 과정 이후에 우리는 그 결과를 해석하게 된다. 이는 우리가 분산분석표를 통해 회귀모형 유의성을 판단하고 나서 변수의 유의성을 t-값으로 판단하는 절차와 일치한다. 다만, AMOS를 활용한 구조방정식모형의 t-값은 c.r(critical ratio)로 나타냄을 유의하여야 한다.

모형을 해석하였다면, 향후 해당 모형은 연구자가 관련 분야에서 지속적인 예측모형으로 활용할 수 있음을 의미한다. 따라서 추가 수정 과정을 거쳐 선택하는 과정이 마지막 절차가 된다.

5) 무응답치와 이상치의 분석

구조방정식모형에서 설문은 분석을 위해 꼭 거쳐야 할 과정이다. 따라서 분석 의도와 부합하는 설문지 작성을 위해 연구자는 부단한 노력을 기울이게 된다. 그러나 노력을 기울인 설문지 작성에도 불구하고, 설문조사 결과에서 무응답치(missing data)와 이상치를 발견하게 된다.

(1) 무응답치의 진단과 처리

무응답치는 대체로 의도적인 답변 회피 혹은 설문의 이해 불가가 주요 원인이다. 우리는 무응답치에 대하여 간혹 대수롭지 않다고 판단하고, 이와 관련한 변수와 개체를 제거하는 경우가 많다. 이는 연구 의도를 훼손하는 적절하지 못한 대응이 될 것이다. 분석 과정에서 이와 같은 무응답치는 두 개의 상이한 형태로 나뉜다.

일반적으로 무응답치 형태는 MAR(missing at random)과 MCAR(missing completely at random)의 두 경우로 무응답치의 무작위성과 관계가 있다. 우리는 무응답치의 이러한 형태에 따라 무작위성을 진단해야만 한다. 예를 들어 x와 y의 두 문항을 가지고 설문을 실시한 결과를 토대로 각각의 경우에 따라 무작위성을 진단하면, 다음의 세 가지 경우로 분류가 가능하다.

첫째, x에는 무응답치가 없었으나, y에 무응답치가 발견되었다고 하자. 무응답치가 발견된 y문항에서 유효표본과 함께 무응답 표본을 구분하여 본래의 연구의도에 따라 관련된 다른 변수의 통계적인 유의성을 검정할 수 있다. 이때 두 표본에서 통계적 유의성이 나타나면 무응답치의 무작위성은 낮은 것으로 판단이 가능하다. 둘째, 무응답치가 두 변수에서 발견된 경우 상관관계를 파악하여 각 변수에 대한 무응답치의 관련성을 판단한다. 즉, 각 변수들 간에 무응답치들의 상관성 정도를 통해 무작위성을 평가하는 방법인 것이다. 상관계수의 결과가 높은 경우에 우리는 MAR로 이해할 수 있지만, 대부분 변수 사이에서 무응답치에 대한 무작위성은 MCAR의 형태를 보임을 알 수 있을 것이다. 마지막으로 MCAR의 형태를 확인하기 위해 기대되는 변수의 응답과 무응답치를 비교하는 방법이 있다.

이처럼 무응답치에 대한 무작위성을 진단하였다면 우리는 연구의도에 맞춰 그 처리에 대하여 고민하게 된다. 무응답치 처리의 방법은 크게 세 가지로 구분된다. 첫째, 무응답치가 있는 부분을 다른 값으로 변환하여 모든 정보를 이용하는 경우이다. 이때 한 가지 고려할 것은 변수가 양적인 척도인 경우 적합한 방법으로 질적인 척도에서는 문제가 있음을 유의하여야 한다. 둘째, 변수 또는 개체의 제거 방법이 있는데, 이는 이후 분석에서 문제가 있다고 연구자가 판단할 경우 변수 혹은 개체를 분석에서 제외시키는 방법이다. 마지막으로 무응답치의 교체가 있는데, 설문 대상에 표함된 어느 개체의 무응답치가 많은 경우 다른 개체로 교체하는 경우가 대표적이다. 이 밖에 유효 응답자에 근거한 평균을 무응답치에 입력하거나, 사전 연구 혹은 외부 자료에 의존한 특정값으로의 교체 방법, 다른 변수와의 관련성에 근거하여 무응답치를 예측하는 회귀분석 방법 등 다양한 방법이 존재한다.

무응답치의 처리 방법

방법	특징	장점	단점
목록 삭제	응답거부 개체 삭제	간편	표본수 대폭 감소
한 쌍 삭제	응답 제외 변수만 제거	무응답치만 제거	구조방정식 분석 불가능
평균 대체	해당 변수 평균값 대체	간편	무응답의 원인 규명 난해
SPSS 회귀대체	최대우도법에 따른 선형조합	변수 간 실제적 파악	계산방법 난해
통계적 회귀대체	최대우도법에 의한 여러회 반복 시행	다양한 data set의 확보 가능	구조방정식 결과의 차이 발생
베이지안 대체	통계적 회귀대체와 유사하나 알려져 있지 않은 모수만 계산	다양한 data set의 확보 가능	구조방정식 결과의 차이 발생
복수 대체	통계적 회귀대체와 베이지안 대체 이용	다양한 data set의 확보 가능	–
모형 대체	요인분석에 의한 대체	정확한 평균계산	–

(김계수. '구조방정식모형 분석' p. 559, 한나래 출판, 2007)

(2) 이상치(outlier) 분석

자료입력 과정에서의 오류나 응답자의 특별한 응답에 따라 발생하는 이상치는 그 여부를 판단하는 과정이 필요하다. 일반적인 이상치 판단은 산포도를 통해 몇 개의 값이 퍼져 분포할 경우 식별된다. 그렇다면 구체적인 식별 방법을 살펴보자.

우선 단일변량에서 이상치는 표준화 점수로 발견할 수 있다. 이변량의 경우에는 두 변수에 대한 산포도의 평균선에서 50-90%의 신뢰수준을 활용해 판단이 가능하다. 그리고 다변량은 마하라노비스거리(mahalanobis distance)의 산출식($M_i = \frac{X_i - \overline{X}}{S_X}$)으로 M통계량이 큰 표본을 이상치로 식별한다.

2 구조방정식모형의 분석

1) 경로분석

(1) 경로분석

앞서 구조방정식모형의 경로도에서 개관한 바 있는데, 이를 보다 심화하여 보자. 경로분석은 변수들 간의 관계에서 선형구조방정식의 회귀계수를 추정하는 과정이다. 두 개 이상의 독립변수와 두 개 이상의 종속변수 사이의 관계를 살펴보기 위한 경로분석은 전체 모형에 대한 적합도를 파악하기보다 각각의 경로에 대한 유의성 여부에 집중한다. 즉, 경로분석은 변수들 간의 공분산 혹은 상관관계를 이용, 인과적인 효과를 분석하는 것이다. 이러한 경로분석은 다음과 같은 기본가정을 전제로 한다.

경로분석의 기본가정

1. 독립변수와 종속변수는 선형관계를 가지며, 총합의 결과이다.
2. 경로도형에서 한번 진행한 화살표는 역(逆)으로 돌아갈 수 없는 일방향성을 가진다.
3. 변수의 측정은 완전성을 전제로 요인은 측정변수 하나만으로 구성되며, 그에 따른 측정오차도 없다.

4. 측정오차 사이에는 상관관계가 존재하지 않는다.
5. 변수들은 등간 및 비율 등의 양적변수로 구성된다.

위의 기본가정에서 두 번째 가정의 경로도형(path diagram)은 변수들의 관계를 그림으로 나타낸 것이다. 한편 이 과정에서 얻게 되는 공변량에서 다음과 같이 다양한 효과로 분해할 수 있다.

공변량의 각 효과에 대한 분해
직접효과 + 간접효과 = 인과효과
인과효과 + 의사효과 = 전체효과(공변량)

그렇다면 공변량을 분해한 각각의 효과에 대하여 살펴보자.

직접효과(direct effect)는 독립변수가 종속변수에 직접적인 영향력을 의미한다. 즉 경로도형 상에서 계수의 표기는 영향을 받는 변수명 이후에 영향을 주는 변수명으로 정리하며, 그 해석은 탄력도의 개념으로 이해할 수 있다. 간접효과(indirect effect)는 독립변수 영향력이 중간에 하나 이상의 매개변수를 거쳐 종속변수로 전이되는 효과를 반영한다. 즉 종속변수와 독립변수 사이에 중간변수가 있어 독립변수의 영향력이 매개되어 반영되는 것이다. 이러한 간접효과는 연구결과를 해석할 때 직접효과만으로 설명할 수 없는 인과관계를 정확하게 파악할 수 있다는 점에서 큰 의미가 있다. 따라서 우리는 이 둘의 효과를 인과효과로 통합하여 사용한다. 한편, 의사효과(spurious effect)는 두 개의 독립변수가 직접적으로 연결되지는 않지만, 또 다른 제3의 변수를 통해 동시에 영향을 받게 되어 마치 관계가 있는 것처럼 이해할 수 있어 제3변수 효과로 쓰기도 한다.

(2) 매개효과와 조절효과

앞서 우리는 간접효과를 설명하는 과정에서 매개변수 혹은 중간변수를 열거하였다. 일반적으로 복잡하게 구성되는 구조방정식모형의 분석에서 이러한 매개변수가 존재할 수밖에 없는데, 어떠한 과정으로 평가할 수 있을까? 매개효과(mediator effect)를 검증하기 위한 절차는 다음과 같이 요약할 수 있다.

먼저 각 경로의 유의성 여부를 확인한다. 그 다음에 매개변수가 포함된 모형에서 독립변수와 종속변수의 경로가 유의할 때 그 사이에 매개변수 유의도가 먼저 수행된 각 경로의 유의도와 큰 차이가 없다면 매개효과는 없다고 해석한다. 그러나 독립변수와 종속변수의 경로 상에서 유의도가 조금이라도 줄어들었다면 매개변수는 부분적으로만 매개되었다고 볼 수 있다. 한편 독립변수와 종속변수의 경로에서 유의성이 극히 작아지는 반면, 매개변수를 통한 유의도가 유지된다면 매우 큰 매개효과를 보인다고 할 수 있다.

우리는 이러한 과정으로 매개효과(mediator effect)를 검정하게 되는데 이 때 한 가지 유의할 것은 종종 혼용되어 사용하는 조절효과(moderator effect)와의 차이이다. 매개효과와 조절효과는 구조방정식모형을 분석하는데 활용하는 AMOS 상에서 파악되며, 그 방법에 차이가 있다. 따라서 모형을 분석하기에 앞서 그 구별이 꼭 필요하다.

2) 2단계 접근

인과관계 연구에서 자료의 타당성 증명과 관련하여 요인분석을 이용한다는 것을 앞선 3장의 탐색적 요인분석에서 살펴본 바 있다. 이번에는 이와 대응하는 확인요인분석(Confirmation factor analysis)과 2단계 접근으로 요인분식을 확장하고자 한나.

(1) 요인분석의 구분

우선 탐색적 요인분석과 확인적 요인분석의 차이를 개관하여 보자. 우리는 일반적으로 선행 이론이 전무한 상황에서 요인의 수를 포괄적으로 반영할 때 탐색적 요인분석을 수행한다. 이때 그 요인들과 관련된 가설 수가 특정지어지게 된다. 특히 선행이론이 전무하다고 전제한 상황에서 상수값을 추정하고, 가설과 결부시켜 구분된 요인의 수를 결정하게 된다. 그러나 우리는 이 결과를 100% 정확하다고 단정할 수 없을 것이다. 따라서 모형 적합도를 확인하는 과정이 필요하다. 확인적 요인분석은 단일차원성을 약화시키는 항목을 제거할 목적으로 사용되며, 잠재변수와 이를 측정하는 변수들 사이의 관계에 초점을 둔다. 따라서 선행 이론에 따른 확인 차원의 재검증에 의미가 크다.

이런 관점에서 1970년대에 많은 연구들은 선행적 이론 여부와 관련하여 각 상황에서 두 가지 요인분석을 확장하여 시도한 바 있다. 그러나 탐색적 요인분석과 확인적 요인분석 사이의 구별에서 명백한 선을 긋기가 모호한 것으로 판단하였다(Joreskog, 1974). 특히 오늘날과 같이 사회가 급변하는 상황에서 선행 이론에서도 일부 요인 변화가 반영될 수밖에 없다. 따라서 상술한 것처럼 연구에 따라 분석방법을 이분법적으로 엄격하게 구별하기 보다는 두 분석을 차례로 수행하며 보완하는 방향의 선택이 현명할 수 있다(Gerbing, 1988). 우리는 이런 관점에서 확인적 요인분석의 설명과 함께 2단계 접근법에 집중하고자 한다.

다시 한 번 강조하면 탐색적 요인분석은 이론적 체계화가 이루어지지 않은 상황에서 연구 방향을 파악하기 위해 각 요인을 탐색할 목적으로 수행한다. 반면에 확인적 요인분석은 요인을 재확인한다는 측면에서 모형의 적합도 검정을 포함하는 과정이라 할 수 있다. 따라서 2단계 접근에서는 탐색적 요인분석 이후에 확인적 요인분석과 함께 해당 모형의 적합도를 검증하는 과정까지 포함하는 보다 신뢰할 수 있는 결과를 도출한다.

2단계 접근과 관련한 아래 설명은 Anderson과 Gerbing의 'structural equation modeling in practice : a review and recommended two-step approach(1988)'에 기초함을 밝혀 둔다.

(2) 요인분석의 추정

1960년대 중반에 구조방정식모형이 본격적으로 시작된 이래 그 추정에서 최대우도(maximum likelihood)는 가장 압도적인 방법이었다. 이 방법은 다변량의 관측변수들에 대하여 정규분포를 가정할 때 그 추정치가 불편성, 일관성, 효율성 등 바람직한 통계량의 특성을 확보하는데 용이하다(Kmenta, 1971). 아울러 개별적으로 추정계수의 표준오차에 대한 유의성 검증이 용이하고, 적당한 표본크기에서 최대우도로 추정한 계수는 다변량 정규분포의 완만한 변동성에 대하여 안정적이다.

최대우도 방법(Method of Maximum likelyhood)

일반적으로 임의의 가설을 어떤 모집단의 모수에 관한 가설이라고 하면, 그 추정치를 해당 모집단에 관한 가장 적절한 추정치로 선호할 수 있다. 우리는 이를 최대우도의 원리라 하며, 그 추정치를 구하는 것이 최대우도 방법이다.

다만, 점근적인 표준오차(standard error)와 전반적인 k^2의 통계적 유의성을 제대로 반영하지 못하는 문제도 내포한다. 예를 들어 표준오차가 특정 방향에 점근되는 관계를 전제할 때 추출된 자료의 분포에서 첨도가 커지는 형태(leptokrutic)로 나타나면 귀무가설이 기각되고, 반면에 작아지는 첨도(platykrutic)에서는 기각되지 않는 등 추정에 문제가 발생한다(Browne, 1984).

이런 문제를 이유로 추정 과정에서 다변량 정규성의 가정 완화와 관련하여 Bentler(1983), Browne(1982, 1984) 등은 최대우도의 연구를 진행하였었다. Lawley (1940)의 최대우도 함수를 $F(\theta)=\ln|\Sigma(\theta)|-\ln|S|+tr[S\Sigma(\theta)^{-1}]-p$[8]과 같이 정리할 때, 이 식은 구조방정식모형을 운용하는 EQS 프로그램과 LISREL에서 $F(\theta)=[s-\sigma(\theta)]'U^{-1}[s-\sigma(\theta)]$[9]으로 대체할 수 있다고 Bentler(1985)와 Joreskog 및 Sorbom(1987)은 기술하였다. 두 번째 식은 2차식(quadratic)으로 우리는 이 식을 일반최소자승(generalized least squares)이라 한다. 결국 Bentler(1986b)는 이 식의 $s-\sigma(\theta)$ 정의에 따르는 잔차의 가중함수로부터 최대우도의 점근적인 표준오차 문제를 배제할 수 있게 된다고 정리하였다.

그렇다면 일반최소자승을 나타내는 위 식에서 U는 어떤 의미가 있을까? 위에서 U^{-1}로 단위행렬을 적용하였는데, 이는 잔차자승합의 최소화를 설명하기 위한 것이다. 다만, 일반최소자승이 최대우도와 점근적 동일성을 유지하기 위해 U값의 최소화는 ADF(Asymptotically Distribution-Free) 혹은 가중된 최소자승(Weighted Least Square)이 요구된다. 그 이유는 운용하는 EQS 프로그램과 LISREL이 이를 통해 수식을 전개하는 과정에서 다소의 차이가 반영되기 때문이다.

다만, 이러한 ADF의 전환에서 우리는 두 가지 사항을 고려하여야 한다. 첫째, 두 번째 식의 U값은 최소자승의 추정과정에서 적절하게 얻어지지만, ADF에 따르는 U값은 전통적 최대우도 방법에서처럼 표본 분산들이 점근적으로 공분산 행렬이 된다. 둘째, 다변량을 전제로 할 때 두 번째 식은 간단한 계산식 표현과 달리 그 과정이 매

---

8) 여기서 p는 관측된 변수이고, S는 $p\times p$의 공분산 행렬, $\Sigma(\theta)$는 $p\times p$의 예측된 공분산 행렬을 의미한다.

9) 여기서 s는 전체 공분산 행렬 S의 중복되지 않는 원소들에 대한 $p^*\times 1$벡터이고, p^*는 $p^*=p(p+1)/2$로 나타낸다. $\sigma(\theta)$는 $\Sigma(\theta)$로부터 예측된 공분산 행렬로 $p^*\times 1$벡터를 반영한다. U는 $p^*\times p^*$의 가중 행렬이다.

우 복잡해질 수 있다. 즉 관측 변수가 20개인 단순한 과정에도 불구하고, ADF에 따르는 U는 22,155개의 요소를 갖는다(Browne, 1984). 이러한 계산의 복잡성 문제를 해결하기 위해 Bentler와 Dijkstra(1985)는 최초 최대우도 추정을 단순히 반복하는 선형추정(linearized estimates)으로 발전시켰다. 이 추정 과정은 EQS 프로그램에서 LAGLS로 적용되며, Lisrel에서는 U에 대하여 대각을 이루지 않는 요소들을 배제하고 선택할 수 있는 대각의 가중된 최소자승(diagonally weighted least squares)으로 그 접근을 제공한다. 결국 ADF에 따르는 완전한 공분산행렬을 적용할 경우 계산의 복잡성 문제를 최소화하기 위한 노력은 과거부터 현재까지 이어지고 있다.

(3) 확인요인분석 모형과 2단계 접근

위에서 언급한 요인분석 추정에 더해 확인요인분석 모형으로의 발전과정과 2단계 접근을 살펴보자.

확인요인분석은 관찰된 변수들 상호간의 상관관계에 집중한다. 이를 LISREL 프로그램에서 사용되는 모형으로 정리하면 다음과 같다. 관찰된 측정변수 q의 벡터를 X라 하고, q보다 작은 n으로 구성된 벡터를 ξ라 할 때, 모형은 $X = \Lambda\xi + \delta$으로 나타낼 수 있다. 여기서 Λ는 구조 체계 하에서 관측된 측정치들의 관계를 반영하는 계수를 정리한 $q \times n$행렬을 의미하고, δ는 q변수들의 측정오차를 나타내는 벡터이다. 이 모형에서 $E(\xi\delta') = 0$을 가정하면, X에 대한 분산–공분산 행렬은 다시 $\Sigma = \Lambda\Phi\Lambda' + \theta_\delta$로 정의할 수 있다. 여기서 Φ는 ξ와 θ_δ의 $n \times n$ 공분산 행렬이다(Joreskog와 Sorbom, 1984).

1980년대 초반 Gerbing, Hunter, Anderson 등은 이론적 검증과 개발을 통해 위 관계식에 대하여 단일차원 형태로 측정할 수 있음을 밝힌바 있다. 이 과정에서 내부 일관성(internal consistency)과 외부 일관성(external consistency) 두 개의 공리(Criterion)가 단일차원 진행에 절대적인 필요조건임을 제시하였다. 먼저 내부 일관성 공리를 간략히 설명하기 위해 Hart와 Spearman(1913)의 연구결과를 응용하면 다음과 같다. 동일한 구조를 갖는 ξ에서의 측정값들 a, b, c, d에 대하여 다음의 기본적인 항등식 $\frac{\rho_{ac}}{\rho_{ad}} = \frac{\rho_{bc}}{\rho_{bd}}$로 나타낼 수 있다. 이러한 항등성은 같은 표본오차를 가져야만 하고, 네 개의 측정값들이 최소한 동일하게 평가되어야 하는 전제 조건이 따른다. 결국 이러한 전제 조건으로부터 내부 일관성에 따라 항등식은 $\rho_{ab} = \rho_{a\xi}\rho_{b\xi}$과 같이 정리될 수 있다.

다음으로 외부 일관성 공리를 생각해 보자. 앞선 식 $X = \Lambda\xi + \delta$를 근거로 a, b, c, d에 대하여 다시 정의한다. 즉 주어진 구조 하의 지표들을 a, b, c라 하고, d는 다른 구조 하의 지표라 하거나 c와 d를 모두 다른 구조 하의 대안적 지표로 나타낸다. 이에 따라 외부 일관성의 관계식은 다음 $\rho_{ad} = \rho_{a\xi}\rho_{\xi\xi^*}\rho_{\xi^*d}$과 같이 표현되어질 수 있다. 여기서 만약 $\xi = \xi^*$이면, 관계식 $\rho_{ad} = \rho_{a\xi}\rho_{\xi\xi^*}\rho_{\xi^*d}$은 $\rho_{ab} = \rho_{a\xi}\rho_{b\xi}$과 같아지게 된다. 즉 내부 일관성은 외부 일관성의 특별한 경우로 그 범주 안에 있게 된다. 다시 말해 하나의 구조 하에서 네 개의 지표들보다 적은 경우가 종종 발생할 수 있기 때문에 외부 일관성은 단일차원 평가를 위한 유일한 공리라 할 수 있는 것이다. 확인요인분석에서 이런 일관성에 대한 산출값의 규칙은 어떠한 특화된 모형이나, 모수 추정에서도 하나의 공분산 행렬을 예측할 수 있게 도와준다.

이런 관계 하에서 우리는 확인요인분석을 실시하는데, 현재까지 다수지표 측정 모형(multiple-indicator measurement model)은 추정되어질 구조들에 가장 분명한 의미를 반영한다는 점에서 모형 수립 시에 선호된다(anderson과 Gerbing, 1982; Hunter와 Gerbing, 1982). 그러나 단일차원의 측정이 동일한 측정값들을 나타내지 못하는 경우에 즉, 지표들이 하나의 구조에서 단일차원의 구조적 측정을 나타내지 못하거나 상관되는 측정 오차들을 포함할 때 모형은 문제가 있다고 할 수 있다(Bagozzi, 1983; Fornell, 1983; Gebing과 Anderson, 1984). 이런 문제로 인해 몇 가지 이견이 있기는 하지만, 단일차원성에 대한 평가에서 위 문제를 해결할 모형으로 선행이론에 근거한 확인요인분석 적용은 불가피하다.

한편, 이와 관련하여 cattell(1973, 1978)은 순차적으로 복잡하게 결정지어지는 개별적 측정치 문제가 요인분석에 대한 상반된 논의를 진행시키는 주요 원인이라고 주장하였다. 다시 말해 주어진 행렬이 하나의 개념적 순서에 따라 공통적인 요인으로 단순히 통일된다고 보기에는 문제가 있다는 것이다. 따라서 단일차원성을 확보하기 위해 각각의 특성을 별도로 반영한 요인분석을 수행하여 동일 요인으로 묶였다고 하더라도 설문 응답에 대한 전후 관계에 과장된 특성을 반영하기 때문에 해당 문제는 지속되어질 수 있다.

이런 관점에서 Gerbing과 Anderson(1984)은 일차적으로 분류된 요인들이 구조적으로 일치하지 않을 수 있다는 점과 함께 앞서의 cattell이 제시한 문제를 동시에 해결할 수 있는 방식으로 2단계 접근을 언급하였다. 2단계 접근은 요인을 구분하는 특성들에 의해 정의된 지표들 구성(묶음)의 집합체를 각각 개별적으로 분석할 때 그 수준이 일치하는지 비교가 가능하다는 장점이 있다. 2단계 접근은 이러한 구성 요인들 간의 집합을 분리해 접근할 수 있는 방법이다.

위와 같은 논의를 거치며 구조방정식모형의 7단계 연구절차는 2단계 접근으로 분석을 수행할 수 있도록 하였다. 즉 1단계에서 측정모형 각각의 요인을 개별적으로(혹은 측정모형과 이론을 혼합하여) 분석하고, 2단계에 해당 연구에서 설정된 모형에 나타난 요인을 상호 연결하여 적합도와 개념들 간의 경로 유의성을 확인하는 것이다.

(4) 적합도 평가

많은 지표들을 분석하기 위해 각 특성에 따르는 구조가 필요한 것이 일반적이며, 실제로 단일 지표에서도 정확한 추정이 쉽지 않아 수많은 구조가 이용될 수 있다. 다시 말해 요인분석에서 단일화된 가장 큰 영향 요인을 구분하는 과정은 독립변수가 불명확한 상황과 동일하고, 이에 따라 그 요인의 선택에 임의적 결정이 수반될 수 있기 때문에 다양한 구조로의 접근이 허용된다.

따라서 이를 위한 요인의 측정 기준 수립이 중요한데, 이는 모형의 적합도 검정을 통해 모형을 확정하는 것과 같은 의미로 이해할 수 있다. 적합도 검정의 평가는 일반적으로 적합도 지수(GFI: goodness of fit index)에 의존한다. 이는 확률값으로 χ^2 통계량(chi-square likelihood test)과 조화를 이룬다(Joreskog와 sorbom, 1984). 즉 변수의 범주에 따라 관측 빈도와 기대 빈도 간의 차이로 적합성을 검정하는 방법이다. 이번에는 이와 관련한 적합도 평가(검정)의 방법을 살펴보도록 하겠다.

일반적으로 측정모형의 추정 후에 우리는 작성된 자료와 앞선 선행 이론을 비교하면서 주어진 결과(solution)의 수렴 및 적절성에 근거하여 그 적합도를 판단한다. 먼저 수렴성은 측정모형의 집중 타당성(convergent validity)을 의미한다. 이는 구조에 대한 요인이 유의성을 확보한 상황 하에서 각 지표들의 추정 결과인 영향계수가 표준오차를 어느 정도 초과하는지에 따라 그 평가가 이루어진다. 다음으로 적절성은 판별 타당성(discriminant validity)을 의미한다. 제약 하에서 추정된 상관계수로 두 개의 추정 구조를 평가하는데, 여기서 제약모형과 비제약 모형에 대하여 확보된 값을 χ^2 차이 검정(χ^2 difference test)으로 수행한다(Joreskog, 1971). 비록 분명한 판별 타당성이 필요조건이기는 하지만, 이 차이의 유의성은 오히려 연구자들이 수립한 연구계획에 의존함을 유의하여야 한다.

χ^2 차이 검정과 모형의 선택

수정모형 제시에 따라 χ^2 차이 검정을 실시한다. 이는 수정모형의 간명성 약화에 따른 부합도를 분석하는 방법으로, 그 산식은 다음과 같다.

$$\Delta\chi^2 = \chi_1^2 - \chi_2^2$$

(여기서, χ_1^2는 경로계수 수가 적은 모형이고, χ_2^2는 큰 모형에 대한 χ^2을 의미한다.)

이와 함께 자유도의 증감(Δdf)을 고려, '경로계수 수가 많은 모형과 적은 모형 간에는 유사한 정도의 적합도를 반영한다.'라는 귀무가설을 설정한다.

χ^2-분포표를 참고하여 유의수준 하에서 확률값을 확인할 때, χ^2 차이가 자유도의 차이보다 더 커지면 통계량의 확률값이 매우 낮아져 귀무가설은 기각된다. 결국 이 경우 경로계수의 수가 많은 수정모형이 채택되는 것이다.

(5) 모형의 선택(Model Specification)

구조방정식모형은 주로 확인적 요인분석이 활용된다. 그러나 모형의 활용에 있어 배경 이론 여부에 따라 접근이 달라질 수 있는데, 탐색적인 경우에 추가적으로 수정지수, 라그랑지승수 검정, z통계량, wald 검정 등 다양한 방법을 통해 그 사용을 허용한다. 이와 관련해 AMOS 프로그램을 활용할 경우 탐색적인 구조방정식모형에서 상기의 방법을 통해 적합지수, 간명성, 설명력 등으로 적합한 모형을 선택할 수 있다.

모형 선택에서 중요 사항은 단일모형의 평가보다 각 모형 비교에 무게를 둔다. AMOS 프로그램(특히 AMOS5 이상)에서는 이러한 모형 비교를 위해 다음과 같은 지표가 제공된다. 첫째, 많은 모수와 비교모형 간 관계가 전체적인 표와 그림. 둘째, AIC, BCC, BIC 등과 그 가중치. 셋째, 베이즈 요인들. 넷째, 요인분석에서 사용되는 스크리 도표와 유사한 스크리 검정. 그리고 마지막 모형 비교를 위한 추가적 통계치가 제공된다.

개념적 측면에서 AMOS가 제공하는 모형 선택의 주요 지표들을 개관하여 보자. 우선 위에서 기술한 내용 가운데 AIC, BCC, BIC 지표들을 살펴보면, χ^2와 모수의 수(q) 관계로부터 $AIC = \chi^2 + 2q$으로 나타낸다. AIC는 비계층적인 모형에서 그 값이 낮을수록 최적화에 접근한다. 즉, 최적화된 모형은 그 값이 0이 된다.

AIC, BCC, BIC 등을 통한 최적모형의 간명성 여부 판단

각각의 관계식은 다음과 같으며,

$$AIC_0^{(i)} = AIC^{(i)} - \min[AIC^{(i)}]$$

$$BCC_0^{(i)} = BCC^{(i)} - \min[BCC^{(i)}]$$

$$BIC_0^{(i)} = BIC^{(i)} - \min[BIC^{(i)}]$$

여기서 간명성 여부를 판단하기 위한 해석방법은 AIC와 BCC가 같으나, BIC는 다소 차이가 있다. 이로 인해 그 결과는 $AIC > BBC > BIC$의 순서로 엄격하게 나타난다.

상기와 같이 최적모형으로부터 최악의 모형 여부를 판단하는 근거를 제시하였다. 이와 함께 아카이케 가중치(Akaike Weight)에서 베이즈 요인(Bayse factor, sum=1)을 통해 아래의 관계식을 얻을 수 있다.

$$AIC_p^{(i)} = \frac{e^{-AIC^{(i)}/2}}{\sum_m e^{-AIC^{(m)}/2}},\quad BCC_p^{(i)} = \frac{e^{-BCC^{(i)}/2}}{\sum_m e^{-BCC^{(m)}/2}},\quad BIC_p^{(i)} = \frac{e^{-BIC^{(i)}/2}}{\sum_m e^{-BIC^{(m)}/2}}$$

아카이케 가중치의 합은 1이다. 모형의 가중치는 주어진 자료에서 모형일 가능성 여부를 판단하는 근거로 예를 들어 모형1의 아카이케 가중치가 0.7이고, 모형2가 0.3이면 모형1이 모형으로 될 가능성은 2배 이상 높다고 할 수 있다. 그리고 최적 및 최악의 모형을 평가할 때에는 Akaike weight/Bayes factor(max=1)을 통해 다음과 같이 나타낼 수 있다.

$$AIC_L^{(i)} = \frac{e^{-AIC^{(i)}/2}}{Max[e^{-AIC^{(m)}/2}]},\quad BCC_L^{(i)} = \frac{e^{-BCC^{(i)}/2}}{Max[e^{-BCC^{(m)}/2}]},\quad BIC_L^{(i)} = \frac{e^{-BIC^{(i)}/2}}{Max[e^{-BIC^{(m)}/2}]}$$

모형의 적합성 여부 판단에 대한 다른 방법으로 NFI_1, C-df, CFI지수 등 구조방정식에서 조정선(Adjustable Line)을 활용한다. 먼저, 기초모형의 카이자승값(χ_0^2)과 제안모형의 카이자승값(χ_p^2) 관계에서 $NFI=\frac{\chi_0^2-\chi_p^2}{\chi_0^2}$을 얻을 수 있다. 기초모형에 대한 제안모형의 전반적인 적합지수의 개선 정도를 나타내는 NFI를 활용하기 때문에 그 해석도 이와 유사하다. 예를 들어 NFI가 0.8이라면 연구자가 제시한 모형의 적합 정도는 80% 이상 기초모형의 적합도보다 높다고 하며, 0.9 이상이면 적합한 모형으로 간주하며 조정선을 통해 판단하는 것이다.

C-df는 모형의 적합성을 평가하기 위해 카이자승값에서 자유도를 뺀 값으로 조정선에서 상수의 역할을 담당한다. 조정선과 함께 CFI(Comparative FIt Index)가 있다. 이는 CFI_1과 CFI_2의 두 개로 나타나 기초모형과 비교할 수 있도록 돕는다. CFI_1는 기초모형이 평균과 분산의 제약없이 관찰변수들이 상관성이 서로 없을 때 산출되는 통계치인 CFI를 의미한다. CFI는 1에 가까운 경우 최적의 적합도를 보인다. 대개의 경우 CFI_1〉0.95이면 적합모형이라고 하며, 그 이하이면 적합하지 않다고 본다.

추가로 스크리도표는 요인분석에서의 스크리 검정과 유사하다. 앞서 요인분석에서 스크리 검정은 요인이 증가할 경우 모형 개선 정도를 보여주는 것으로 기술하였다. 구조방정식모형에서 스크리도표는 모형의 모수 수를 증가시킬수록 모형이 개선되는 정도를 반영하는 것이다. 한 요인이 추가 둥지모형(nested model) 내에서 이루어지는 요인분석에서와 달리 구조방정식모형에서는 반드시 둥지모형 내에서 결정되지는 않는다.

3) 베이지안 추정법

앞서 모형의 선택에서 Bayse factor와 관련하여 보다 심화된 학습이 필요할 것으로 이해된다. 대부분 통계학 서적에서 Bayes' theorem을 기초적으로 학습하는 것과 달리 본서에서는 모형의 선택에서 심화시켜 등장시켰다.

일반적 개념 접근의 베이즈 정리는 어느 사상에 대한 발생이 주어진 경우에 특정한 가설이 사실일 조건부확률을 구하는 방법이다. 다시 말해 어떤 효과 또는 결과를 통해서 특정 원인의 확률을 구하는 정리인 것이다.

연구 관심 분야의 모수, 결측치, 예측치 등에 대한 불확실성을 확률분포로 나타낸다는 가정에 근거하는 베이지안 추정법은 사후분포와 사후밀도함수로 반영된다. 사후밀도함수는 사전밀도함수와 우도함수의 곱에 비례하는데, 이는 우도함수에 압축된 표본정보와 사전밀도에 압축된 사전정보를 결합한 결과인 것이다. 근사치를 반영하는 확률분포는 성공횟수(α)와 실패횟수(β)에 따른 관계에서 $p(p) \propto p^{\alpha}(1-p)^{\beta}$로 나타낸다. 한편, 우도함수는 이항분포함수로 성공횟수(τ)와 실패횟수(ζ)에 따라 $L(p) \propto p^{\tau}(1-p)^{\zeta}$로 나타낼 수 있다. 따라서 사후밀도함수가 사전밀도함수와 우도함수의 곱에 비례한다고 하였으므로, 사후확률은 $\propto p^{\alpha+\tau}(1-p)^{\beta+\zeta}$로 정리할 수 있다.

이런 관계식과 함께 모집단의 평균(μ)을 나타내는 베이즈의 신뢰구간 표시 방법은 사전평균(μ)을 중심으로 하는 표본(n_0)과 표본평균($\overline{X}$)에서 실제표본(n)에 대한 사후분포의 평균과 표본오차는 그 가중평균이 된다. 즉 총표본수(n_0+n)에 대하여 사후분포 평균과 표준오차는 각각 $\frac{n_0\mu_0+n\overline{X}}{n_0+n}$과 $\frac{\sigma}{\sqrt{n_0+n}}$으로 나타낸다. 결국 사전분포와 우도함수에 의해 사후분포가 결정되는 관계에 따라 사전분포와 우도함수가 정규분포를 따를 경우 사후분포도 정규분로를 가지게 되어 μ의 95% 신뢰구간은 $(\frac{n_0\mu_0+n\overline{X}}{n_0+n}) \pm 1.96\frac{\sigma}{\sqrt{n_0+n}}$(단, $n_0=\frac{\sigma^2}{\sigma_0^2}$)가 된다.

베이지안 추정법은 작은 표본으로 발생할 수 있는 부적합 해를 피할 수 있도록 한다. 즉 탐색적 요인분석을 위한 베이지안 추정에서 적합한 사전분포를 선택하여 부적합 해의 확률을 0으로 지정, 추정을 향상시키고 부적합한 해를 제거하는 역할을 하는 것이다. 아울러 베이지안 추정법을 통해서 복잡한 구조방정식모형에서 많은 모수를 계산할 수 있는데, 직접효과와 간접효과 추정에서 베이지안 추정법을 사용한다.

일반적으로 AMOS 프로그램에서는 마코프 체인 몬테칼로(Markov Chain Monte Carlo)기법을 활용하고 있는데, 이를 통해 평균과 비율 계산, 민감도 분석, 도표 등 간단한 사후 정보가 제공된다.

3 구조방정식모형 연구사례

구조방정식모형은 통상적으로 가설 설정과 함께 자료 수집, 분석 모형 등을 선정하고, 그에 부합한 요인분석을 거쳐 다중집단의 분석을 수행하는 일련의 과정임을 앞서 살펴보았나.

이번에는 구조방정식모형을 활용한 이러한 일련의 분석 과정을 보다 명확히 보기 위하여 주제, 자료 수집, 모형 설정, 분석 및 결과 해석 등으로 구성하였다. 이런 구성에 따라 연구자의 첫걸음에서 배움의 자세로 하나씩 학습하며, 추후 개별적인 논문 활동에 큰 도움이 될 수 있기를 바란다. 다만, 자료에 대해서는 설문작성 및 조사, 분석 등 여러 가지 문제를 고려하여 해당 연구의 분석결과를 그대로 활용하였다. 아울러 분석에서는 대부분 선행연구가 사용하는 툴(SPSS와 AMOS)을 기본으로 하였다.

연구사례의 구성

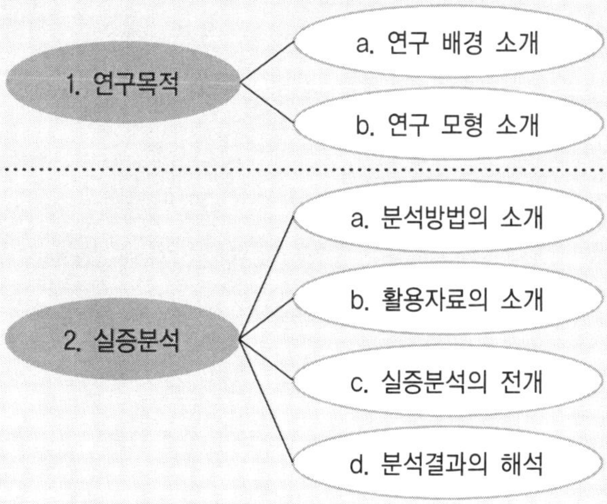

1) 연구사례 I

먼저 문달주(2011)의 광고노출에 의해 형성되는 브랜드 파워와 그 성과에 대하여 구조방정식 모형으로 실증분석한 **"구조모형을 통한 브랜드 성과 측정 모델에 관한**

실증 연구: 광고노출 후 형성되는 브랜드파워와 브랜드 성과를 중심으로"를 그 사례로 살펴보고자 한다.

(1) 연구목적

① 연구배경

저자는 본 연구의 서두에서 "브랜드 중심의 마케팅 커뮤니케이션 등장에 대하여 21세기는 소비자 의사결정의 변화로 기존 4P(product, price, place, promotion)에 의존한 Mass Marketing에서 탈피하여 능동적이고, 적극적인 브랜드 중심의 마케팅 커뮤니케이션이 등장하였다. 이는 기존의 제조업자 중심에서 소비자 중심의 마케팅 커뮤니케이션으로 전환하는 계기가 되었고, 그러한 환경 변화로 강력한 브랜드 형성이 시장 경쟁에서 생존하는 방법임을 인식하게 되었다."라고 서술하고 있다. 이와 관련한 대표적 실례로 중소기업에서 제작한 전자밥솥이 해당 시장에서 강력한 리더로 경쟁력을 확보하고 있음을 제시하였다. 아울러 브랜드가 기업의 가치뿐만 아니라 국가 이미지에도 상당한 영향력을 확보, 그에 따른 정책적 변화가 반영되었다고 강조하였다.

오늘날 브랜드 중요성 확대에 따라 강한 브랜드를 생성하기 위한 브랜드 관리 및 그 측정의 필요성을 연구의 배경으로 제시하였다. 특히 광고를 통해 형성되는 브랜드 자산이 소비자의 실제 구매행위에 미치는 영향을 살펴보고자 컨설팅 기관과 광고 대행사에서 실제로 사용하고 있는 브랜드 자산 측정 모델들과 그 구성 속성들을 문헌조사 하였다. 이를 토대로 소비자의 실제 구매행위에 영향을 미치는 브랜드 성과(brand performance) 진단에 대한 새로운 모델을 제시하고, 연구모형을 검증하기 위해 설문조사를 실시하였다. 조사 자료를 표본으로 하여 그에 대한 특성, 신뢰성, 타당성 분석 등을 수행하고, 모형의 적합성과 그 검증을 AMOS로 분석하였다. 특히 구조방정식모형 분석에서 구매행위로 대변되는 브랜드 성과의 영향요인에 대한 검증과 함께 직접 및 간접효과 분석을 실시하였다. 해당 연구는 이러한 실증분석을 통해 브랜드 성장 및 관리에 대한 구체적 방향을 제시하는 데 목적이 있다.

② 연구모형

연구자는 모형 구조의 배경이 Aaker가 제시한 브랜드 자산임을 밝히고 있다. 따라서 브랜드 자산 원천이라고 할 수 있는 요소인 브랜드 인지도, 이미지 연상, 지각된 품질을 기본적인 구성요소로 설정하였다. 아래 그림은 Aaker(1996)와 Keller(1993)의 기본 개념에 따라 설계된 기본적인 모형 구조이다. 여기서 충성도가 제외된 이유는 브랜드 자산의 원천이기보다는 결과적 성격이 강하기 때문이라 서술하고 있다. 아울러 특허나 등록 상표 같은 기타 독점적 자산의 경우는 소비자들에게 객관적으로 측정하기 어려워 제외하였음을 강조하였다.

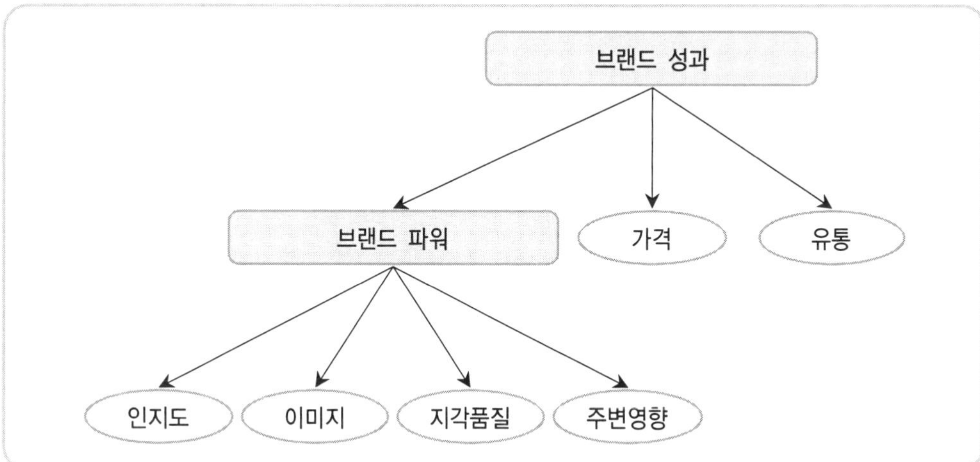

〈참고〉 연구모형에 대한 이론적 서술

본 연구에서 제시하고 있는 모형이 Aaker의 기본 개념과 차이가 나는 부분은 이미지의 영역을 광고나 촉진전략을 통하여 형성되는 브랜드 자체의 이미지와 브랜드가 타인, 사회로부터 얻은 평판의 요소로 구분한 점이다. 이는 소비자들의 태도 형성과 구매 행동이 반드시 자신만의 것으로 결정되지는 않는다는 기존의 연구결과들에 기인한 것이다.

본 연구모형의 특징 중 하나는 기존의 연구에서 브랜드 파워와 브랜드 성과를 동일한 것으로 간주하는 것과 달리 이를 구분하였다는 점이다. 연구자는 Aaker가 제시한 브랜드 자산 원천이 주로 소비자들의 태도에 영향을 미치는 것이기 때문으로 해석하였다. 태도가 반드시 소비자의 행동과 일치하지 않는다는 것은 이미 Fishbein(1975)의 연구에서 밝혀졌다. 예를 들어 BMW나 루이비통과 같은 경우 브랜드의 인지나 평판 즉, 브랜드 파워는 높을 수 있으나 이것이 소비자들의 직접적인 구매로 이어지는 것은 아니라는 것이다. 이것은 소비자들이 인지하고 있는 브랜드의 이미지와 다르게 가격과 유통에 따라 구매행위가 다르게 나타날 수 있다는 것을 보여준다. 따라서 본 연구에서 브랜드 파워는 소비자들의 브랜드에 대한 태도를 나타내며, 이러한 태도는 응답자들에게 실제 광고를 노출시킴으로써 응답자들로 하여금 브랜드 파워의 형성을 유도한다고 하였다. 그리고 브랜드 성과는 브랜드가 실제로 구매된 행동을 반영한다.

(2) 실증분석

① 변수 선정 및 표본의 설계

연구모형에서 사용된 개념의 측정은 관련 문헌들과 현실적인 유연성이 강조되는 브랜드 분야를 감안하여 그 조작적 정의와 함께 설문항목을 1차로 작성하였다. 이후에 다시 일반 소비자들을 대상으로 예비조사를 실시하여 문제점을 수정, 보완하였다.

측정 대상은 내구재, 소비재, 서비스재의 대표적 상품군인 자동차, 요구르트, 신용카드로 하였다. 이에 따른 설문조사는 무작위로 추출된 표본대상들 가운데 각 카테고리별 특성을 고려한 소비자들을 대상으로 해당 브랜드에 대한 광고를 노출시킨 후에 형성되는 브랜드 파워와 그 성과를 측정하였다. 조사 방식은 연구의 목적과 취지를 각 응답자들에게 설명한 후 설문항목에 응답하도록 하는 직접설문지법을 선택하였다.

변수의 조작적 정의는 다음과 같다.

구분	변수명	정의
독립변수 I	인지도	특정 브랜드가 소비자에게 기억되는 정도 ⇨ 브랜드 자산 구축 토대가 되는 부분
	이미지	특정 브랜드의 구체적 속성과 무관한 특징에 대한 소비자의 호의적 정도 ⇨ 브랜드 차별화의 한 요소
	지각 품질	특정 브랜드에 대하여 소비자들이 지각하는 기능적 속성의 중요도 정도 ⇨ 해당 속성 및 그 중요도 평가 요소
독립변수 II	사회적 평판	특정 브랜드에 대한 타인들의 생각과 의도에 대한 개인의 지각 정도 ⇨ 개인의 사회적 가치 평가 요소
	브랜드 파워	소비자들의 내면에 형성된 특정 브랜드에 대한 선호 및 구매 의향 정도 ⇨ 구매 행동에 영향을 미치는 한 요소

구분	변수명	정의
독립변수 II	가격 파워	특정 브랜드의 소비자가 지각하는 가격 적절성과 가격 대비 가치의 정도 ⇨ 구매 행동에 영향을 미치는 한 요소
	유통 파워	특정 브랜드의 소비자 지각 가능 정도와 구매하기 용이한 정도 ⇨ 구매 행동에 영향을 미치는 한 요소
종속변수	브랜드 성과	소비자들이 특정 브랜드를 최근에 구매한 행동

위 변수의 조작적 정의와 함께 구체적인 해당 측정변수는 다음과 같다.

구분	변수명	정의
독립변수 I	인지도	• 최초상기 : 카테고리에서 최초로 기억되는 정도 • 비보조 상기 : 아무런 단서 없이 기억되는 정도 • 재인 : 주어진 브랜드에 대해 알고 있는 정도
	이미지	• 이미지 : 개별 브랜드에 대한 이미지 속성 평가 • 중요도 : 개별속성에 대한 중요성 평가 • 독특성
	지각 품질	• 품질 속성 평가 • 중요도 평가 • 독특성
	사회적 평판	• 호감 : 주변인들이 호의적으로 브랜드를 생각하는 정도 • 의도 : 주변인들이 브랜드를 구매하고 싶어하는 정도 • 권유 : 주변인들이 브랜드를 권유하는 정도 • 고려 : 주변인들이 의견을 중요하게 생각하는 정도
독립변수 II	브랜드 파워	• 구매 의도 : 특정 브랜드를 구매하고 싶은 정도 • 선호도 : 특정 브랜드를 선호하는 정도
	가격 파워	• 적절성 : 특정 브랜드의 가격이 적절하다고 생각되는 정도 • 가격대비 가치 : 가격에 따른 가치를 지각하는 정도
	유통 파워	• 현저성 : 얼마나 눈에 잘 띄는가 정도 • 용이성 : 얼마나 쉽게 구입할 수 있는가 정도
종속변수	브랜드 성과	• 현재 구매 경험 : 특정 브랜드를 최근에 구매하거나 이용한 경험

한편 설문지는 물음에 대한 응답으로 리커드식 7점 척도를 따랐다. 조사에 이용된 브랜드는 각 카테고리별 5개로 선정, 각각에 대한 광고 노출 후 브랜드 파워와 브랜드 성과에 대한 설문조사를 실시하였다. 표본은 각 카테고리에 따라 200명으로 한정하였고, 구체적인 인구통계 분포는 남, 여 각 50%씩으로 하였다. 연령분포는 13세-18세, 19세-25세, 26세-33세, 34세-42세, 43세-55세 등 5개 구간을 기본으로 20%씩 분류하였는데, 다만 신용카드와 중형자동차 항목에 대해서는 중고생의 연령 분포인 13세-18세를 제외하고 25%씩으로 배분하였다. 이외에 결혼 여부와 소득, 직업, 교육 정도 등을 구분하여 설문 후에 그 분포별 특성 분석에 활용하였다.

② 실증분석 및 그 결과

가설 검증의 분석기법은 다음과 같이 요약할 수 있다.

빈도분석 : 인구통계학적 변수에 기초된 각종 변수의 분포 파악

↓

신뢰도분석 : 각 변수들과 브랜드 파워의 관계 규명을 위한 설문항목 신뢰성 평가

↓

요인분석 : 독립변수를 구성하는 각 요인들의 설문항목 타당성을 평가

↓

상관관계분석 : 독립변수를 집중 타당성을 위해 질문 항목의 상관성 분석

↓

경로분석 : 연구모형에서 제시된 변수간 관계 검증

빈도분석은 단순 통계량 분석으로 신뢰도분석부터 살펴보자. 이는 측정도구의 신뢰성을 분석하기 위한 것으로 내적 일관성(internal consistency reliability)을 대표하는 Cronbach's α 계수를 활용하였다. 아래 표는 그 결과로 그 계수를 반영한 것이다.

변 수 명	요구르트	신용카드	중형자동차
인지도	0.8370	0.7406	0.8679
이미지	0.7884	0.6499	0.8172
지각품질	0.7969	0.6147	0.8080
사회적 평판	0.8069	0.7063	0.8331
가격파워	0.8012	0.6490	0.8214
유통파워	0.8090	0.7479	0.8186
브랜드파워	0.7746	0.6547	0.8173

요인분석을 통해 요인 부하량이 유의하지 않은 측정항목을 제외하였으며, 각 요인들의 신뢰성분석을 위해 SPSS 10.0 통계패키지를 이용하였다. 표에 나타난 Cronbach's α 계수는 0.6 이상일 경우 유의한 결과로 해석할 수 있다. 따라서 모든 독립변수의 신뢰성 검증 결과, 계수가 0.6 이상으로 설문 전반의 신뢰도를 인정할 수 있다. 다시 말해 위 연구에서 개발된 요인들은 기존 연구와 현실적인 유연성을 강조한 사전조사 과정이 추가되었기 때문에 내적 타당성은 어느 정도 반영되었다고 할 수 있는 것이다.

아울러 측정 대상 및 그 적절성과 관련해 개념타당성(construct validity)을 획득하기 위하여 각 독립변수들의 요인분석을 실시하였다. 앞의 신뢰성분석을 통과한 변수들 가운데 요인적재량(factor loading)이 0.5 이상인 값을 가진 요인들은 총 7개의 독립변수로 개념타당성을 확보할 수 있었다. 즉 연구모형을 2단계로 나누어 살펴본다면, 인지도, 이미지, 품질, 주변영향의 4개 독립변수와 브랜드파워, 가격, 유통변수를 측정하기 위한 각각의 설문항목에서 타당성이 있다고 할 수 있는 것이다. 한편 최종적인 요인분석 결과 독립변수는 74%의 설명력을 가진 것으로 나타났다.

이러한 독립변수의 설명력을 토대로 해당 연구는 브랜드파워와 가격, 유통 변인에 의한 브랜드성과의 영향요인과 브랜드파워를 측정하기 위한 인지도, 이미지, 가격, 주변영향 등의 2단세 집근을 하었디. 그 관계를 반영한 경로도형은 다음과 같다.

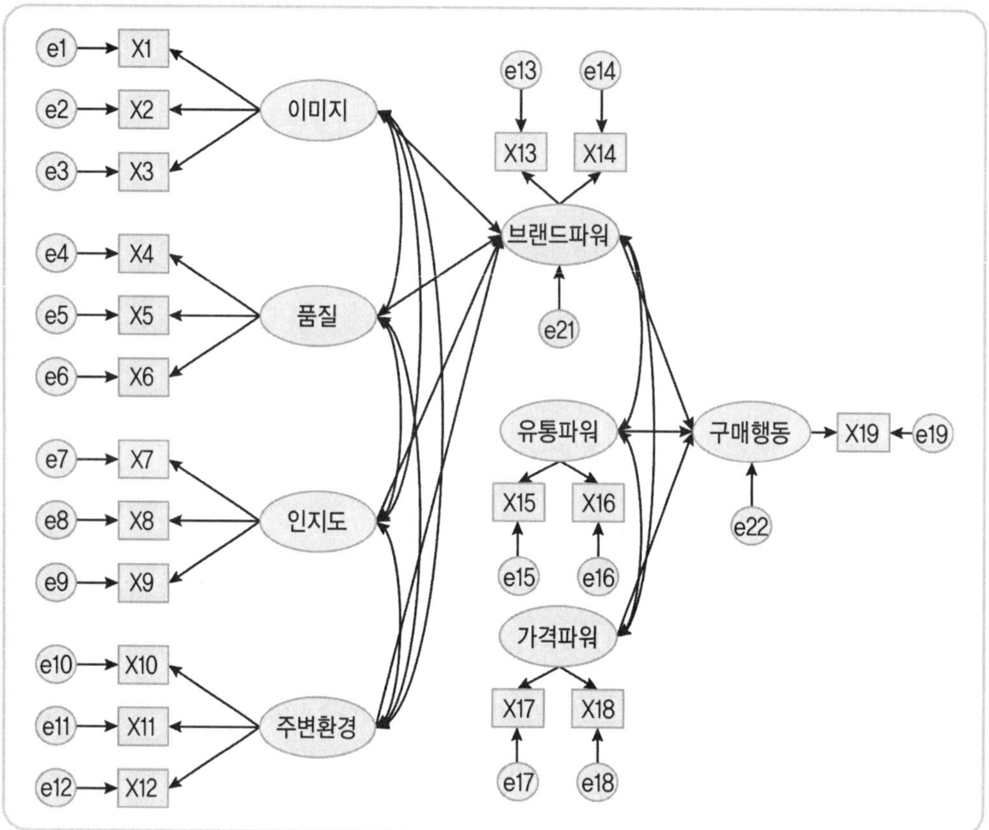

다음으로 위 연구모형의 설명력과 가설들을 검증하기 위해서 각 변수들이 실제 연구모형을 따르는지 검증할 필요가 있다. 따라서 가설의 성격에 맞게 각 변수들이 실제 연구모형을 따르는지 검증하는 경로분석을 수행하였다.

본 연구모형의 적합도를 반영하는 모형비교지표는 다음과 같이 정리된다.

구분	X^2	df	p	NFI	RFI	IFI
부합도지수	156.988	199	0.000	0.520	0.353	0.612
구분	TLI	CFI	RMSEA	GFI	AGFI	RMR
부합도지수	0.443	0.586	0.154	0.913	0.862	0.036

일반적으로 표본의 크기에 따라 좌우되는 χ^2검정에만 의존할 경우 제안모형의 부합도 평가는 위험한 것으로 알려져 있다(이경근, 1999). 따라서 다른 적합도 지

수들을 위와 같이 열거하여 각각의 평가 기준과 비교하는 과정이 선행되어야 한다. 우선 표준적합지수(NFI: Normal Fit Index)는 약 52%로 포화모형에 비교하여 양호하게 나타났다. 다만, NFI에 대한 다른 견해는 독립모형과 포화모형의 불일치 정도를 보여주는 지표로 불일치성이 약 52%임을 알 수 있다. 증대적합지수(IFI: Incremental Fit Index)도 마찬가지로 1에 가까울수록 양호한 모형인데, 결과치인 0.612에 비추어 볼 때 모형이 양호하다고 할 수 있다. 한편 모형의 적합도 판단지수 가운데 절대부합지수인 GFI와 AGFI는 회귀분석의 R^2와 관련이 있으며, 통상적으로 0.9 이상일 때 모형이 적합하다고 한다. 원소간 평균 차이(RMR: Root Meat Residual)는 가정된 공분산행렬과 비교하여 산출된 분산-공분산 행렬로 그 값이 작을수록 모형이 적합하다고 할 수 있다.

결국 다른 적합도 지수들의 평가 기준과 비교할 때 부합도 지수들이 대체로 만족스러운 결과를 보여 구조모형을 분석하는 데에는 무리가 없는 것으로 판단할 수 있다. 따라서 최종적인 구조방정식모형을 분석할 수 있는데, 변수의 검정을 위해 제시된 산업군 별로 신용카드, 자동차, 요구르트 시장에 대한 경로계수의 분석 결과를 정리한 것이 다음 표이다.

모형		경로			추정치	표준오차	C.R.
신용카드	I	이미지	→	브랜드파워	0.264	0.076	3.462*
		품질			0.379	0.067	5.681*
		인지도			0.311	0.226	1.374
		주변영향			0.328	0.090	3.655*
	II	브랜드파워	→	브랜드성과(구매행동)	0.009	0.003	2.589*
		유통			-0.003	0.003	-0.952
		가격			-0.003	0.003	-1.154
자동차	I	이미지	→	브랜드파워	-0.077	0.068	1.146
		품질			0.701	0.066	10.615*
		인지도			-0.148	0.124	-1.191
		주변영향			0.592	0.068	8.750*
	II	브랜드파워	→	브랜드성과(구매행동)	-0.004	0.006	-0.668
		유통			-0.001	0.006	-0.100
		가격			0.008	0.005	1.666**

모형		경로		추정치	표준오차	C.R.
요구르트	I	이미지	→ 브랜드파워	0.354	0.072	4.897*
		품질		0.251	0.070	3.613*
		인지도		0.241	0.126	1.918**
		주변영향		0.446	0.066	6.747*
	II	브랜드파워	→ 브랜드성과(구매행동)	0.006	0.005	1.096
		유통		0.006	0.005	1.971*
		가격		-0.044	0.004	-1.075

설명에 앞서 경로계수를 반영한 상기 표의 우측 C.R.(Critical Ration)은 1.96(유의수준 0.05)보다 클 경우 유의한 변수임을 의미한다. 한편, 좌측의 3개로 분류한 시장에 대하여 2단계 검정임을 Ⅰ과 Ⅱ로 구분하였다.

분석 결과와 함께 그에 따라 얻을 수 있는 시사점에 대하여 연구자는 다음과 같이 기술하였다. 먼저 신용카드는 1단계에서 브랜드파워에 대한 네 개의 변인 가운데 인지도를 제외한 이미지, 품질, 주변영향 등이 영향요인으로 나타났다. 상대적 관점에서는 주변영향이 가장 큰 브랜드파워의 영향요인이었다. 모형의 2단계인 브랜드성과(구매행동)에 미치는 영향요인 가운데에는 브랜드파워만이 유의하게 나타났다. 따라서 신용카드의 개별 브랜드파워는 주변영향이 매우 중요한 요인이었으며, 이로 인한 브랜드파워가 구매행동으로 전개될 수 있음을 의미한다. 다음으로 자동차의 경우 1단계에서 브랜드파워에 미치는 영향요인으로 품질과 주변영향만이 유의한 변인으로 나타났으며, 2단계에서는 가격이 브랜드성과에 유의한 영향요인임이 확인되었다. 이를 정리하면 자동차 브랜드파워에 대한 기업의 노력은 실질적인 구매행위로 연결되지는 않지만, 연구모형에 따라 가격을 제외할 경우 유의한 영향요인이라는 의미를 부여할 수 있다. 마지막으로 요구르트의 경우 1단계에서 네 요인이 모두 브랜드파워에 유의한 영향요인임을 반영하였고, 표준화계수를 통하여 보면 주변영향이 가장 큰 영향요인임을 확인할 수 있다. 2단계에서는 브랜드파워만을 제외하고 가격, 유통이 유의한 영향요인으로 나타났다. 네 개의 변인이 브랜드파워의 형성에 유의하게 나타나긴 하였지만, 브랜드파워의 구매행위 영향력은 유의하지 않아 가격과 유통이 주요 영향요인임을 확인할 수 있었다.

한편, 연구자는 이러한 분석과 함께 각 시장의 네 가지 변인들이 구조모형에서 종속변인에 대한 직접 혹은 간접 효과를 어떻게 반영하는지 살펴보는 것을 추가하였다. 즉 네 가지 변인들이 브랜드파워를 경유하지 않고, 바로 구매행위와 효과를 반영하는지 살펴보기 위한 것이다. 그 결과 신용카드와 자동차는 품질이, 요구르트는 주변영향이 구매행위에 가장 직접적인 효과를 미치는 것으로 나타났다.

Total effect		주변영향	인지도	품질	이미지
신용카드	브랜드파워	0.32850	0.31095	0.37937	0.26419
	브랜드성과(구매행동)	0.00296	0.00280	0.00342	0.00238
요구르트	브랜드파워	0.44631	0.24122	0.25133	0.35361
	브랜드성과(구매행동)	0.00254	0.00138	0.00143	0.00202
자동차	브랜드파워	0.592	−0.148	0.701	−0.077
	브랜드성과(구매행동)	−0.002	0.001	−0.003	0.000

2) 연구사례II

허훈(2008)은 구조방정식모형을 활용하여 **"인터넷금융채널선택에 영향을 미치는 고객가치요인과 고객 유형별 차이에 관한 연구"**(고객만족경영연구, 제10권 제3호, 2008.12)를 수행하였다. 다음은 이를 고찰하고자 한다.

(1) 연구목적

① 연구배경

저자는 금융권 활성화 속에 다양한 파생상품 등장이 새로운 채널을 형성한 가운데 이를 선택하는 소비자도 기존의 오프라인 채널 이외에 인터넷 뱅킹, 모바일 뱅킹, 콜센터, 카드 사이버 지점 등에 노출되어 있다고 하였다. 그러면서 개인 소비성향이나 그 정보에 따라 채널 선택도 다양화 되었다고 기술하였다. 이런 환경 변화에 맞추어 "다양화 된 금융상품에 따라 산업환경 특성을 반영하고 고객의 가치를 극대화시키기 위한 고객 요인과, 고객과 소매채널과의 접점에서 고객의 채널 선택요인을 알아보고자 한다. 또한 소비가치이론의 시장선택행동을 도입하여 소비자 특성에 관한 연구를 통해 소비자 유형을 나누어 분석하였다."고 그 목적을 서술하였다.

아울러 현재의 금융개념 및 영업방식에서 금융규제 완화는 금융산업에 큰 변화를 견인할 수 있다고 주장하였다. 그 예로 인터넷 은행의 경우 단순히 무점포 방식의 인터넷 영업 채널 하나가 더 생긴다는 차원에 그치는 것이 아니라 은행산업의 패러다임을 바꾸어 놓았음을 적시하였다. 과거 은행은 지점을 중심으로 한 오프라인 활동에 국한되어 있었다. 하지만 인터넷이 접목되면서 은행의 기존 지점 채널 가치창출 비중은 1985년 90%에서 2008년 35%로 축소된 반면, 온라인 비중은 2005년 25%에서 2008년에 38% 수준으로 확대되었다. 이는 오늘날 금융권의 중심인 은행이 인터넷을 활용한 채널로 영업 방식의 변화가 진행되고 있음을 시사한다.

본질적인 무형의 정보에 기초하는 상품과 서비스를 제공하는 은행산업이 온라인 영업에 적합한지에 대한 기존 연구를 시작으로 인터넷을 활용한 채널이 다양한 종류의 상품판매를 제공한다는 연구(Hoffman, Novak & Chatterjee, 1996)와 효과적 판매에 따른 채널의 소비자 접근 용이성 연구(Donthu & Garcia, 1999)로까지 발전하였다.

저자는 특히 정보기술의 발달과 함께 소비자가 인터넷을 활용한 금융의 접근 용이성이 금융채널 선택에 상당한 영향을 미칠 수 있다는 점에서 본 연구를 수행하였다. 따라서 소비자의 인터넷 금융채널 선택과 관련한 설문 조사방식을 토대로 자료의 신뢰성 및 타당성 분석을 하고, 구조방정식을 활용한 경로분석을 실시하였다.

② 이론적 근거

인터넷 채널 선택과 관련하여 저자는 가격 민감성, 편리성, 지각된 위험, 사회적 영향, 이용 경험 등 크게 다섯 가지의 요인을 열거하였다.

〈참고〉 인터넷 채널 선택의 다섯 가지 요인

첫째, 인터넷이 소비자들에게 가격 비교에 필요한 최적의 정보를 제공한다는 점에서 가격 민감성을 제시하였다(Zellweger, 1997). 아울러 이러한 가격 정보 제공을 위한 인터넷 채널의 경쟁이 강화되어 수많은 잠재 고객을 끌어들일 수 있다(Alba et al, 1997).

둘째, 소비자가 시간과 공간에 구애받지 않고 의사결정을 할 수 있다는 점에서 편리성을 포함한다(Gillett, 1976: Gehrt, Yale, Lawson, 1996). Neilson(1999)은 소비자가 인터넷 채널을 통해 상품을 구매하는 주요한 이유가 편리성과 사용의 용이성에 있음을 주장한 바 있다.

셋째, 인터넷 채널 활용을 저해하는 요인으로 지각된 위험을 제시하였다(Donthu & Garcia, 2003). 소비자 행동 분야에서 위험지각이라는 개념을 처음 소개한 Bauer(1960)는 위험지각이 확률적 위험과는 구별되는 것으로 소비자가 브랜드 선택, 상품선택, 구매방식의 선택 등과 같은 선택 상황에서 주관적으로 지각하는 위험이라고 정의하였다. 이문규와 최은정(2006)은 인터넷 쇼핑시 소비자가 지각하는 위험요인으로 품질 위험, 보안 위험, 정보 부족 위험, 비교불능 위험 등으로 나타났으며, 소비자의 위험 지각 요인은 인터넷 채널 이용의도에 부정적인 영향을 미치는 것으로 파악한 바 있다.

넷째, 사회적 영향은 소비자의 특성에 중요한 역할을 한다(Jardish N. Sheth, 1995). 이에 앞서 Stone(1954)은 쇼핑행동을 사회적, 심리적 지향의 경제적 구매자, 개인화 구매자, 윤리지향 구매자, 심미지향 구매자 등 네 가지 유형으로 나누었는데, 이후 Rice(1990) 등은 구매자가 사회적 관계 속에서 서로 간의 행위에 의해 영향을 주고받는 정도가 사회적 영향임을 제시하였다. 결국 인터넷 공간에서 뚜렷한 판단 기준이 없는 금융상품을 선택할 때 주변사람들의 영향이 상당할 수 있다(fisher & Price, 2007).

마지막으로 다섯째는 이용경험이다. Bellman, Lohse & Johnson(1999)은 인구통계나 라이프스타일 변수가 아니라 과거 구매경험이 인터넷 구매에 대한 설명력에서 가장 큰 영향 요인임을 밝힌 바 있다. 아울러 단순한 구매경험이 아니라 경험의 질까지 포함할 경우 보다 큰 영향력을 줄 수 있다(박상용, 1999).

이와 함께 소비자 가치에 근거한 인터넷 채널 활용에서의 소비자 유형을 살펴보았다.

〈참고〉 소비자 가치와 소비자 유형(1)

먼저 소비자 가치는 매우 포괄적이고 추상적인 개념으로 고객이 상품과 서비스를 구매하거나 이용할 때 얻을 수 있다. J.N. Sheth et al.,(1991)은 소비가치이론에서 상품을 구매하기 전 단계로 시장선택행동단계를 구매와 비구매 선택, 상품 유형의 선택, 브랜드 선택의 세 단계로 분류하였다. 시장선택행동단계는 순차적으로 일어나고, 시장선택행동은 특정 시장에서 중요시되는 가치를 정확하게 알 수 없으므로 기능적 가치, 상황적 가치, 사회적 가치, 정서적 가치, 인지적 가치 등 다섯 가지 가치의 시장선택행농가치를 부분적 또는 진부 포함할 지는 시장에 따라 다르다고 설명하였다. 이러한 연구 이후 소비가치이론의 보다

깊은 연구가 이루어졌으며, 이와 함께 채널에서의 가치에 관한 연구도 상당한 진전이 이어졌다. Mathwick, Malhotra와 Rigdom(2001)은 소비자가치 영역의 한 부분인 Holbrook(1994)의 경험적 가치척도도를 도입하여 한축을 가치의 내적 및 외적 가치로, 다른 한축을 활동적, 반동적 가치의 축으로 경험 가치를 유희성, 심미성, 투자회수 소비자, 서비스 우수성 등 네 가지로 나누어 경험적 가치의 개념화, 측정과 적용을 시도하였다. 투자 회수 소비자가치는 온라인 채널의 경우 소비자 선호에 관련되어 있고, 반면에 오프라인 채널은 경험가치 척도와 대체로 유의한 것으로 나타났다. 또한 Mathwick et al.,(2002)은 인터넷과 카탈로그 쇼핑의 비교를 위해 역동적 과업시스템이론(Theory of dynamic task system)에서 인지를 설명하는 인지된 연속이론(Cognitive Continuum Theory)을 도입하여 소매환경의 정보표현특징을 표면적 속성, 소비자의 쇼핑 임무의 속성을 깊이 속성, 마지막으로 경험적 가치의 소비자 지각에 의한 주관적 측정을 지각된 소매채널 수행의 세가지 변수로 나누어 소매 경험과 관련된 소비자 가치의 지각이 어떻게 다른 소매채널에 영향을 주는지 연구하였다.

구매 전 단계에서 탐색의 정도는 위험인식으로부터 생기는 소비문제와 관련된 단기적 관여도에 의해 결정된다(Moore와 Lehmann, 1980). 많은 연구에서 사전 구매정보탐색의 이점에도 불구하고 많은 소비자들은 고가이거나 인지된 위험을 가진 제품을 구매할 때조차 정보추구 행위를 거의 하지 않는 것을 보여주고 있다(Newman, 1977). 그것은 정보수집이 구매가 일어나지 않아도 계속되는 연속절차이기 때문이다. 또한, 인터넷 정보탐색을 통해 얻을 수 있는 가치 중 쾌락적 차원과 효용적 차원의 가치는 인터넷 정보탐색의 전반적 유용도에도 유의한 영향을 미친다(박철, 2000).

〈참고〉 소비자 가치와 소비자 유형(2)

쇼핑지향성은 상품구매에 대한 일반적 경향과 연관되어 있다. Stone(1954)은 경제지향(economic), 개인화지향(Personalizing), 윤리지향(ethical), 심미적 지향(aesthetic)의 네 가지 형태로 쇼핑지향성을 나누었다. 다른 연구자들은 비활동적 구매자, 활동적 구매자, 검소한 혁신자로 분류하였다. Lunkin은 비관련 구매자, 인플레이션을 걱정하는 구매자, 높은 관련성의 구매자로 나누었다. Koraonkar는 여가형 구매자, 상표 충성 구매자, 점포 충성 구매자, 가격 추구 구매자, 심리 사회적 구매자, 시간 추구 구매자의 여섯 가지 형태로 분류하였다. Tauber는 상품을 구매하는 목적 이외에 개인적 동기와 사회적 동기에 의하여 구매를 한다고 주장하였다.

(2) 연구가설의 정립

① 변수 선정 및 표본의 설계

본 연구는 상기 이론적 틀 안에서 소비자가치 차원의 가격 민감성, 편리성, 이용 경험 등 기능적 가치, 지각된 위험과 즐거움 등 정서적 가치, 사회적 영향을 다루는 사회적 가치, 혁신성 등 인지적 가치를 채널 선택 주요 요인 변수로 사용하여 금융채널 영향력을 파악하고자 하였다. 아울러 그러한 과정에서 인터넷 채널 소비자 유형별로 채널 선택의 차이가 있는지에 대한 연구를 시도하였다.

기존 모형들과의 차이점을 서술하면 다음과 같다. 먼저 기존의 이용 경험이나 지각된 위험 등의 변수들이 기존의 연구에서는 변수별로 혹은 특정 형태별로 분석하였으나, 본 연구에서는 개인 선택행동에 따르는 소비자가치 차원의 다섯 가지 가치 중 상황적 가치를 제외한 네 가지 가치의 일곱개 요인들을 동시에 고려하여 채널 선택 요인을 규명하였다.

소비자는 상품의 구매 및 비구매 단계에서 채널 선택을 하게 된다. 소비자의 가치 측면에서의 어떠한 가치들과 요인이 채널 선택에 영향을 주는지 알아보는 것이다. 많은 연구자들이 제시한 채널 선택요인이 현시점에서 그리고 특정한 형태가 아닌 다양한 금융 채널의 전반적 소비자 가치에서 설명가능한지에 대한 검증이다. 그리고 본 연구모형은 소비자 유형에 따라서 채널 선택요인들의 차이점을 발견하여 소비자 유형에 따른 합리적이고 효과적인 금융상품 채널 전략에 직접적으로 이루어질 수 있는 연구결과를 도모하였다.

이러한 소비자들의 금융 채널 선택요인을 토대로 본 연구는 소비자가치의 네 가지 가치를 중심으로 가치별 독립변수로 총 일곱 개의 변수를 선정하는 동시에 소비자의 유형별 인터넷 채널 선택요인을 추가해 다음과 같이 가설을 정리할 수 있다.

구 분		가 설
소비자 가치	기능적 가치	1. 기능적 가치는 금융상품 채널 선택에 영향을 미칠 것이다. ⇨ 가격민감성, 편리성, 이용경험 등
	정서적 가치	2. 정서적 가치는 금융상품 채널 선택에 영향을 미칠 것이다. ⇨ 지각된 위험, 즐거움, 브랜드 등

구 분		가 설
소비자 가치	사회적 가치	3. 사회적 가치는 금융 상품 채널 선택에 영향을 미칠 것이다. ⇨ 주변평판, 추천, 인지도 등
	인지적 가치	4. 인지적 가치는 금융 상품 채널 선택에 영향을 미칠 것이다. ⇨ 혁신성, 수수료, 가격적절성 등
소비자 유형		5. 금융 상품 채널 선택요인은 소비자 유형별로 상이할 것이다. : 인터넷 채널 사용자 유형화 연구와 선택요인 관계 규명 목적

② 설문조사 및 실증분석기법

본 연구를 수행하기 위한 모집단은 금융기관을 이용하는 국내 거주 고객이며, 표본은 비확률적 표본추출법에 해당하는 편의표본추출법을 사용하였다. 보다 구체적으로 금융기관을 이용하는 서울, 경기 지역에 거주하는 성인남녀 고객을 대상으로 2008년 6-7월의 2개월에 걸쳐 총 2,000부의 설문지를 배포하였다. 배포한 2,000부 중 1,347부를 회수하였고, 이 중 설문 누락과 불성실한 답변을 한 25부를 분석에서 제외시켰다. 따라서 설문지를 성실하게 답한 응답자로부터 얻은 1,302부의 자료를 구조방정식모형을 이용한 분석의 최종 자료로 사용하였다. 분석에 사용된 1,302부의 설문지 응답자들 가운데 주거래 금융기관으로 은행을 이용하는 응답자가 90.1%였다.

위에 제기한 연구가설의 실증분석을 위해 각 변수들이 금융상품 채널 선택과의 관계를 규명하고, 설문항목의 신뢰성을 평가하기 위한 신뢰도분석과 독립변수를 구성하는 각 요인들에 대한 설문항목의 타당성을 평가하기 위한 요인분석을 실시하였다. 아울러 독립변수의 집중 타당성을 위하여 질문 항목들에 대하여 상관관계분석을 사용하였다. 마지막으로 연구모형에서 제시된 변수간 관계를 검증하기 위하여 AMOS를 활용해 경로분석을 실시하였다.

측정도구의 신뢰성을 분석하기 위해 내적 일관성(internal consistency reliability)을 대표하는 cronbach's α를 이용하였다. 요인분석을 통하여 요인부하량이 유의하지 않은 측정항목을 제외한 각 요인들의 신뢰성분석을 위해 SPSS 10.0 통계패키지를 이용하여 각 요인들의 cronbach's α 계수를 계산하였다. 본 연구에서 사용하는 측정도구의 신뢰성을 측정한 결과는 다음 표와 같다.

구 분		최초 항목수	요인분석에서 제거된 항목수	신뢰성분석에 사용된 항목수	cronbach's α
독립변수	기능적 가치	5	2	3	0.7016
	정서적 가치	5	3	3	0.8155
	사회적 가치	4	1	3	0.8394
	인지적 가치	3	2	2	0.7272

위 표에서 보듯이 신뢰성 검증결과는 0.5 이상이면 유의한 결과로 인식할 수 있는데, 모든 독립변수의 신뢰성 검증결과 계수가 최소한 0.7 이상이어서 실증분석을 위한 설문의 전체적인 신뢰도는 확보되었다. 이러한 관점에서 볼 때, 본 연구에서 개발된 요인들은 기존 연구와 현실적인 유연성을 강조한 사전조사 과정을 통하여 개발되었기 때문에 내적 타당성은 어느 정도 반영되어 있다. 아울러 최종요인분석결과 본 연구의 독립변수는 74%의 설명력을 가진 것으로 나타났다.

다음으로는 연구모형의 설명력과 가설들을 검증하기 위해 모형의 적합성을 살펴보았는데, 그 결과표는 생략하였다. 대신 그 결과만을 요약하면 χ^2를 포함한 GFI, AGFI의 값이 모형의 적합성을 반영하고 있을 뿐 아니라, 각 요인들을 구성하는 측정 항목들의 표준 부하량 또한 모두 유의하여 집중 타당성이 있다고 판단된다.

위의 모형 적합성을 근거로 구조방정식모형을 분석할 수 있는데, 이는 앞서 제시한 사례연구1과 방법의 유사성을 이유로 생략한다. 다만 경로분석 결과를 간략히 기술하면 다음과 같다. 기능적 가치를 구성하는 세 가지 요인인 가격민감성, 편리성, 이용경험 등은 금융고객의 채널 선택요인으로 유의미하게 나타났다. 정서적 가치의 즐거움, 사회적 가치의 인지도는 채널 선택과의 관계에 있어 통계적 유의도가 낮아 기각되었으나, 나머지 지각된 위험, 브랜드 그리고 주변평판, 추천 등은 채택되었다. 아울러 가격으로 구성된 인지적 가치의 경우에도 채택되었다. 본 연구의 경로분석 결과, 금융채널이라는 특수성을 감안할 때 금융고객의 경우 이용경험과 수수료, 가격, 주변평판, 추천 등이 주요한 요인으로 나타났다.

마지막으로 앞서 가설의 내용에 따라 정보탐색수준과 위험지각수준에 따른 네 가지 금융고객의 유형별 채널 선택요인에 대한 영향력의 차이를 검증하여 보았다. 금융고객 유형별 고객가치 요인의 인터넷 금융채널의 영향요인을 경로분석을 통하여 분석한 결과는 다음과 같다.

모 형	경 로	소비자(금융고객) 유형			
		사회화형 소비자	경제적 소비자	체제형 소비자	예비적 소비자
기능적 가치	가격민감성 → 채널선택	1.462*	2.055*	1.342*	1.821
	편리성 → 채널선택	2.681	1.173*	2.541*	3.509*
	이용경험 → 채널선택	6.235*	1.130	0.429	3.644*
정서적 가치	지각된 위험 → 채널선택	2.349	2.147*	0.212*	1.988
	즐거움 → 채널선택	0.952	4.474*	0.706	2.698*
	브랜드 → 채널선택	1.340*	2.002	1.969*	0.015
사회적 가치	주변평판 → 채널선택	2.146*	1.042*	0.254*	3.529*
	추천 → 채널선택	2.673*	2.154*	1.203	4.251*
	인지도 → 채널선택	1.292	1.247*	2.014*	6.254*
인지적 가치	혁신성 → 채널선택	0.632	1.254*	1.025*	1.420*
	수수료 → 채널선택	0.100*	2.054*	0.251*	1.204*
	가격적절성 → 채널선택	2.226**	1.025	1.547	1.025

정보탐색 수준과 위험지각 수준이 낮은 소비자 유형으로 정의된 사회화형 소비자의 경우 이용경험에 의한 기능적 가치가 제일 유의하고 영향력 있는 변인으로 나타났다. 위험지각 수준이 낮고 정보탐색 수준이 높은 소비자 유형인 경제적 소비자인 경우 금융거래 와중에 파생되는 각종 혜택과 서비스에 민감하게 반응하는 즐거움의 요인이 유의한 것으로 나타났다. 이 경우 소비자 유형의 평균 나이가 26.6세로 어리며 학생들이 대부분을 차지하였다. 주로 금융거래를 인터넷 채널을 통하여 이용하고 있으며, 직접적인 구매로 이어지지 않더라도 높은 정보탐색 수준으로 금융정보나 지식에 대한 검색을 하고 있음을 알 수 있다. 위험지각 수준이 높고 정보탐색 수준이 낮은 소비자 유형인 체제형 소비자의 경우 인지도 요인이 유의한 것으로 나타났다. 소비자 유형의 평균 연령은 34.5세로 높으며 인터넷 금융 채널 선택변수에 있어 거래안정성에 기반한 인지도에 매우 큰 영향을 받는 것으로 나타났다. 금융거래의 행태도 지점 내방을 통한 거래를 희망하는 것으로 나타났다. 위험지각 수준이 높고 정보탐색 수준이 낮은 소비자 유형인 예비적 소비자의 경우 기능적 가치와 사회적 가치가 유의한 것으로 나타났다. 주변의 추천이나 평판과

이용경험에 의하여 인터넷 금융채널을 선택하는 소비자군으로 주로 이용하는 채널은 인터넷과 모바일 채널로 나타났다.

제3부

시계열 분석

제5장

시계열 분석

〈참고〉 최초의 노벨 경제학상 수상자는 계량경제학자

1969년 최초로 제정된 노벨 경제학상은 Ragna Frisch(1895-1973)와 Jan Tinbergen이 공동 수상하였다. 특히 Frisch는 통계 기법과 관련된 수리적 모형을 경제 데이터에 적용한 계량경제학의 선구자로, '계량경제학'이란 용어를 창안한 것으로 인정받고 있다. 또한 계량경제학회의 창립자 가운데 한 사람이며, 21년 동안 'Econometrica'의 편집장을 지냈다.

그는 특히 경제계획과 국민소득회계 등에 관련된 계량경제학적 거시모형을 발전시킨 것으로 유명하다. 이와 관련해서 그는 주요공직에 경제학부 졸업생들이 진출하는 데 영향력을 발휘했다. 이외에도 경기순환 · 생산이론 · 소비자행동 · 통계이론 등 여러 주제들을 다루었다. 이런 활동 속에 그가 출간한 여러 편의 논문들도 상당한 권위를 지니고 있다.

Frisch의 노력을 기리기 위해 econometrica는 Frisch Medal Prize를 1978년부터 2년에 한 번씩 시상하고 있다. 이 상은 노벨 경제학상, John Bates Clack Medal과 함께 영예로운 것으로 인정받는다.

시계열 분석은 계량경제학의 한 영역이다. 계량경제학은 통계, 수리, 이론의 영역을 통합한 학문으로 인정받으며, 오늘날까지 발전을 거듭하고 있다. 특히 시계열 분석은 이론을 기반으로 통계 및 수리 부문의 기술적 측면에서 발전을 거듭, 학문적 활용도를 제고시켜 왔다. 더욱이 계량적 방법론은 경제학의 영역에 한정되지 않고, 사회과학 전 영역에서 활용이 확대되고 있다.

이에 본 장은 앞서 회귀분석에서 더 나아가 시계열 분석을 다루고자 한다. 해당 내용이 Econometrics(Bruce E. Hansen, 2012)에 근거한 계량경제학적 접근이지만, 경영학에서 다양한 현상들의 시간적 관계를 통해 경영 진단과 향후 전망에 효율적으로 활용되고자 하는 바람에서 기본적 사항인 단위근, 공적분, VAR모형, 패널분석 등을 중심으로 서술하였다.

1 일변량 시계열

1) 개념의 이해

시계열분석은 순차적 시간 흐름($t = 1, 2, \cdots, T$) 하에서 관찰된 변수(y_t)들 간의 관계를 분석하는 것이다. 순차적 '시간 흐름(t)에 따른' 시계열 확률변수(random variable y_t)와 관련한 전통적 가정은 해당 변수의 시간 차이에 대하여 각각(예를 들어 y_t와 y_{t-1})이 독립적임을 주장하였다. 그러나 이러한 기대는 근래에 수많은 연구를 통해 독립적이지 않은 것으로 밝혀졌다.

독립적이지 않다는 것은 한 시점에서 관측되는 여러 개체의 자료로부터 대부분 독립동일분포모형(i.i.d.)에 적합한 횡단면 분석과 구분된다. 즉 시계열 분석은 종속성을 가지기 때문에 독립동일분포모형에 적합하지 않다는 의미로 해석되는 것이다. 그렇다면 이를 어떻게 해결할 수 있을까?

시계열 분석은 정상모형(stationary model)을 기본모형으로 사용한다. 정상모형은 시계열을 이루는 확률변수 y_t에서 종속성을 인정하지만, 확률변수들($y_1, y_2, \cdots, y_n$)의 결합분포에 대해서는 단순한 방식으로 결정하게 하여 분석을 가능하게 한다. 우리는 이를 정상성이라 하며, 다음과 같이 정의한다.

공분산 정상성(Covariance Stationarity)의 정의

$$E[y_t] = \mu \text{ for } all\ t$$

$$cov(y_t, y_{t-k}) = \gamma(k)$$

여기서 모든 k에 대하여 t는 독립적이고, $\gamma(k)$는 자기공분산 함수로

$\rho(k) = \gamma(k)/\gamma(0) = corr(y_t, y_{t-k})$

가 된다.

정상성은 강정상 과정(strongly or strictly stationary process)과 약정상 과정(weakly stationary process)으로 보다 엄밀하게 구분할 수 있는데, 그렇다고 강정상성이 약정상성보다 더 강한 가정은 아니다. 그 이유는 강정상성이 어떤 적률의 존

재도 가정하고 있지 않은 반면에 약정상성은 2차 적률의 존재를 전제한다는 차이만 있기 때문이다. 이는 단지 분포가 동일하다고 하면 적률도 같아지기 때문에 큰 의미에서 차이가 없다고 볼 수 있다.

앞서의 공분산 정상성의 정의와 함께 다음의 정의(definition)도 살펴볼 필요가 있다.

강정상성(Strictly Stationarity)의 정의

만약 $(y_t, y_{t-1}, \cdots, y_{t-k})$의 결합분포가 모든 k에 대해서 t와 독립적이라면 $\{y_t\}$는 강정상성을 가진다.

에르고딕(Ergodic)[주)]의 정의

만약 $k \to \infty$ 일 때 $\gamma(k) \to 0$이면, 안정적 시계열은 ergodic이라 한다.

주) 임의 확률 하에서 충분히 긴 시계열이 동일한 확률적 성질을 지닌 경우, 시간 평균이 집합 평균과 같게 되는 성질

위 정의들과 함께 안정적 시계열의 분석에서 필수적인 세 가지 이론(theorem)이 뒷받침된다.

안정적 시계열

만약 y_t가 강정상성과 에르고딕(ergodic)이라 하면, $x_t = f(y_t, y_{t-1}, \cdots)$로 나타내는 임의 보행 변수 x_t도 강정상성과 에르고딕 성질을 가지게 된다.

안정적 시계열(ergodic theorem)

만약 y_t가 강정상성과 에르고딕이라 하고 그 기댓값이 $\mathrm{E}\,|y_t| < \infty$으로 나타내면, $T \to \infty$ 할 때 $\frac{1}{T}\sum_{t=1}^{T} y_t \xrightarrow{p} \mathrm{E}\,(y_t)$으로 정리된다.

시계열 상의 특정 시점을 상수로 추정할 때 위 이론들이 사용되어진다. 즉 특정 시점에 대한 표본의 평균은 $\hat{\mu} = \frac{1}{T}\sum_{t=1}^{T} y_t$, 자기공분산(autocovariance)은 $\hat{\gamma}(k) = \frac{1}{T}\sum_{t=1}^{T}$

$(y_t - \hat{\mu})(y_{t-k} - \hat{\mu})$, 자기상관은 $\hat{\rho}(k) = \frac{\hat{\gamma}(k)}{\hat{\gamma}(0)}$으로 각각 나타낸다.

그럼 다시 안정적 시계열에 대한 평균, 자기공분산, 자기상관을 다음과 같이 이론으로 정리할 수 있다. 아울러 그에 대한 증명도 첨부하였으니 참고하길 바란다.

안정적 시계열의 평균, 자기공분산, 자기상관

만약 y_t가 강정상성과 에르고딕이라 하고 그 기댓값이 $\mathrm{E}\, y_t^2 < \infty$이면, $T \to \infty$할 때 평균, 자기공분산, 자기상관은 각각 $\hat{\mu} \xrightarrow{p} \mathrm{E}\,(y_t)$, $\hat{\gamma}(k) \xrightarrow{p} \gamma(k)$, $\hat{\rho}(k) \xrightarrow{p} \rho(k)$으로 나타낸다.

〈증명〉

평균의 정의에 따라 자기공분산 관계식을 정리한 후 이를 전개하면,

$$\hat{\gamma}(k) = \frac{1}{T}\sum_{t=1}^{T}(y_t - \hat{\mu})(y_{t-k} - \hat{\mu}) = \frac{1}{T}\sum_{t=1}^{T} y_t y_{t-k} - \frac{1}{T}\sum_{t=1}^{T} y_t \hat{\mu} - \frac{1}{T}\sum_{t=1}^{T} y_{t-k}\hat{\mu} + \hat{\mu}^2$$

여기서 앞선 안정적 시계열의 정의들과 $\mathrm{E}\, y_t^2 < \infty$ 가정을 토대로 $y_t y_{t-k}$는 한정된 값을 가지게 된다. 즉 에르고딕 이론 틀 안에서

$$\frac{1}{T}\sum_{t=1}^{T} y_t y_{t-k} \xrightarrow{p} \mathrm{E}\,(y_t y_{t-k})$$

가 된다. 이를 자기공분산 정의($\hat{\gamma}(k) \xrightarrow{p} \gamma(k)$)에 따라

$$\hat{\gamma}(k) \xrightarrow{p} \mathrm{E}\,(y_t y_{t-k}) - \mu^2 - \mu^2 + \mu^2 = \mathrm{E}\,(y_t y_{t-k}) - \mu^2 = \gamma(k)$$

의 과정으로 전개할 수 있다.

그리고, 자기상관은 상기 정의($\hat{\rho}(k) \xrightarrow{p} \rho(k)$)에 따라

$$\hat{\rho}(k) = \frac{\hat{\gamma}(k)}{\hat{\gamma}(0)} \xrightarrow{p} \frac{\gamma(k)}{\gamma(0)} = \rho(k)$$

이 됨을 알 수 있다.

따라서 일반적으로 다른 전제가 없이 정상시계열을 분석할 경우에 이론 전개에서 $E(y_t) = 0$으로 나타낼 수 있으며, 이 가정에 따라 시계열 이론의 전개와 그 결과도 매우 간단해진다. 즉 $E(y_t) = \mu$에서 시계열 y_t의 평균이 0이 아닌 경우에도 새로운 시계열 X_t를 분석할 때 $\{X_t\}$를 $X_t = y_t - \mu$로 정의하면 평균이 0인 시계열을 분석하는 것이기 때문에 평균이 0이라고 가정하는 것은 아무런 제약이 되지 않는다('경제

시계열분석'. 박준용, 장유순, 한상범, 2002).

2) 자기회귀

시계열 가운데 특히 금융시계열의 모델 수립 과정에서는 일반적으로 정상성과 에르고딕(ergodic)을 활용하여 자기회귀과정(autoregression: AR)을 따른다. 먼저 1차의 자기회귀과정 AR(1)을 살펴보면 그 과정은 $y_t - \mu = \phi(y_{t-1} - \mu) + \epsilon_t$, $(t = 1, \cdots, T)$로 나타낼 수 있다. 여기서 ϵ_t는 백색잡음(white noise)이며, 계수값 ϕ는 $|\phi| < 1$이다.

백색잡음의 의미와 정상과정

계열상관관계가 없고, 모든 시점에서 동일한 분산값을 갖는 확률과정으로 $\epsilon_t \sim (0, \sigma^2)$으로 나타낸다. 따라서 자기공분산함수는 다음과 같이

$$\gamma(k) = \begin{cases} \sigma^2, & k = 0 \\ 0\ , & k \neq 0 \end{cases}$$

으로 시간(t)에 의존하지 않고, 시차 k의 함수가 되어 정상과정이다.

앞서 나타낸 AR(1)의 특성화 방정식은 $\phi(z) = 1 - \phi z = 0$이 된다. 이 특성화 방정식에서 ϕ를 절대값으로 표현할 때 $|\phi| < 1$ 혹은 $\left|\frac{1}{\phi}\right| > 1$과 같으면 정상성이 충족된다. 이 경우에 $y_t = \mu + \sum_{j=0}^{\infty} \rho^j \epsilon_{t-j}$로 월드표현정리(Wold representation theorem)를 적용할 수 있다.

월드표현정리(Wold representation theorem)

월드표현은 임의의 안정적 시계열을 나타내는 백색잡음과 확정적 확률과정의 합으로 표시하는 것이며, 그에 따른 확률과정 $\{y_t\}$의 표현이 월드표현정리이다. 즉, $E[y_t] = \mu, \gamma_0 = \frac{\sigma^2}{1-\phi^2}, \psi_j = \rho_j = \phi^j$의 관계에 따라 확률과정 $\{y_t\}$를 $y_t = \mu + \sum_{j=0}^{\infty} \rho^j \epsilon_{t-j}$로 나타낸 것이 월드표현정리이다.

따라서 백색잡음을 고려한 AR(1)인 $y_t = \mu + u_t$ 를 다시 정리하기 위해 $u_t = \phi u_{t-1}$

$+\epsilon_t$를 y_t식에 대입한 후 조정하면 $y_t = c + \phi y_{t-1} + \epsilon_t$가 된다. 여기서 c는 $\mu(1-\phi)$와 같다.

이와 같이 시계열의 시간 종속성과 관련도를 측정하는 확률적 개념으로부터 우리는 마팅게일(martingale)을 이해할 필요가 있다. 이는 임의의 확률과정 $\{y_t\}$에 대하여 그와 관련된 직전 시점까지를 포함하는 정보가 Ω_{t-1}로 주어지면, y_t의 기댓값이 $t-1$시점에서의 실현값 y_{t-1}이 된다는 것이다. 이를 모든 t에 대한 조건부 기대를 사용하여 나타내면 $E[y_t|\Omega_{t-1}] = y_{t-1}$이 된다.

아울러 이 식을 차분한 조건부 기댓값은 $E[y_t - y_{t-1}|\Omega_{t-1}] = 0$이 되는데, 이를 마팅게일차분열(martingale difference sequence : MDS)이라고 한다. 결국, $\{y_t\}$이 마팅게일이면 $\epsilon_t = y_t - y_{t-1}$은 마팅게일차분열이 되고, 역으로 $\{\epsilon_t\}$가 마팅게일차분열이면 $y_t = \sum_{k=0}^{T} \epsilon_k$는 마팅게일이다. 따라서 마팅게일차분열은 평균이 0이고, 자기상관관계가 0인 확률과정이며, 분산이 시간에 독립적인 경우에 백색잡음 시계열이다. 임의의 시계열에 대한 회귀식에서 잔차는 당연히 마팅게일차분열을 전제로 최적화 행동의 결과를 추정하게 된다.

그러나 자기회귀과정에서 우리는 AR(1)만이 아니라 다양한 시차에 따른 AR(k)를 고려하여야만 한다. 이와 관련한 것이 시차 연산자(lag operator)로 그 정의는 다음과 같다.

시차 연산자의 정의

시차 연산자 L은 $Ly_t = y_{t-1}$을 충족한다. 이에 따라 $L^2 = LL$로 나타낼 수 있고, 이를 전개하면 $L^2 y_t = Ly_{t-1} = y_{t-2}$가 된다. 따라서 시차를 k로 적용하면 그 전개식은 $L^k y_t = y_{t-k}$가 된다.

1차의 자기회귀과정 AR(1) 모형을 일반화 시켜 $y_t - \rho y_{t-1} = \epsilon_t$라고 하면, 시차 연산자를 활용할 때 $(1-\rho L)y_t = \epsilon_t$로 표현할 수 있다. 따라서 시차 연산자에 대한 표현은 $\rho(L) = (1-\rho L)$로 다항식 형태가 된다. 여기서 $\rho(z) = 0$이 되는 z값은 $\frac{1}{\rho}$으로

이를 다항식의 해라고 한다.

시차 k와 관련한 AR(k) 모형은 $y_t = \rho_1 y_{t-1} + \rho_2 y_{t-2} + \cdots + \rho_k y_{t-k} + \epsilon_t$과 같고, 시차 연산자를 반영하면 $y_t - \rho_1 L y_t - \rho_2 L^2 y_t - \cdots - \rho_k L^k y_t = \epsilon_t$가 된다. 이를 줄여 쓰면 $\rho(L) y_t = \epsilon_t$로 $\rho(L)$은 $1 - \rho_1 L - \rho_2 L^2 - \cdots - \rho_k L^k$이다.

위에서 언급한 내용을 토대로 k시차의 자기회귀를 추정하여 보자. 먼저 $x_t = (1\ \ y_{t-1}\ \ y_{t-2}\ \cdots\ y_{t-k})'$의 시계열과 그에 대한 계수 $\beta = (\alpha\ \ \rho_1\ \ \rho_2\ \cdots\ \rho_k)'$를 y_t에 대한 회귀식으로 요약하면, $y_t = x_t'\beta + \epsilon_t$가 된다. 여기서 $\hat{\beta}$의 OLS 추정치는 $\hat{\beta} = (X'X)^{-1}X'y$이다. 우리는 이 과정에서 마팅게일차분열(MDS)을 통해 제시한 백색잡음(ϵ_t)의 평균이 0임을 알고 있다. 이를 통해 $u_t = x_t \epsilon_t$를 정리하기가 쉽다. 즉, 마팅게일차분열에 따라 $E(u_t | \Omega_{t-1}) = E(x_t \epsilon_t | \Omega_{t-1}) = x_t E(\epsilon_t | \Omega_{t-1}) = 0$이 되고, 강정상성과 에르고딕의 정의를 이용해 $\frac{1}{T}\sum_{t=1}^{T} x_t \epsilon_t = \frac{1}{T}\sum_{t=1}^{T} u_t \xrightarrow{p} E(u_t) = 0$으로 표현이 가능하다. 아울러 시계열 변수($x_t$)에 대하여 벡터(vector) $x_t x_t'$로 나타낼 때 강정상성과 에르고딕 정의를 적용한 확률과정은 $\frac{1}{T}\sum_{t=1}^{T} x_t x_t' \xrightarrow{p} E(x_t x_t') = Q$ 이다. 결국, 두 정리식 $\frac{1}{T}\sum_{t=1}^{T} x_t \epsilon_t = \frac{1}{T}\sum_{t=1}^{T} u_t \xrightarrow{p} E(u_t) = 0$과 $\frac{1}{T}\sum_{t=1}^{T} x_t x_t' \xrightarrow{p} E(x_t x_t') = Q$을 병합하면 추정계수 $\hat{\beta}$은 $\hat{\beta} = \beta + \left(\frac{1}{T}\sum_{t=1}^{T} x_t x_t'\right)^{-1} \left(\frac{1}{T}\sum_{t=1}^{T} x_t \epsilon_t\right) \xrightarrow{p} Q^{-1}0 = 0$이 됨을 알 수 있다.

k차의 자기회귀과정의 정리

만약 AR(k)가 강정상성과 에르고딕을 가지는 시계열 y_t의 확률과정이라면 시간이 무한히 확장됨에 따라 $\hat{\beta} \xrightarrow{p} \beta$가 된다.

3) 단위근 검정

자기회귀과정에 이어 우리는 일변량 시계열의 일반적 내용인 단위근 검정에 대하여 살펴볼 것이다. 다만 이에 앞서 일변량 시계열의 추세 안정(trend stationarity)을 보자.

먼저 시계열 y_t의 특정 시점 t에 대한 관계식을 $y_t = \mu_0 + \mu_1 t + S_t$라 하자. 여기서 잔차항 S_t는 y_t를 시계열로 추정하면 $\hat{S}_t$로 대체된다. 다만, 주의할 것이 계절효과(seasonal effect)로 잔차항이 $S_t = \rho_1 S_{t-1} + \rho_2 S_{t-2} + \cdots + \rho_k S_{t-l} + e_t$와 같이 정리될 때 시차 진행에 따라 단기 변동성이 강조되어 추가 오차(e_t)가 장기추세를 조정한다. 이러한 계절효과가 존재하는 시계열 자료의 방법은 다음과 같이 해결할 수 있다.

첫째, 특정한 변화가 반복되는 계절에 더미변수(dummy variables)를 포함하는 방법이 있다. 이는 원자료에 인위적 조정을 가하지는 않지만 추세에 대한 과소평가로 이어질 수 있다. 따라서 이런 단점을 해소하기 위해 또 다른 방식의 계절성 조정(seasonally adjusted)을 한다면, 이는 두 번째 방법으로 계절적 요소를 해소하기 위해 최근 몇 해 동안 해당 계절의 자료로부터 가중평균을 얻어 적용한다. 그러나 이 경우에는 시계열 상관이 존재한다. 이를 해결하는 적극적 방법이 계절성차분연산자(seasonal differencing operator)를 활용하는 것으로 가장 일반적이다. 대부분 계절성은 봄, 여름, 가을, 겨울로 분기 혹은 월별로 나타나기 때문에 $s=4$ 혹은 $s=12$가 된다. 이를 적용한 계절조정의 관계식은 $\Delta s\, y_t = y_t - y_{t-s}$인데, 여기서 $\Delta s\, y_t$는 장기 추세에서 계절성을 제거시키는 가장 타당한 방법으로 인식된다.

계절성을 제거하였다면, 다음으로 계열상관(serial correlation)을 파악하여야 한다. 이를 위해 AR(1) 회귀식 $y_t = \alpha + \rho y_{t-1} + e_t$에 대한 귀무가설을 간단한 예로 살펴보자. 여기서 우리는 오차항 e_t에 대한 계열상관이 있다는 점에 의문을 가져야 한다. 그래서 마팅게일차분열(MDS)인 e_t에 대한 관계식 $e_t = \theta e_{t-1} + \epsilon_t$에서 $H_0: \theta = 0$의 귀무가설과 $H_0: \theta \neq 0$의 대립가설을 검정하는 것이다. 검정을 위해 AR(1) 회귀식 $y_t = \alpha + \rho y_{t-1} + e_t$에서 시차를 조정하여 $y_{t-1} = \alpha + \rho y_{t-2} + e_{t-1}$로 하고, 잔차항과 관련한 식 $e_t = \theta e_{t-1} + \epsilon_t$을 적용하면 다음의 전개식 $y_t - \theta y_{t-1} = \alpha - \theta\alpha + \rho y_{t-1} - \theta\rho y_{t-1} + e_t - \theta e_{t-1}$을 얻게 된다. 이 식은 또 $y_t = \alpha(1-\theta) + (\rho+\theta) y_{t-1} - \theta\rho y_{t-2} + \epsilon_t = AR(2)$와 같이 다른 방식으로 정리할 수 있다. 앞선 전개식에서 귀무가설 기각 여부에 따라 y_{t-2}의 계수(coefficient)는 0으로 AR(1)이 되거나, 아니면 0이 아

니기 때문에 AR(2)가 되므로 그에 대한 계열상관을 검정할 수 있다. 그 검정의 일반적 방법으로 왈드 검정(Wald test)이 있다.

아울러 왈드 검정에 기초하여 적정 시차 k로부터 모형선택(model selection)도 연계할 수 있다. 모형선택에서 적정한 시차를 선정하기 위해 우리는 몇 가지 정보기준(information crterion)을 이용한다. 그 가운데 대표적인 것이 아카이케정보기준(akaike information criterion : AIC)이다. 그 관계식은 $AIC(k)=\log\hat{\sigma^2}(k)+\frac{2k}{T}$로 여기서 $\hat{\sigma^2}(k)$은 AR(k)로부터 추정되어진 잔차의 분산이 된다. 우리는 AIC(k)가 가장 작은 값을 가질 때를 적정 시차로 선정한다. 다만, 처음부터 점차 커지는 경우 $k=1$로 결정하면 된다.

시계열 분석을 위한 개념에서 시작하여 시차연산자, 계절성, 계열상관, 시차선정 등을 이해하였다면 그 다음은 단위근(unit roots) 유무를 확인하는 검정을 실시하여야 한다.

일반적으로 단위근이 존재하는 경우 y_t를 1차 차분(the first-difference)한다. 이를 통해 $\triangle y_t$가 더 이상의 단위근을 가지지 않는다면 안정적 자기회귀과정이라고 한다. 우리는 앞으로 불안정 시계열 y_t를 d차 차분(integrated of order d)하여 안정적 시계열을 확보할 경우 $\triangle^d y_t$ 혹은 $I(d)$로 쓴다. 추가로 대부분 시계열 자료는 $I(1)$임을 기억하자.

이와 같이 대부분 거시경제의 시계열은 단위근을 가지기 때문에 이들 자료들 간의 관계를 모형화하는 것은 정상 시계열 사이의 관계를 설정하는 것과 상당한 차이를 가진다. 특히, 단위근을 가진 둘 이상의 시계열 간에는 임의보행(random walk)이라는 오차가 발생하여 둘 간의 관계를 의미있게 설명하는데 한계가 있다. 하지만, 단위근 시계열의 통계적 특성상 분석 결과는 오히려 매우 큰 의미를 제시한다. 우리는 이를 허구적 회귀(혹은 가성회귀 : spurious regression)라고 한다. 이러한 다변량 시계열의 논의는 다음에 논의하기로 하고, 우선은 일변량 시계열의 단위근에 대하여 살펴보자.

먼저 AR(k)에 대해 $\rho(L)y_t=\mu+\epsilon_t$이고, $\rho(L)=1-\rho_1 L-\cdots-\rho_k L^k$를 상정하자. 여기서 y_t는 $\rho(1)=0$ 혹은 $\rho_1+\rho_2+\cdots+\rho_k=1$일 때 단위근을 가진다. 즉, y_t는 불

안정 시계열이 되는 것이다. 이를 해결하기 위한 것이 Dickey–Fuller 모수변환(reparametrization)으로 $\Delta y_t = \mu + \alpha_0 y_{t-1} + \alpha_1 \Delta y_{t-1} + \cdots + \alpha_{k-1} \Delta y_{t(k-1)} + \epsilon_t$와 같이 정리할 수 있다. 이 식을 다시 y_t에 대한 시차다항식으로 계산한 결과는 $(1-L) - \alpha_0 L - \alpha_1(L - L^2) - \cdots - \alpha_{k-1}(L^{k-1} - L^k)$가 되는데, 여기서 $\rho(1)$이면 $-\alpha_0$이기 때문에 Dickey–Fuller 모수변환에서 상수항 α_0는 단위근에 대한 정보를 요약한다. 즉, $H_0: \alpha_0 = 0$인 귀무가설과 $H_1: \alpha_0 < 0$인 대립가설을 세워 귀무가설이 기각되지 않으면 단위근이 존재한다고 할 수 있다.

모수변환(reparametrization)의 정리

두 모형 $y = X\beta + \epsilon$와 $y = Z\gamma + \epsilon$에서 Z가 X의 열에 대한 선형변환으로 주어지면, 그 모수의 OLS 추정량 사이에도 그 선형관계는 그대로 유지된다.

위에 논의한 내용은 기초가 되는 Dickey–Fuller 단위근 검정이다. 따라서 대부분 통계 혹은 계량 관련 서적의 부록에 Dickey–Fuller 단위근 검정통계량의 임계값 표가 첨부된다. 우리는 이 표에 근거하여 분포를 나타낼 수 있는데, 그 형태는 표준정규분포에 비해 약간 좌측에 치우친 비대칭 형상이다. 이러한 근소한 차이로 인해 정규분포나 t–분포를 활용하여 통계적 추론을 하면 단위근 존재 여부를 오판할 수 있게 된다. 따라서 Dickey–Fuller 분포표의 정확한 해석을 통해 검정하는 것이 필요하다. 한편, Dickey–Fuller 단위근 검정은 불안정 시계열 y_t가 AR(1)이라는 가정을 전제하기 때문에 고려할 수 있는 모형의 범위가 제한적이다.

이러한 Dickey–Fuller 단위근 검정의 제약을 해결하고자 augmented Dickey–Fuller(ADF)가 등장하였다. 이 검정은 앞선 Dickey–Fuller 단위근 검정에서 $H_0: \alpha_0 = 0$인 귀무가설을 $H_0: \alpha_0 = 1$로 놓고, 이에 대한 t–통계량을 구할 수 있다. 따라서 모수변환을 통해 얻은 차분변수들의 과거시차항 Δy_{t-1}, Δy_{t-2}, $\cdots$, Δy_{t-k} 등이 없는 회귀방정식 $y_t = \alpha y_{t-1} + \epsilon_t$에서 극한분포의 형태를 얻게 된다. 결국 모든 시차의 평균과 잔차항 관계에 대한 기댓값이 0으로 추가적 편의가 생기지 않음을 확인할 수 있어 모형의 범위 확대가 문제되지 않음을 알 수 있다.

2 다변량 시계열

$m \times 1$의 벡터로 표시되는 다변량시계열 y_t를 가정하고, 시간 t에 대해 모든 시차 정보를 반영한 함수식이 $\mathfrak{I}_{t-1} = (y_{t-1}, y_{t-2}, \cdots)$으로 표현된다고 하자. 우리는 여기서 조건부 기댓값 $E(y_t|\mathfrak{I}_{t-1})$을 얻어내야만 한다. 여기서 다변량 시계열 y_t가 벡터라 가정하였기 때문에 그 조건부 기댓값 또한 벡터가 됨을 짐작할 수 있다. 따라서 이번에 다루게 될 다변량 시계열은 앞선 일변량 시계열의 자기회귀와 마찬가지로 벡터자기회귀를 먼저 살펴보고자 한다.

1) 벡터자기회귀모형(Vector Autoregressions : VAR)

벡터자기회귀모형은 제한된 시차 하의 함수에서 조건부 평균을 제시한다. 즉, $E(y_t|\mathfrak{I}_{t-1}) = E(y_t|y_{t-1}, y_{t-2}, \cdots, y_{t-k})$와 같이 과거의 한정된 시차$(t-k)$로부터 현재 이전$(t-1)$까지의 정보를 반영하여 그 조건부 기대를 파악하는 것이다. 한편, 아직 논쟁이 진행 중이지만, 선형의 VAR모형은 그 조건부 평균도 선형이어서 $E(y_t|y_{t-1}, \cdots, y_{t-k}) = a_0 + A_1 y_{t-1} + A_2 y_{t-2} + \cdots + A_k y_{t-k}$으로 정리될 수 있다. 여기서 a_0는 $m \times 1$ 행렬이고, A_1에서 A_k까지는 $m \times m$ 행렬이다. 오차는 $m \times 1$ 행렬로 $e_t = y_t - E(y_t|\mathfrak{I}_{t-1})$와 같이 정의되고, 그 기댓값 $E(e_t|\mathfrak{I}_{t-1})$은 0이 된다.

제한적 시차를 적용하여 $mk+1$을 행렬로 표시하면, $x_t = \begin{pmatrix} 1 \\ y_{t-1} \\ \vdots \\ y_{t-k} \end{pmatrix}$이 된다. 아울러 $m \times (mk+1)$ 행렬은 $A = (a_0\ A_1\ A_2\ \cdots\ A_k)$이 되는데, 이를 종합하면 $y_t = a_0 + A_1 y_{t-1} + A_2 y_{t-2} + \cdots + A_k y_{t-k} + e_t$은 $y_t = Ax_t + e_t$와 같이 표현할 수 있다.

결국 VAR 모형은 m개의 항등식 체계가 됨을 알 수 있다. 여기서 만약 A의 j번째 열을 a'_j로 표시하면 그와 관련된 항등식은 $y_{jt} = a'_j x_t + e_{jt}$로 나타낼 수 있다.

다음은 이와 관련한 추정(estimation)을 살펴볼 것이다. 먼저 $j = 1, \cdots, m$이라 할 때 특정 시점 j에서 $E(x_t e_{jt}) = 0$을 상정하자. 특정 시점 하의 추정식을 $y_{jt} = a'_j x_t$

$+e_{jt}$이라 하고, 이를 다시 a'_j로 정리하면 $a'_j = \frac{y_{jt}}{x_t} + \frac{e_{jt}}{x_t}$이 된다. 이 식에서 x_t를 정리하면, 오차항 e_t는 $E(x_t e_{jt}) = 0$에 따라 제거할 수 있다. 다시 해당 식에서 x는 이용 가능한 모든 정보를 반영하는 행렬식 X로 나타낼 수 있다. 그러면 $\hat{a}_j$로 정리한 식은 $\hat{a}_j = (X'X)^{-1}X'y_j$가 되며, 또 다른 방식으로 $\hat{a}'_j = y'_j X(X'X)^{-1}$이 된다.

한편, 우리는 $\hat{a}'_j$을 행렬로 표현할 수 있기 때문에, $\hat{a}'_j = y'_j X(X'X)^{-1}$의 관계에서 $\hat{A} = \begin{pmatrix} y'_1 \\ y'_2 \\ \vdots \\ y'_{m+1} \end{pmatrix} X(X'X)^{-1}$으로 정리한다. 다시 y'을 y'_t와 관련한 $T \times m$ 행렬관계에 따라 $Y = (y_1 \ y_2 \ \cdots \ y_m)$으로 정리하면 궁극에는 $\hat{A} = Y'X(X'X)^{-1}$이 됨을 알 수 있다. 이러한 연립방정식의 추정을 우리는 SUR(Seemingly Unrelated Regressions) 추정이라 한다(Zellner, 1962).

2) VAR모형 계열상관

VAR 시스템 가운데 $y_{jt} = a'_j x_t + e_t$은 하나의 단일방정식(single equation)이다. 이때 각 변수를 재정의(re-define)하여 $y_t = y_{jt}$라 하고, z_t는 다른 변수라 하자. 이는 달리 말해 위 식에서 x'_t가 y_{t-n} 외의 모든 변수 z_{t-n}들을 반영하기 때문에 $x_t = [(1 \ y_{t-1} \ y_{t-2} \cdots y_{t-k} \ \ z'_{t-1} \ z'_{t-2} \cdots z'_{t-k})']$와 같음을 의미한다. 여기서 오차 e_t를 e_{jt}라 하고, 계수 a_j는 β라 할 때 다른 형태의 단일방정식은 $y_t = x'_t\beta + e_t$로도 나타낼 수 있다. 이처럼 VAR 시스템은 모든 시계열 자료를 반영한 단일방정식으로 나타내기가 용이하다.

다른 형태의 단일방정식 $y_t = x'_t\beta + e_t$은 일변량 시계열 분석의 자기상관과 달리 모든 변수들로부터 발생할 수 있는 계열상관을 고려할 필요가 있다. 이러한 계열상관은 오차항의 i.i.d 여부에 달려 있다.

이 과정을 파악하기 위해 오차항 e_t가 1차의 자기회귀모형 AR(1)임을 먼저 가정한다. 수식으로 표현하면 $e_t = \theta e_{t-1} + u_t$에서 $E(u_t | \Im_{t-1}) = 0$이 되며, 귀무가설 H_0: θ

$=0$과 대립가설 $H_1: \theta \neq 0$을 통해 검정할 수 있다. 검정과정은 $y_t = x'_t\beta + e_t$에 대하여 시차승수 θ를 부여한 $\theta y_{t-1} = \theta(x'_{t-1}\beta + e_{t-1})$와 같이 다른 방정식을 연립하여 풀이하는 것부터 시작한다. 즉, 두 방정식을 연립하여 차감하면 $y_t - \theta y_{t-1} = (x'_t\beta + e_t) - \theta(x'_{t-1}\beta + e_{t-1})$으로 나타낼 수 있다. 이 식의 우변을 풀이하면 $x'_t\beta - \theta x_{t-1}\beta + e_t - \theta e_{t-1}$이 된다. 이때 좌변의 θy_{t-1}을 우변으로 이항하고, 아울러 시차승수 θ와 β는 x_{t-1}의 계수로 각각 상수이기 때문에 연산에 따라 그 값을 γ로 정리할 수 있다. 그리고 위에서 정리한 오차의 AR(1) 과정으로 나타낸 $e_t = \theta e_{t-1} + u_t$에 따라 $y_t = \theta y_{t-1} + x'_t\beta - x'_{t-1}\gamma + u_t$ 와 같이 y_t에 대한 식으로 나타낼 수 있다. 결국, 귀무가설과 대립가설의 검정은 (y_{t-1}, x_{t-1})을 검정하는 것과 같다. 이는 왈드 검정(Wald test)으로 진행될 수 있다.

이보다 단순한 검정방식으로 더빈-왓슨검정(Durbin-Watson test)이 있다. 더빈-왓슨검정은 회귀식 $y_t = x'_t\beta + e_t$가 동태적이지 않고, 오차항 e_t가 $i.i.d \sim (0, \sigma^2)$일 때에만 적합하다. 반면에 동태 분석에서는 Cochrane-Orcutt 모형으로 검정할 수 있는데, 이 모형도 시차에 따른 오차항이 백색잡음이라는 가정에서 출발한다. 이처럼 다변량 시계열의 계열상관은 오차항이 시차를 두고 상호독립적이라는 가정을 검정함으로서 파악될 수 있다.

3) 공적분 검정

우리는 앞서 일변량 시계열에서 아카이케정보기준(AIC)에 근거한 시차 선정을 살펴본 바 있다. 다변량 시계열인 VAR모형에서도 시차를 선정할 필요가 있는데, 그 방법은 일변량 시계열의 정보기준과 동일하다.

다만, 일변량 시계열에서는 $AIC(k) = \log\hat{\sigma^2}(k) + \frac{2k}{T}$와 같이 AR($k$)로부터 추정된 잔차의 분산을 이용하지만, 다변량 시계열에서는 그 자리에 $\hat{\Omega}(k)$ 와 같이 분산공분산행렬를 적용한다는 점에서 차이가 있다. 즉, 다변량 시계열의 시차선정을 위한 AIC는 $AIC(k) = \log|\hat{\Omega}(k)| + \frac{2p}{T}$와 같이 모든 이용 가능한 정보가 포함된다. 여기서 $2p$

는 추정하여야 할 계수행렬의 모수 개수이다.

다음은 아카이케정보기준(AIC)과 함께 다른 시차선정 방법인 Schwarts의 베이즈 정보기준(Bayesian Information Criterion: BIC)에 대한 공식을 정리하였다.

시차 k를 얻기 위한 정보기준 관련 공식 정리

$$AIC(k) = \log|\hat{\Omega}(k)| + \frac{2p}{T}$$

$$BIC(k) = \log|\hat{\Omega}(k)| + \frac{p\log(T)}{T}$$

여기서, $\hat{\Omega}(k) = \frac{1}{T}\sum_{t=1}^{T}\hat{e_t}(k)\hat{e_t}(k)'$, $p = m(km+1)$와 같다.

시차 선정 이후에 각 변수들 간의 인과관계를 파악할 필요가 있는데, 가장 대표적인 방법이 그랜져 인과관계(Granger Causality)로 이번에는 이를 살펴볼 것이다. 먼저 벡터를 구성하는 자료를 (y_t, z_t)와 같이 분할하여 나타내면 $\Im_{1t} = (y_t, y_{t-1}, y_{t-2}, \cdots)$와 $\Im_{2t} = (y_t, z_t, y_{t-1}, z_{t-1}, y_{t-2}, z_{t-2}, \cdots)$ 두 개의 정보 집합으로 정의할 수 있다. $\Im_{1t}$는 단지 y_t의 모든 시간에 대하여 축적된 정보의 집합이고, $\Im_{2t}$는 y_t와 함께 z_t의 축적된 모든 정보 집합을 나타낸다. 여기서 만약 $E(y_t|\Im_{1,t-1}) = E(y_t|\Im_{2,t-1})$이라 하면 '그랜져 인과성은 없다'($z_t$ does not Granger-cause y_t)고 한다. 즉, 시차를 반영하는 변수 y_t와 z_t 사이에서 y_t를 예측하기 위해 z_t를 활용하는 것은 전혀 의미가 없음을 해당 정보의 조건부 기대를 통해 확인한 것이다. 반대로 두 개의 조건부 기대 $E(y_t|\Im_{1,t-1})$과 $E(y_t|\Im_{2,t-1})$의 등식이 같지 않다면 '그랜져 인과성이 있다'(z_t Granger-cause y_t)고 한다.

참고로 인과관계와 관련해 단순히 인과성(causality)이라 하지 않고, 꼭 그랜져 인과관계(Granger Causality)라고 하는 이유는 무엇일까? Granger(1969)와 Sims(1972)의 개념 정리를 요약하면 다음과 같다. 만약 z_t가 여러 종류의 미래가치를 예측하는 몇 가지 요인 중 하나라고 할 때, z_t는 y_t의 예측에 도움이 될 수 있다. 하지만, 꼭 y_t의 원인이라고 단정 짓기에는 어렵다. 다시 말해 임의 변수를 예측하는 과정에서 필요한 정보 집합의 인과성이 물리적, 구조적 접근을 통해 명확하게 설명되지는 못한다. 이처럼 인과관계의 명확한 구분이 어려운 상황에서 Granger(1934-2009)가 개략적 인과관계를 파악할 수 있는 방법을 제시하였기 때문에 마치 고유명사와 같이 사용되는 것이다.

위의 설명에 따라 다음과 같이 y_t에 대하여 z_t가 그랜져 인과성이 없어도 그 대안을 마련할 수 있다. 선형 VAR모형에서 y_t에 대한 방정식을 가정하여 $y_t = \alpha + \rho_1 y_{t-1} + \cdots + \rho_k y_{t-k} + z'_{t-1}\gamma_1 + \cdots + z'_{t-k}\gamma_k + e_t$의 예를 들어 보자. 이 식에서 z_t가 y_t에 대한 그랜져 인과성이 없다는 것은 $H_0: \gamma_1 = \gamma_2 = \cdots = \gamma_k = 0$의 귀무가설이 채택되는 경우이다. 그 검정을 위해 우리는 왈드검정을 이용할 수 있다.

다만, 기존의 왈드검정과 달리 변수들을 벡터로 나타내서 다변량 왈드검정을 사용한다. 구체적으로 z_t가 y_t에 대한 그랜져 인과성이 없다고 하면, $\Im_{1t} = (y_t, y_{t-1}, y_{t-2}, \cdots)$와 $\Im_{2t} = (y_t, z_t, y_{t-1}, z_{t-1}, y_{t-2}, z_{t-2}, \cdots)$으로 분리하지 않는다. 따라서 $E(y_t | \Im_{t-1})$의 시계열 모형으로 축약해 분석할 수 있다. 하지만, 모든 시차 정보를 포함하고 있는 $\Im_{t-1}$ 안에는 z_t가 포함되어 조건부 분산과 같은 형태로 여전히 y_t의 특징을 설명함을 유의할 필요가 있다.

지금까지 다변량 시계열 분석의 공적분(cointegration)에 앞서 시차선정, 그랜져 인과관계 등을 살펴보았다. 이번에는 공적분 검정을 살펴볼 것이다. 공적분은 Granger (1981)에 의해 제시되고, engle과 Granger(1987)에 의해 논문으로 발표되면서 다변량 시계열의 선형 안정성을 검정하는데 널리 활용되고 있다.

공적분 벡터의 정의

$m \times 1$ 시계열 y_t는 $I(1)$일 때 공적분 관계가 있다고 한다. 그런데 다음과 같이 $z_t = \beta' y_t$가 $I(0)$를 만족시키는 $m \times r$의 β가 존재한다고 하자. 그러면 β에 대한 r벡터는 공적분 관계가 있다고 한다.

위 정의에서 만약 시계열 y_t가 공적분 관계가 없다는 것은 $r = 0$이거나, 아니면 $r = m$이이서 y_t가 $I(0)$인 경우이다. 따라서 $0 < r < m$에 대하여 y_t가 $I(1)$이 되어 공적분 관계가 있음을 나타낸다.

공적분의 정의를 보다 쉽게 이해할 수 있도록 그 개념을 간략히 기술하여 보면 다음과 같다. 앞서 일변량 시계열에서 제시한 것처럼 대부분 거시 시계열(예를 들어 주가, 이자율 등)은 단위근을 가지고 있다. 이러한 단위근 시계열들의 관계를 분석하기 위한 다변량 시계열의 선형결합(linear combination)은 궁극에 단위근으로 인해 선형안정성이 없다고 판단할 수 있다. 하지만 정상시계열이 되는 특별한 경우를 공적분 관계가 있다고 한다.

그렇다면 이러한 공적분 관계의 여부를 검정하기 위한 가설을 살펴보자. 앞서 $r=0$처럼 공적분 관계가 없음을 귀무가설(H_0)로 하고, 대립가설(H_1)은 $r>0$라고 한다.

우선 관계 파악을 위해 식 $z_t=\beta' y_t$에서 β가 알려져 있다고 가정하자. 이 경우 귀무가설 하에서 z_t는 단위근이 있지만, 대립가설 하에서는 단위근이 없다. 결국 우리는 귀무가설 하에서 z_t의 일변량 ADF검정으로 단위근 존재 여부를 판단, 가설을 검정할 수 있는 것이다.

일반적 시계열 분석 과정에서 $z_t=\beta' y_t$의 공적분 관계를 파악할 때 활용된 시계열 변수들 사이에서 β를 인지하는 경우가 많다. 대부분 거시 시계열 분석은 많은 선행연구를 통해 각 변수들 간의 관계가 규명되어져 왔기 때문이다. 예를 들어서 만약 y_t가 소비와 소득의 두 관계를 통한 소비함수 추정의 경우라면 우리는 두 자료를 로그 차분하여 안정적 관계로 받아들일 수 있는 것이다.

한편, β가 알려지지 않았다고 가정하여 보자. 이때에는 식 $\hat{z}_t=\hat{\beta}' y_t$와 같이 y_t에 대한 회귀분석(OLS)에서 추정된 잔차의 ADF 검정을 하여야 한다(Engle과 Gragnger, 1987). 예를 들어 주식시장 수익률에 대하여 시차에 따른 회귀분석을 수행한 결과 $\hat{\beta}$은 대립가설 하에서 완벽한 공적분 관계가 있는 것으로 나타난다. 이러한 공적분은 일반적으로 정적인 관계를 나타낸다. 즉, 특정 시점에서 변수들 간에 나타나는 관계가 아니라 장기 균형관계를 모형화하는 개념인 것이다. 따라서 만약에 y_t가 $r=1$의 단일 공적분 벡터를 가진다면, β는 y_t의 회귀분석(OLS)으로 추정되어진다. 즉, $y_t=(Y_{1t}, Y_{2t})$, $\beta=(\beta_1, \beta_2)$의 관계에서 $\beta_1=1$일 때, $\hat{\beta}_2$은 확률과정에 따라 β_2가 되는 것이다.

상기에 기술한 공적분 관계를 토대로 본격적인 VAR모형 공적분을 보자. VAR모형은 $A(L)y_t = e_t$로 보여줄 수 있는데, 여기서 $A(L)$은 다시 다음과 같이 $A(L) = I - A_1L - A_2L^2 - \cdots - A_kL^k$로 풀어 쓸 수 있다. 즉, $A(L)$은 y_t의 시계열 정보를 반영한 관계로 $A(L)y_t = e_t$ 식은 $\Delta y_t = \Pi y_{t-1} + D(L)\Delta y_{t-1} + e_t$과 같이 바꾸어 쓸 수 있는데, 여기서 Π는 $\Pi = -A(1) = -I + A_1 + A_2 + \ldots + A_k$이다. Engle과 Granger (1987)는 이 관계에서 Π을 다음과 같이 정리하였다.

Granger Representation Theorem

만약 시계열에 따른 Π의 관계식이 $rank(\Pi) = r$이고, $\Pi = \alpha\beta'$으로 풀이하면, 시계열 y_t는 $m \times r$의 β에서 공적분 관계가 있다. 여기서 α는 $m \times r$ 행렬로 $rank(\alpha) = r$로 나타낼 수 있다.

위 정리의 제약조건에 따라 $\Delta y_t = \Pi y_{t-1} + D(L)\Delta y_{t-1} + e_t$ 식에서 Π를 상수로 전환한 VAR모형이 되게 하면, $\Delta y_t = \alpha\beta' y_{t-1} + D(L)\Delta y_{t-1} + e_t$이 된다. 아울러 $z_t = \beta' y_t$에 따라 $\beta' y_{t-1}$을 z_{t-1}로 하면, $\Delta y_t = \alpha z_{t-1} + D(L)\Delta y_{t-1} + e_t$이 된다. 우리는 이 식에서 β의 인지 여부를 다시 논의할 수 있다. 먼저, β를 알고 있는 경우에는 z_{t-1}과 Δy_t의 시차변수들로부터 Δy_t를 OLS에 의해 추정할 수 있다. 한편, β를 알고 있지 않다면, 제약 조건들로부터 축차적(reduced rank regression)으로 추정을 진행하여 얻을 수 있다. 여기서 제약조건은 잔차항이 $i.i.d$라는 가정 하에서 상수들이 결정됨을 의미한다.

3 E-Views를 활용한 분석 사례

이 책의 본래 목적은 경영학에서 활용도가 높은 구조방정식모형(SEM)을 중심으로 다루려는데 있었다. 그런데 굳이 경제학의 분석 수단이 되는 시계열을 다룬 것(경영학과 경제학이 학문적으로 명확히 구분된 가운데 시계열 분석이 경제학의 분석 수단으로 인식)은 급변하는 사회 속에서 경영학에서도 다양한 분석이 필요하다는 판단 때문이다.

따라서 계량경제학 영역, 특히 시계열 분석의 개념(빙산의 일각에 지나지 않지만)을 파악하자는 의도로 그 일부를 소개한다. 경제학을 전공한 선후배들에게는 큰 의미를 부여할 수 없겠지만, 경영학에서 시계열 분석을 필요로 하는 후학들에게 조금이나마 도움을 주고자 하는 의도임을 널리 양해해 주길 바란다. 아울러 기술상 오기로 인해 발생한 소소한 오류부터 지나친 논리의 비약이 있다면 후학들에 대한 애정으로 바로잡아 주기를 희망한다.

경영학도들은 이미 기초통계학을 시작으로 상당한 수준의 통계 지식을 습득하였으리라 믿는다. 왜냐하면 일반적이든 예외적이든 우리가 접하는 경영학의 사회현상들은 확률적 과정에 의해 그 진위를 파악하는 체계를 갖추어 왔기 때문이다. 앞서 구조방정식 모형이 이러한 통계학적 기준에 따라 활용됨을 이해했던 것처럼 시계열 분석도 장기적 관점에서 균형을 달성하는 과정을 통계적 개념으로 이해하고, 이론을 체계화 해왔다.

결국 자료와 분석 방법의 유형이 다른 것이지 수준이 크게 달라지는 것은 아니다. 후학들도 이런 점을 인지하여 그 방법을 지속 반복하고, 체득하면 사회현상을 설명하는데 이보다 용이한 접근 방법도 없다고 믿게 될 것이다. 다만, 새로이 지식을 습득하고자 하는 후학들은 시계열 분석의 범위가 이보다 훨씬 넓고 깊다는 점을 인지하여 늘 꾸준히 노력하기를 희망한다.

선후배 학자들의 관심에 대한 기대에서 큰 용기를 내어 실제 활용되는 시계열 자료를 분석 사례로 제시하였는데, 이는 앞서 다룬 개념적 내용을 순서대로 짚어가면서, 실제로 분석된 결과를 해석하는 방식임을 밝혀 둔다.

이번 시계열 분석 사례를 위한 자료의 출처와 구성은 다음과 같다.

최근 수많은 시계열 자료들이 인터넷을 통해 공개되고 있어 자료의 습득은 어렵지 않다. 본 분석에 사용되는 자료도 한국은행(한국은행 경제통계시스템 http://ecos.bok.or.kr/)의 공개 자료를 이용하였으며, 국내외 대부분 자료들은 이처럼 공개되어 있음을 참고하길 바란다.

분석 사례의 구성은 개념적 기술 순서를 그대로 옮겨 먼저 단일 시계열 분석부터 시작하였다. 일변량 시계열에서 다룬 계절조정과 관련하여 계절적 요인이 존재하는 자료의 smoothing 방법을 파악한다. 다음으로 자기회귀 과정에서 단위근 검정 방법과 그 결과를 해석한다.

이와 같은 일변량 시계열의 검정에 이어 다변량 시계열 분석으로 다루었던 VAR모형을 살펴본다. 그 과정 중에 각 자료의 계열상관과 함께 그랜져 인과관계, 시차선정 등의 방법 및 결과에 대한 해석을 첨부할 것이다. 그리고 다변량 시계열의 선형안정성을 보기 위한 공적분 검정의 방법과 결과의 해석도 기술한다.

다변량 시계열의 분석 대상은 가계자산을 구성하는 대표적 자산인 금융자산과 부동산의 가격지표로서 주가와 주택가격으로 하였다. 경제활동 참여와 관련한 실업률 변동이 가계의 자산구성 변화를 통해 각 자산의 가격에 미친 영향력을 위에 제시한 과정으로 분석한 것이다.

분석 프로그램은 E-Views7을 활용하였다. 수많은 통계분석 프로그램 가운데 E-Views를 선택한 것은 윈도우 환경에 따른 운용의 편의성 때문이다. 금융이나 재무를 비롯해 경영학의 대부분 영역에서 SASS, STATA, GAUSS, RATs 등 다양한 프로그램을 활용하고 있지만, 일반적으로는 설문 자료의 분석을 위해 SPSS와 같은 프로그램에 편중되었을 것으로 생각된다. 설문 자료의 분석에서 흔히 사용하는 프로그램인 SPSS만으로도 다양한 분석이 가능하지만, 통계 분석 프로그램을 하나 더 운용할 수 있다면 큰 장점이 될 수 있을 것이라 판단된다.

독자들 중에 혹여 E-Views와 관련하여 기초부터 시작해 그 이상의 상세한 지식을 얻고자 한다면 'E-Views를 이용한 금융경제 시계열 분석'(이병락)과 같은 관련 서적들이 즐비하니 별도로 참고하길 바란다.

1) 계절성조정

앞서 일변량 시계열의 추정을 통해 y_t의 특정 시점(t)에 대한 잔차항 S_t가 $\hat{S}_t$로 대체된다고 하였다. 즉 해당 잔차항은 $S_t = \rho_1 S_{t-1} + \rho_2 S_{t-2} + \cdots + \rho_k S_{t-l}$와 같이 나타낼 수 있는데, 시계열 y_t에 계절효과(seasonal effect)가 존재하는 경우 해당 잔차항은 $S_t = \rho_1 S_{t-1} + \rho_2 S_{t-2} + \cdots + \rho_k S_{t-l} + e_t$으로 단기적 변동성에 따른 오차($e_t$)가 추가되어 장기추세가 왜곡된다.

이런 계절효과의 단기 변동성을 제거하는 것이 계절성조정(seasonally adjusted)

으로 세 가지 방법을 소개하였었다. 그 첫째가 더미변수(dummy variables)의 활용이었고, 두 번째가 가중평균 활용, 마지막이 계절성차분연산자(seasonal differencing operator)의 활용이었다. E-Views의 X-12를 통한 계절성 조정은 이런 사항을 모두 포함한다.

그렇다면 이런 계절효과가 존재하는 시계열을 찾아 본격적인 분석을 수행하여 보자. 계절효과를 나타내는 시계열 가운데 우리는 실업을 고려할 수 있다. 실업은 노동력이 불완전 고용상태에 있음을 반영하는 것으로 크게 자발적 실업과 비자발적 실업 두 개의 유형으로 나뉜다. 이 가운데 사회적 관심이 되는 것이 비자발적 실업으로 구조적 원인, 경기적 원인, 계절적 원인 등이 그 발생 원인이다. 이 가운데 계절효과가 반영된 계절적 실업을 그 분석 대상으로 한다. 계절적 원인이 실업률에 반영되는지 보자.

실업률의 시계열 추이를 나타낸 아래 그림에서 매년 상반기 특히 1사분기에 연간 평균을 상회하는 규칙적 돌출 행태가 관찰된다. 다만, 2009년의 예외적 행태는 대공황과 맞먹는 경제위기 상황에서 연중 실업률이 상대적으로 높게 형성되어 있다. 따라서 이를 제외하면 실업률은 계절적 요인이 강하게 작용하고 있음을 알 수 있다. 시계열 상에서 특정 시기(이를테면 1사분기와 4사분기)에 실업률 변화는 대학졸업자들이 비경제활동인구에서 경제활동인구로 편입되며 구직자로 전환되는 1사분기와 이 기간 확대된 실업률이 4사분기에 대규모 공개채용과 맞물려 크게 축소된다고 보는 것이 실업의 계절성을 설명하는 일반적 견해이다. 이외에 단기 계약직의 계약 시기에 따른 희망취업자의 증감도 하나의 원인으로 대두되기도 한다.

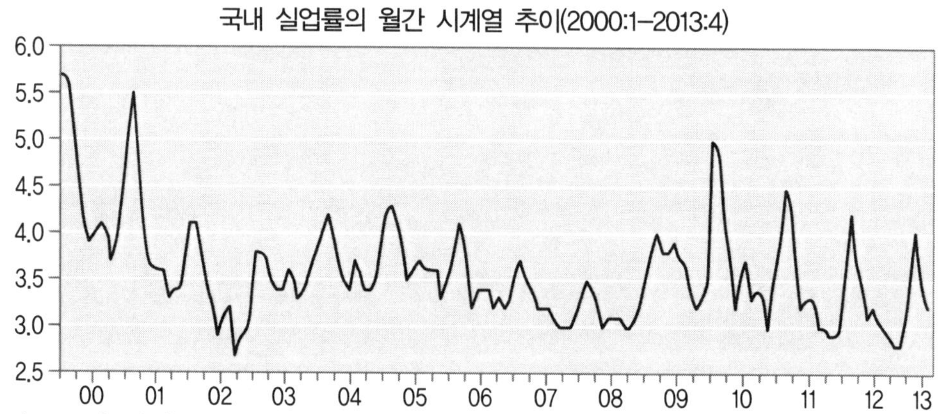

자료 : 한국은행

아래에 나타낸 표는 실업률 원자료의 계열상관도(correlogram)를 EViews를 통해 얻은 결과이다. 계열상관도의 표에서 AC는 자기상관함수를 나타내고, PAC는 편자기상관함수로 여기서 우리는 계절순환에 따라 스파이크가 지속 반복됨을 통계적으로 알 수 있다. 따라서 이를 계절조정하기 위해 다음의 과정을 진행한다.

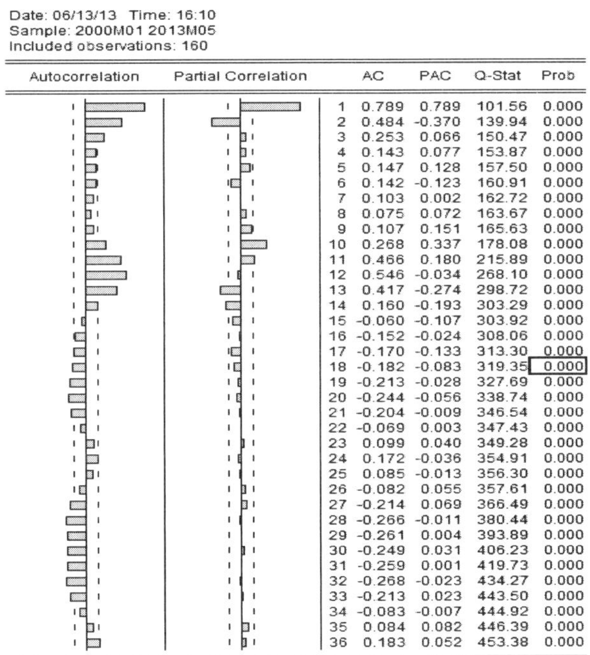
Date: 06/13/13 Time: 16:10
Sample: 2000M01 2013M05
Included observations: 160

	AC	PAC	Q-Stat	Prob
1	0.789	0.789	101.56	0.000
2	0.484	-0.370	139.94	0.000
3	0.253	0.066	150.47	0.000
4	0.143	0.077	153.87	0.000
5	0.147	0.128	157.50	0.000
6	0.142	-0.123	160.91	0.000
7	0.103	0.002	162.72	0.000
8	0.075	0.072	163.67	0.000
9	0.107	0.151	165.63	0.000
10	0.268	0.337	178.08	0.000
11	0.466	0.180	215.89	0.000
12	0.546	-0.034	268.10	0.000
13	0.417	-0.274	298.72	0.000
14	0.160	-0.193	303.29	0.000
15	-0.060	-0.107	303.92	0.000
16	-0.152	-0.024	308.06	0.000
17	-0.170	-0.133	313.30	0.000
18	-0.182	-0.083	319.35	0.000
19	-0.213	-0.028	327.69	0.000
20	-0.244	-0.056	338.74	0.000
21	-0.204	-0.009	346.54	0.000
22	-0.069	0.003	347.43	0.000
23	0.099	0.040	349.28	0.000
24	0.172	-0.036	354.91	0.000
25	0.085	-0.013	356.30	0.000
26	-0.082	0.055	357.61	0.000
27	-0.214	0.069	366.49	0.000
28	-0.266	-0.011	380.44	0.000
29	-0.261	0.004	393.89	0.000
30	-0.249	0.031	406.23	0.000
31	-0.259	0.001	419.73	0.000
32	-0.268	-0.023	434.27	0.000
33	-0.213	0.023	443.50	0.000
34	-0.083	-0.007	444.92	0.000
35	0.084	0.082	446.39	0.000
36	0.183	0.052	453.38	0.000

먼저 앞서의 계열상관도에 대한 결과에서 상단 창의 Proc 에서 계절조정 명령어인 Seaseonal Adjustment 의 Census X12... 를 선택한다. 물론 이하에서 다양한 방법을 선택할 수 있지만, 가장 일반적 접근을 위해 Census X12... 를 선택한다.

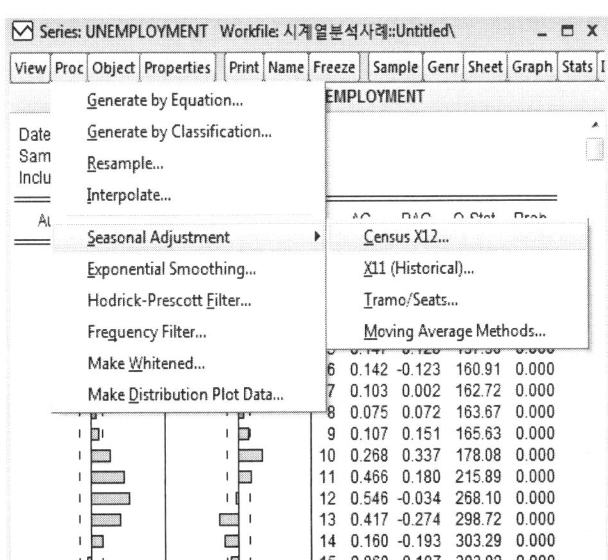

위 명령어 Census X12... 을 선택하면 아래 왼쪽 그림과 같이 창이 나타난다. 이 창에는 다양한 선택사항이 존재하는데, 단순히 그 결과만을 보여주고자 특별히 조건 부여를 하지 않았다.

다음 오른쪽 그림은 X12 option의 결과를 나타내는데, 이는 미국 상무부의 센서스국에서 계절조정을 위해 고안한 X-12-ARIMA의 내용도 함께 첨부되어 있다. 구체적인 내용은 여러분들이 직접 수행하며 확인하길 바란다.

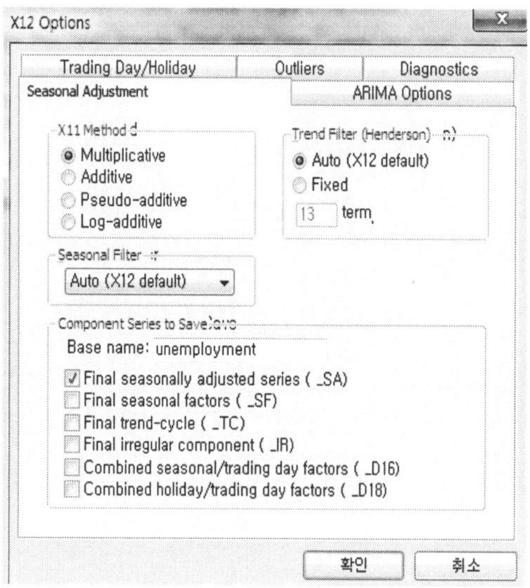

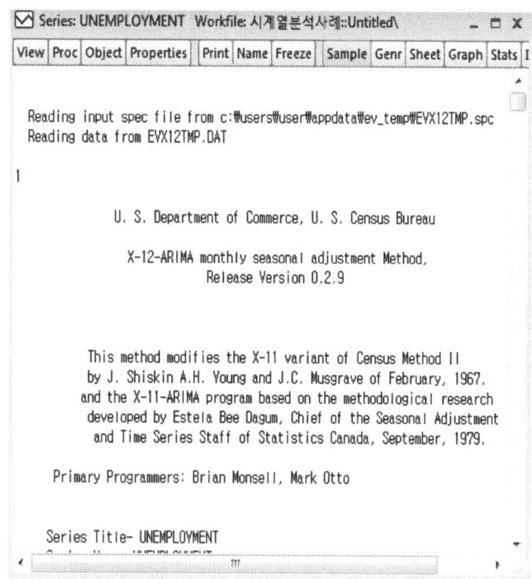

위 결과를 원시계열과 함께 비교하면 대체로 평활화(smoothing)가 반영되었음을 알 수 있다. 즉, 1사분기의 높은 수준과 4사분기의 낮은 수준이 상당히 조정되면서 시계열 추세를 확연하게 나타냈다는 의미이다. 물론 더 많은 세부 조건을 선택할 경우 보다 완만한 추세선을 도출할 수 있으니, 이에 대한 결과는 독자들이 직접 수행해 보길 바란다.

한편, 미국에서 고안한 X-12-ARIMA를 통한 계절조정은 서구의 영업일에 근거한 것으로 우리나라의 설, 추석 등의 명절과 국가 지정 공휴일 등은 반영하지 못한다는 한계가 있다. 한국은행은 이러한 차이를 개선한 계절변동조정방법으로 BOK-X-12-ARIMA를 활용하고 있다. 결국, 우리나라 고유의 명절, 공휴일 등의 효과를 식별하고 사전조정한 후 X-12-ARIMA를 적용하는 방법이며, 그에 따른 시계열도 별도로 구분하여 한국은행 경제시스템에 공시하고 있다(이긍희, '한국형 계절변동조정 프로그램 BOK-X-12-ARIMA', 2000).

국내 실업률의 월간 시계열과 계절조정 결과의 비교(2000:1–2013:4)

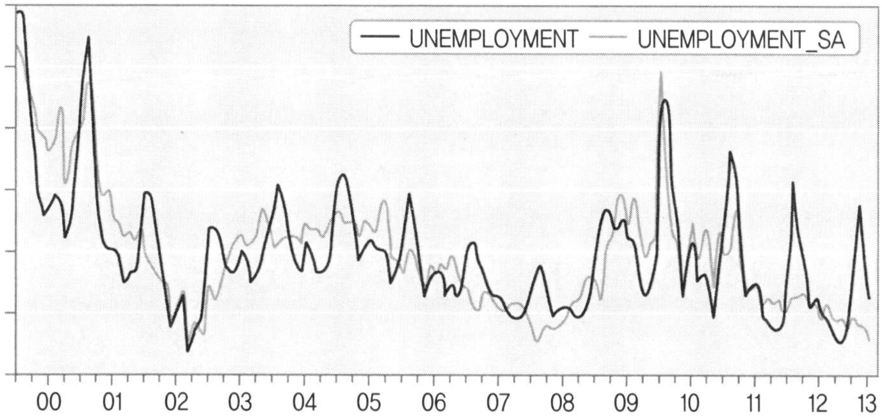

자료 : 한국은행

2) 단위근 검정

우리는 앞에서 EViews을 활용한 실업률의 계절조정 과정을 살펴보았다. 이제 그 다음 단계로 시계열의 단위근 검정 과정을 볼 것인데, 일변량 시계열의 단위근 검정에서 한 가지 간과한 부분이 있다. 확률 모형의 불안정 시계열을 1차 차분하는 과정에서 상수항과 추세선의 추가 여부를 지나친 것인데, 이를 수식으로 구분하여 나타내면 상수항과 추세선이 모두 없는 경우에 수준변수는 $y_t = \beta y_{t-1} + e_t$, 차분변수는 $\Delta y_t = \delta y_{t-1} + e_t$가 된다. 다음으로 상수항만 추가할 경우에 수준변수는 $y_t = \alpha + \beta y_{t-1} + e_t$이고, 차분변수는 $\Delta y_t = \alpha + \delta y_{t-1} + e_t$이다. 마지막으로 상수항과 추세선을 모두 추가할 경우에 수준변수는 $y_t = \alpha + \beta T + \beta y_{t-1} + e_t$이고, 차분변수는 $\Delta y_t = \alpha + \beta T + \delta y_{t-1} + e_t$가 된다. 이렇게 상수항과 추세선의 추가 여부는 분석 사례에서 각각을 수행하였으니 참고하기 바란다.

우리는 최종적으로 VAR모형 분석을 수행할 것이다. 따라서 단위근 검정은 VAR모형 분석에 앞서 개별적 시계열 특성을 파악한다는 의미가 크다. 따라서 단위근 검정을 위한 대상 시계열 자료는 주가지수, 주택가격지수, 실업률 등이다. 그럼 단위근 검정에 앞서 이들의 시계열 추세부터 그래프로 살펴보자. 각 시계열의 범위(scale)가 틀리기 때문에 좌우축에 나누어 나타냈으며, 실업률은 앞에서 제시하였기 때문에 주가지수와 주택가격지수만을 넣었다.

국내 주가지수(KOSPI)와 주택가격지수 월간 시계열 추이(2000:1–2013:4)

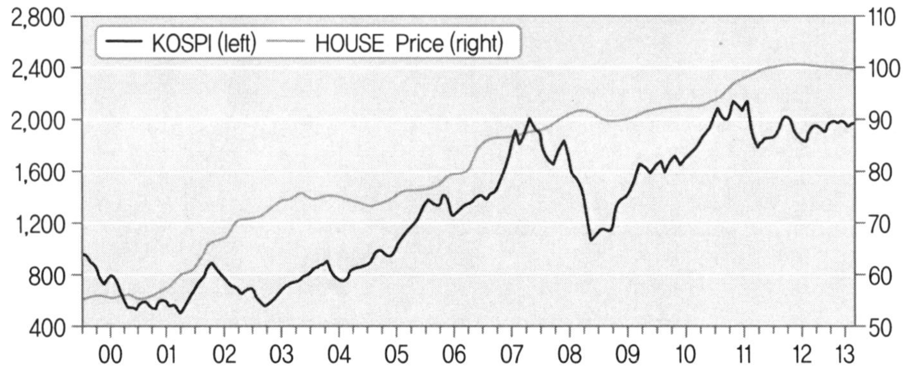

자료 : 한국은행

실업률의 추세와 달리 주가지수(KOSPI)와 주택가격지수(House Price)는 우상향 형태를 보인다. 구체적으로 시간이 변함에 따라 시계열이 증가하는 비정상적 모습이다. 즉, 임의보행(random walk)하는 불안정 시계열인 것이다. 따라서 단위근 검정을 통해 차분변수의 안정성을 살펴볼 필요가 있다.

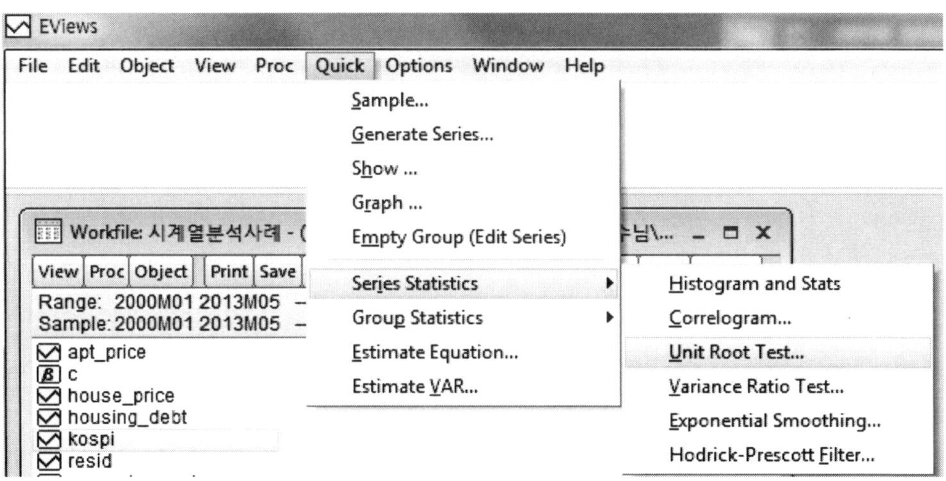

EViews를 활용한 분석 과정은 주가지수(KOSPI)만을 제시할 것이니, 독자들이 그 과정을 따라 직접 수행하여 보길 바란다. 그럼 먼저 단위근 검정의 시작부터 살펴보자. 자료를 입력한 후 EViews 윈도우 창의 Quick 메뉴에서 Series Statistics를 선택한 후 다시 Unit Root Test..를 선택한다.

그러면 아래와 같이 시계열을 입력하는 창이 뜨는데, 여기에 주가지수, 주택가격지수(House_Price), 실업률(Unemployment) 등을 각각 입력한다.

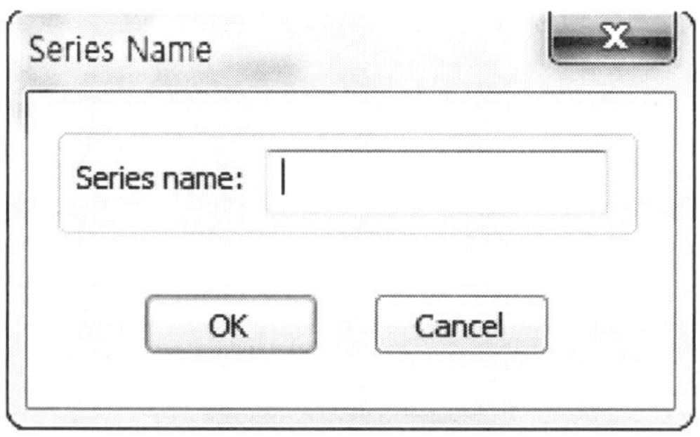

시계열을 입력하면 활성창이 생성되는데, 가장 먼저 다양한 검정 형태(test type)를 선택하게 된다. 두 번째 들어간 시계열이 수준변수인지 차분변수인지를 선정하고, 검정할 방등식에서 상수항과 추세선의 추가 여부를 선택한다. 우측의 시차 길이(lag length)에서는 활용할 정보기준(information criterion)을 자동으로 하되, 최대 시차는 임의로 조정할 수 있다.

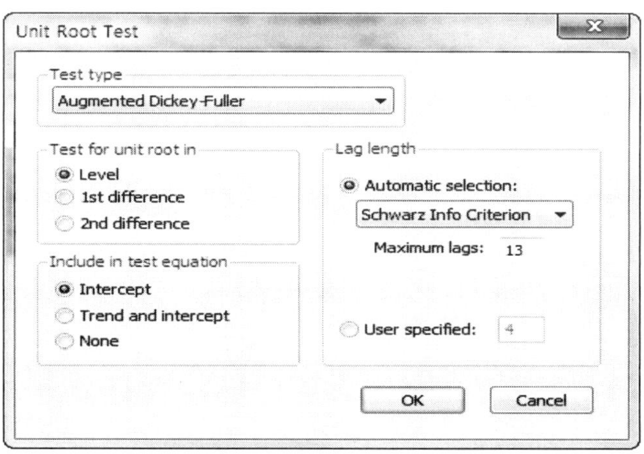

이러한 일련의 과정 결과, 주가지수는 귀무가설(null hypothesis)의 내용 '단위근이 있다(KOSPI has a unit root)'를 기각할 수 없는 것으로 나타났다. 보다 구체적으로 보면 Augmented DF에서 KOSPI(−1)의 검정통계량은 0.895548로 임계치인 τ(1%, 5%, 10% 유의수준에서 각각 −2.579495, −1.942830, −1.615384)보다 커 귀무가설이 기각될 수 없음을 알 수 있다.

Null Hypothesis: KOSPI has a unit root
Exogenous: None
Lag Length: 0 (Automatic - based on SIC, maxlag=0)

		t-Statistic	Prob.*
Augmented Dickey-Fuller test statistic		0.895548	0.9004
Test critical values:	1% level	-2.579495	
	5% level	-1.942830	
	10% level	-1.615384	

*MacKinnon (1996) one-sided p-values.

Augmented Dickey-Fuller Test Equation
Dependent Variable: D(KOSPI)
Method: Least Squares
Date: 06/14/13 Time: 15:06
Sample (adjusted): 2000M02 2013M05
Included observations: 160 after adjustments

Variable	Coefficient	Std. Error	t-Statistic	Prob.
KOSPI(-1)	0.003631	0.004055	0.895548	0.3718

R-squared	-0.003222	Mean dependent var	6.387188
Adjusted R-squared	-0.003222	S.D. dependent var	70.40348
S.E. of regression	70.51681	Akaike info criterion	11.35581
Sum squared resid	790646.7	Schwarz criterion	11.37503
Log likelihood	-907.4648	Hannan-Quinn criter.	11.36361
Durbin-Watson stat	1.478478		

다만, 한 가지 고려할 것은 KOSPI(−1)의 낮은 R^2와 durbin-watson 통계량이다. 즉, 자기상관의 문제가 있음을 의미한다.

자기상관과 R^2의 관계

Granger와 Newbold는 'Spurious Regressions in Economics(1974)'에서 회귀분석 결과 d-w통계량은 아주 낮으나 R^2값은 거의 1에 근접한 결로가를 제공한 서로 독립적이고 무관한 가공의 자료를 1차 차분하여 다시 OLS를 실시한 결과 d-w통계량이 2와 같아졌으나 R^2값은 0에 가까워진 결과를 얻을 수 있음을 밝힌 바 있다. 물론 지극히 의도적인 실험이긴 하지만 원래 자료의 특성(서로 독립적이어서 함수관계 자체가 없는)에 따라 후자의 추정 결과가 오히려 제대로 반영된 것임을 시사한다(이종원, '계량경제학' 2011).

그렇다면, 상수항을 추가한 경우의 결과는 어떨까? 똑같은 과정에서 상수항을 추가하여 실행한 결과는 다음과 같다. 그 결과 또한 주가지수는 귀무가설을 기각할 수 없어 '단위근이 있다(KOSPI has a unit root)'고 이해된다. 그러나 여전히 durbin-watson 통계량이 작아, 자기상관의 문제가 있다.

Null Hypothesis: KOSPI has a unit root
Exogenous: Constant
Lag Length: 0 (Automatic - based on SIC, maxlag=0)

		t-Statistic	Prob.*
Augmented Dickey-Fuller test statistic		-0.448565	0.8966
Test critical values:	1% level	-3.471454	
	5% level	-2.879494	
	10% level	-2.576422	

*MacKinnon (1996) one-sided p-values.

Augmented Dickey-Fuller Test Equation
Dependent Variable: D(KOSPI)
Method: Least Squares
Date: 06/14/13 Time: 15:17
Sample (adjusted): 2000M02 2013M05
Included observations: 160 after adjustments

Variable	Coefficient	Std. Error	t-Statistic	Prob.
KOSPI(-1)	-0.004880	0.010880	-0.448565	0.6544
C	12.61290	14.95884	0.843173	0.4004

R-squared	0.001272	Mean dependent var	6.387188
Adjusted R-squared	-0.005049	S.D. dependent var	70.40348
S.E. of regression	70.58100	Akaike info criterion	11.36382
Sum squared resid	787105.0	Schwarz criterion	11.40226
Log likelihood	-907.1056	Hannan-Quinn criter.	11.37943
F-statistic	0.201211	Durbin-Watson stat	1.472533
Prob(F-statistic)	0.654360		

마지막으로 상수항과 함께 추세선을 포함하여 단위근을 검정해 보았다. 앞선 결과보다 개선되었으나, 여전히 durbin-watson 통계량은 작다.

Null Hypothesis: KOSPI has a unit root
Exogenous: Constant, Linear Trend
Lag Length: 0 (Automatic - based on SIC, maxlag=0)

		t-Statistic	Prob.*
Augmented Dickey-Fuller test statistic		-2.849954	0.1819
Test critical values:	1% level	-4.016433	
	5% level	-3.438154	
	10% level	-3.143345	

*MacKinnon (1996) one-sided p-values.

Augmented Dickey-Fuller Test Equation
Dependent Variable: D(KOSPI)
Method: Least Squares
Date: 06/14/13 Time: 15:21
Sample (adjusted): 2000M02 2013M05
Included observations: 160 after adjustments

Variable	Coefficient	Std. Error	t-Statistic	Prob.
KOSPI(-1)	-0.076303	0.026773	-2.849954	0.0050
C	34.16133	16.39057	2.084206	0.0388
@TREND(2000M01)	0.864142	0.297294	2.906693	0.0042

R-squared	0.052273	Mean dependent var	6.387188
Adjusted R-squared	0.040200	S.D. dependent var	70.40348
S.E. of regression	68.97385	Akaike info criterion	11.32390
Sum squared resid	746910.5	Schwarz criterion	11.38156
Log likelihood	-902.9123	Hannan-Quinn criter.	11.34732
F-statistic	4.329780	Durbin-Watson stat	1.446232
Prob(F-statistic)	0.014778		

자기상관과 durbin-watson

Durbin과 Watson은 1950년대 자기상관을 측정하는 모형을 통해 d-w통계량을 개발하였다. 이는 오차의 시차간 상관관계를 나타내는 것으로 2(1-r)에 근사하는 값을 가진다. 그 값이 임계치 하한보다 작으면 자기상관이 존재하고, 임계치의 상한을 넘으면 자기상관성이 존재하지 않는다.

일부 연구논문에서는 시계열 표본과 무관하게 d-w통계량이 1.6을 넘으면 자기상관이 없다고 한다. 하지만, 이는 옳지 않은 것으로 독립변수의 수와 샘플 수에 의해 영향을 받음을 이해할 필요가 있다.

다음은 실업률과 주택가격지수의 단위근 검정 결과를 정리한 표이다.

결과부터 살펴보면, 실업률은 상수항과 추세선을 포함하지 않는 경우 단위근이 존재하는 것으로 나타났고, 주택가격지수는 모든 경우에 단위근이 존재하는 것으로 나타났다. 다만, 앞서 주가지수와 마찬가지로 자기상관에 대한 문제는 내포된 것으로 나타났다.

시계열	구 분		상수항× 추세선×	상수항○ 추세선×	상수항○ 추세선○
실업률	t-통계량		-1.326713	-4.924947*	-5.006607*
	단위근 여부		○	×	×
	d-w 통계량		1.394636	1.326821	1.315115
	R^2		0.008465	0.133817	0.141680
	임계치	1%	-2.579587	-3.471719	-4.016806
		5%	-1.942843	-2.879610	-3.438334
		10%	-1.615376	-2.576484	-3.143451
주택가격지수	t-통계량		7.325429*	-2.036270	-0.330864
	단위근 여부		○	○	○
	d-w 통계량		0.459546	0.488858	0.489222
	R^2		-0.045127	0.025572	0.025593
	임계치	1%	-2.579495	-3.471454	-4.016433
		5%	-1.942830	-2.879494	-3.438154
		10%	-1.615384	-2.576422	-3.143345

주) *은 1% 유의수준

위 결과들을 종합하면, 전반적인 자기상관의 문제를 간과할 수 없는 상황에서 단위근 검정의 다른 방안이 필요함을 알 수 있다. 이처럼 자기상관과 관련하여 근본적인 문제에서 다시 접근한 것이 Phillips-Perron(PP)검정법이다. 즉, $e_t \sim i.i.d(0, \sigma^2)$와 같이 오차항의 가정이 충족되지 못하는 광범위한 상황에서 e_t가 자기상관과 함께 이분산 현상까지 가지는 경우를 전제로 다시 한 번 Dickey-Fuller 검정을 수정하는 방법인 것이다. 따라서 Phillips-Perron검정법으로 얻어진 통계량은 다시 다음 단계에서 추정된 오차항의 분산값을 이용하여 Dickey-Fuller 검정통계량을 변환시킨다. 세부적인 과정은 독자들의 몫으로 남겨 놓을 것이니, 실제로 위 과정의 선택 사항을 다르게 수행하여 그 차이를 살펴보길 바란다.

3) VAR모형 분석(8)

주가지수, 실업률, 주택가격지수 등의 일변량 시계열에 대한 단위근 검정을 수행해 보았다. 이제 마지막으로 이들을 하나의 방정식 체계 속에 묶어 각 변수들 간의 관계를 살펴보자.

해당 분석에 들어가기에 앞서 우리는 그 이론적 배경을 살펴보아야만 하는데, 가장 기본이 되는 것은 가계의 자산선택과 관련되어 있음을 밝혀둔다. 가계가 선택할 수 있는 자산을 금융 및 부동산 두 종류로 구분하여 수요 증가가 해당 자산의 가격 상승으로 반영되는지 살펴보고자 한다. 이 때 가계가 자산을 선택하는 기본 전제가 소득이고, 소득의 양적 변화는 실제 경제활동에서 최적의 고용 상태가 보장되어야 한다는 점에서 실업률을 대체변수로 활용하였다. 이미 수많은 선행연구들이 가계의 자산선택 결정요인에 관한 분석을 수행해 왔는데, 대부분 실증분석의 중요 변수에 이들이 포함되고 있다. 따라서 본 실증분석에서는 이들 세 가지 변수들 간에 분석 과정을 살펴본다는 의미에서 더 많은 변수를 복잡하게 첨부하기 보다는 간략하게 접근하였으니, 보다 구체적인 분석을 원한다면 개별적으로 분석을 수행하기 바란다.

먼저 다변량 시계열의 처음 단계로 각 변수들 간의 인과성 여부를 살펴보도록 하자. 흔히 다변량 시계열을 분석하는 과정에서 분포형태 및 정규성 등 기초통계량에 대한 이해가 필수적으로 포함되는데, 이는 기본적인 변수 특성을 통해 추가적으로 분석 방법과 모형 추정에 중요한 영향을 미치기 때문이다. 다만, 이러한 사안은 E-Views 매뉴얼 창에서 선택하여 산출할 수 있는 기본적 사항이기 때문에 생략하였다.

인과성 여부는 그랜져 인과관계를 통해 확인할 수 있음을 앞서 기술하였는데, 이 때 그 한계를 상세히 구분하지 않았다. 임의의 변수가 다른 변수의 예측에 활용될 수 있는 변수인지를 검정하기 위한 방법인 그랜져 인과관계는 다음의 한계를 내포한다. 첫째, 비제약적 관계(unrestricted relationship)에서 후행이 되는 차수는 F통계량의 유의 수준에 영향을 미치게 된다. 따라서 후행이 되는 차수가 중요한데, 이를 해결하는 일반화된 방법이 없어 우리는 다양한 차수로 접근을 할 필요가 있다. 또 가장 중요한 것은 앞서 인과성 검정 방법에서 왜 그랜져 인과관계가 보통명사처럼 활용되는지 설명했던 내용으로 그랜져 인과관계 검정은 항상 인과관계를 명백히 밝혀 낼 수 없다는 점이다. 영향력의 방향성에 대한 확인으로 의미를 두는 것이 전부일 수밖에 없다.

이런 점에 초점을 두고 이제 세 시계열 변수의 그랜져 인과관계를 본격적으로 접근하여 보자. 먼저, 자료의 입력 후에 다음과 같이 세 변수를 묶는다.

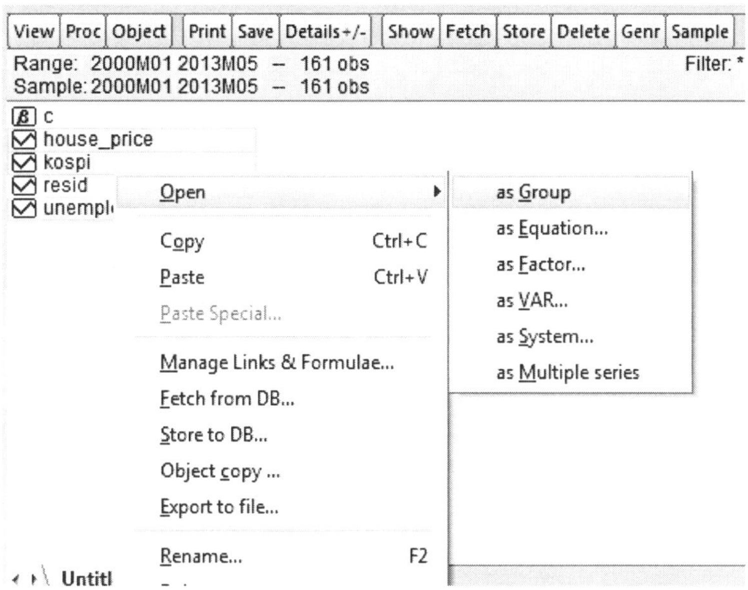

그러면 세 변수를 동시에 포함한 Sheet가 생성되는데, 여기서 Quick 하위 메뉴인 Group Statistics, Granger Causality Test 를 선택한다.

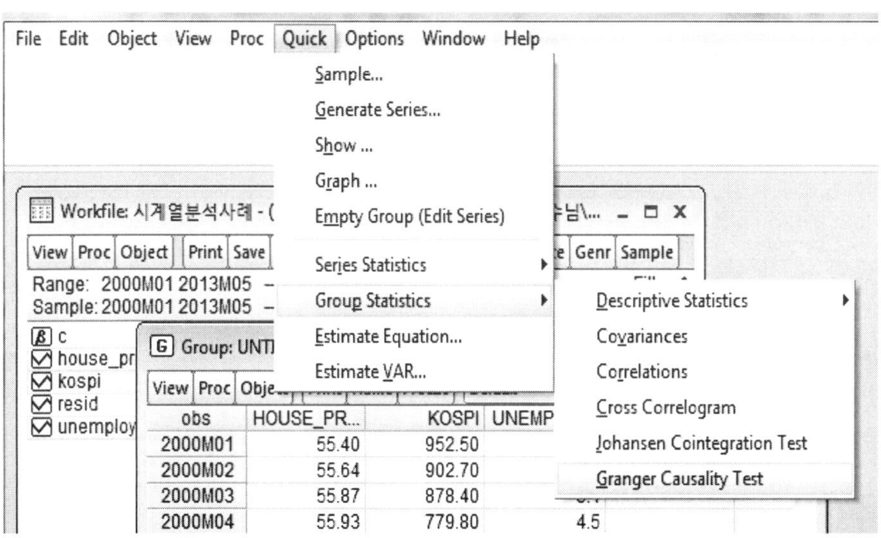

계열 목록을 채워 넣도록 활성창이 나타나고, 여기에 분석할 변수를 넣고 확인을 누르면 된다.

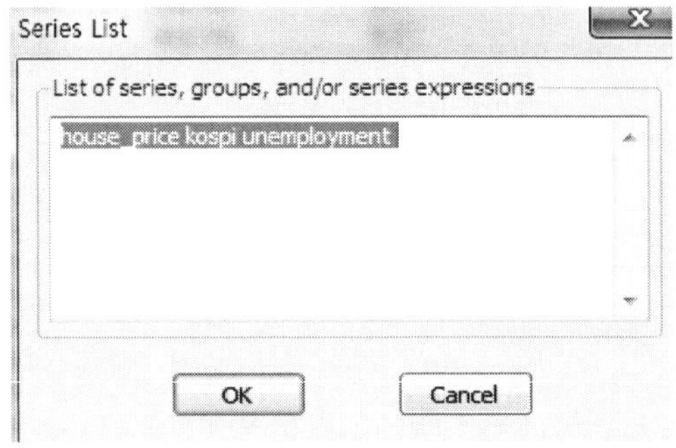

확인을 누르면, 아래와 같이 후행식별(lag specification) 창이 나타난다. 앞서 임의로 후행식별의 시차를 선택할 수 있음을 제시하였는데, 바로 여기서 그 과정을 수행하면 된다.

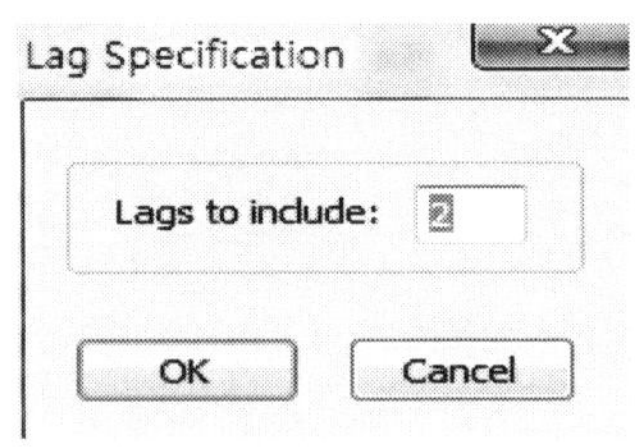

후행식별을 위한 시차를 2로 선택한 결과는 다음과 같으며, 이것이 그랜져 인과관계의 결과가 된다.

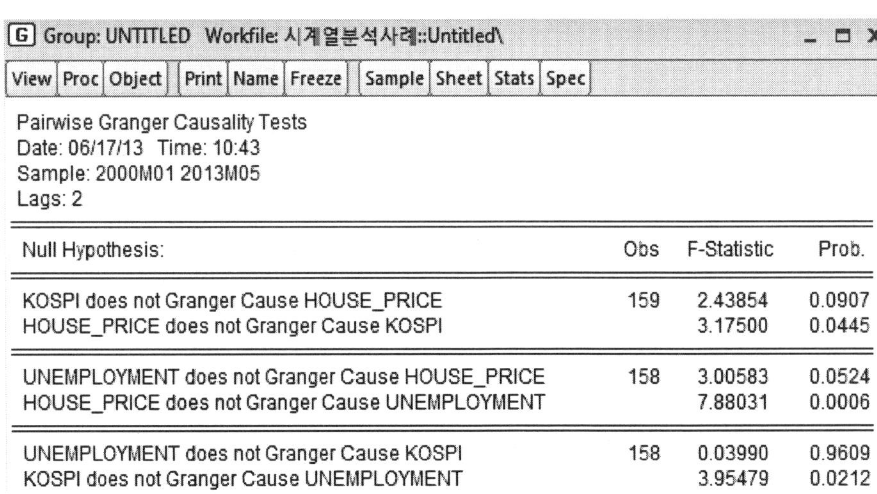

Pairwise Granger Causality Tests
Date: 06/17/13 Time: 10:43
Sample: 2000M01 2013M05
Lags: 2

Null Hypothesis:	Obs	F-Statistic	Prob.
KOSPI does not Granger Cause HOUSE_PRICE	159	2.43854	0.0907
HOUSE_PRICE does not Granger Cause KOSPI		3.17500	0.0445
UNEMPLOYMENT does not Granger Cause HOUSE_PRICE	158	3.00583	0.0524
HOUSE_PRICE does not Granger Cause UNEMPLOYMENT		7.88031	0.0006
UNEMPLOYMENT does not Granger Cause KOSPI	158	0.03990	0.9609
KOSPI does not Granger Cause UNEMPLOYMENT		3.95479	0.0212

위 결과표의 귀무가설(Null Hypothesis)에서 F-통계량의 해석을 통해 그랜져 인과관계를 검정하는 것이다. F-통계량의 검정결과에서 귀무가설이 기각되는 경우 그랜져 인과관계가 있다고 한다. 위 내용을 통해 우리는 주가지수와 주택가격지수 상호간의 귀무가설 기각, 실업률과 주택가격지수 상호간의 귀무가설 기각, 주가지수의 실업률에 대한 귀무가설 기각 등을 확인할 수 있다. 그러나 앞서 제시한 바와 같이 본 검정을 위해 다양한 후행식별을 임의로 접근할 수 있어 그 차이를 이해하는 의미에서 추가 분석은 각자가 수행하도록 남겨놓겠다.

그랜져 인과관계 검정에 이어 허구적 회귀(spurious regression)에 대한 검정을 수행할 것이다. 다변량 시계열 분석은 안정적 시계열을 가지고 선형 안정성을 확보하는지에 그 의미가 있다. 우리는 이를 검정하기 위한 방법으로 공적분 검정을 살펴보았다. 그러나 그 중요성을 고려해 다시 한 번 내용을 개관할 필요가 있다고 생각된다. 이론적으로 공적분 검정은 단위근이 있는 시계열들이 공적분(cointegration) 되어 있는 경우 일치성을 가지는 회귀계수들의 추정치를 구할 수 있기 때문에 계량적 근거를 가진 예측모형에서 단위근이 있는 시계열로도 유의미한 분석 결과를 얻을 수 있다.

공적분 검정의 과정은 다음과 같다. 앞서 그랜져 인과관계의 과정과 같이 분석 자료를 그룹화 하고, Quick 메뉴창의 하위 단계에서 Group Statistics, Johansen Cointegration Test 을 선택힌다.

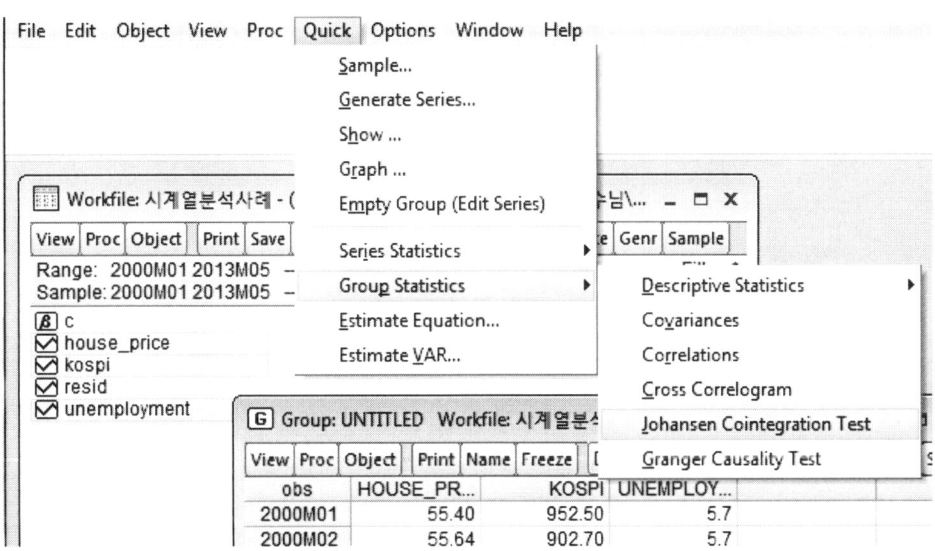

요한슨 공적분 검정(Johanson's cointegration Test)을 선택한 것은 최우추정(MLE)의 방법에 따라 VAR모형으로 공적분 관계를 추정하는 동시에 우도비 검정을 토대로 공적분 계수를 결정할 수 있다는 점에서 단순한 공적분 검정이 아니라 공적분이 존재할 경우 그 모수의 추정과 기타 모형의 설정에 관련된 다양한 가설 검정까지도 수행할 수 있다는 장점을 가지고 있기 때문이다. 이런 장점 때문에 EViews의 매뉴얼 창에서 요한슨 공적분 검정이 표시됨을 이해할 필요가 있다.

이렇게 하위 메뉴에서 요한슨 공적분 검정을 선택하면, 분석할 시계열 변수를 입력하는 창이 뜬다. 거기에 주가지수, 실업률, 주택가격지수를 입력하고, 확인을 선택하면 다음과 같은 활성창이 생성된다.

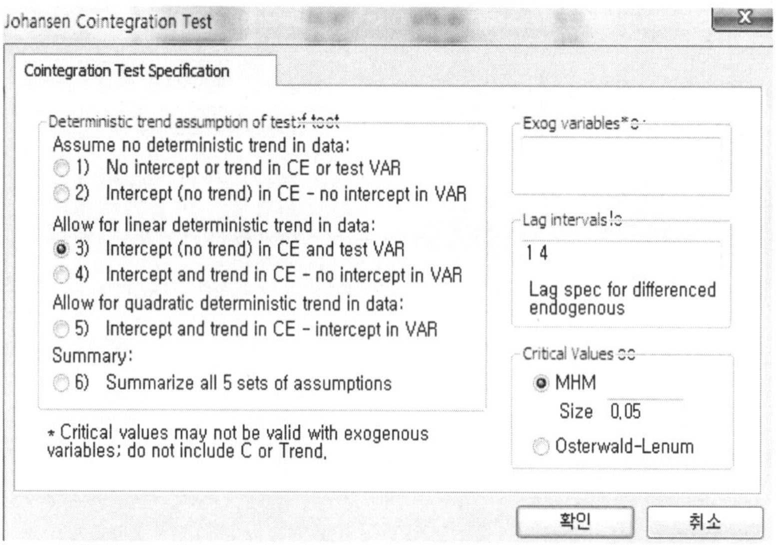

앞서 단위근 검정과 마찬가지로 공적분 검정에서도 상수항과 추세선의 포함 여부에 따라 세 가지 모형이 나타난다. 위의 창에서 보다시피 EViews는 이를 다섯 가지 유형으로 분류하는데, 상수항과 추세선을 공적분 방정식의 식별에 포함할 것인지의 여부에 대한 제안임을 이해하길 바란다. 본 분석에서는 VAR에 계절더미변수와 같은 외생변수(exogenous variables) 식별을 포함하되 상수항과 추세선은 배제한 기본적인 유형을 선택하였다. 한편, 오른쪽에 있는 Lag interval은 VAR검정시에 구간의 쌍으로 후행차수가 정의되는데 다른 통계처리 방법과 달리 시차는 수준변수가 아니라 차분변수의 후행으로 식별된다. 위에 입력한 1과 4는 VAR 검정에서 Δy_{t-1}, Δy_{t-2}, Δy_{t-3}, Δy_{t-4}를 다른 외생변수들과 함께 Δy_t를 분석한다는 의미로 받아들여진다.

이러한 사항들을 고려한 공적분 결과는 다음에 나타나 있다. 여기서 표의 첫열에 Trace 통계량은 1%와 5%에서 모두 선형안정성을 가지고 있는 것으로 해석되어 공적분 관계가 있음을 알 수 있다. 따라서 주가지수, 실업률, 주택가격지수 등의 세 변수를 가지고 단기에 따른 조정에도 불구하고, 장기 균형관계를 설명할 수 있다는 의미이다.

G Group: UNTITLED Workfile: 시계열분석사례::Untitled\

View | Proc | Object | Print | Name | Freeze | Sample | Sheet | Stats | Spec

Johansen Cointegration Test

Date: 06/17/13 Time: 13:55
Sample (adjusted): 2000M06 2013M04
Included observations: 155 after adjustments
Trend assumption: Linear deterministic trend
Series: HOUSE_PRICE KOSPI UNEMPLOYMENT
Lags interval (in first differences): 1 to 4

Hypothesized No. of CE(s)	Eigenvalue	Trace Statistic	5 Percent Critical Value	1 Percent Critical Value
None **	0.136156	37.31827	29.68	35.65
At most 1	0.077968	14.63199	15.41	20.04
At most 2	0.013137	2.049776	3.76	6.65

Trace test indicates 1 cointegrating equation(s) at both 5% and 1% levels
*(**) denotes rejection of the hypothesis at the 5%(1%) level

다시 한 번 강조하자면, 공적분 관계의 성립은 장기의 균형관계 성립을 의미하는 것으로 단기 변동에 따라 발생한 오차는 장기 균형으로 수렴됨을 나타낸다. 따라서 활용된 단일 시계열이 $I(d)$가 다른 차수의 불안정한 특성을 가지고 있더라도 이들을 한데 모아 다변량 시계열 분석을 수행할 경우 그 선형결합이 안정적일 수 있는지를 공적분 검정을 통해 나타낸 것이다.

공적분 관계의 성립에 따른 안정적 선형결합은 무슨 의미로 이해할 수 있을까? 앞의 단일 시계열이 $I(d)$가 다른 차수의 불안정한 특성을 가진다 하더라도 이들을 차분하지 않고 회귀분석을 수행할 수 있는 논리적 근거의 제공에서 큰 의미가 있다. 일반적으로 차수조정을 지속할수록 변수는 본래의 특성을 모두 잃게 된다. 따라서 그러한 특성 변화를 방지하기 위해 꼭 수준변수 간의 회귀분석이 필요한 경우가 있는데, 이 때 공적분 관계의 존재는 OLS 추정량에 일관성을 보장하는 것이다.

지금까지 우리는 다변량 시계열 분석을 위한 가장 기본적인 사항들을 고려해 보았다. 경영학의 통계적 분석 영역이 보다 확장되어 다양한 실증분석을 수행할 수 있도록 능력을 배양하였으면 하는 차원에서 간단한 기초 개념을 위주로 설명한 점이 못내 아쉽다. 하지만, 보다 자세한 사항들은 앞서 본 장의 시작과 분석사례를 앞둔 서두에서 기술한 바와 같이 다양한 시계열 서적들을 통해 확인하길 바란다.

부 록

1 표준정규분포의 누적확률

z	0.00	0.01	0.02	0.03	0.04	0.05	0.06	0.07	0.08	0.09
0.0	0.5000	0.5040	0.5080	0.5120	0.5160	0.5199	0.5239	0.5279	0.5319	0.5359
0.1	0.5398	0.5438	0.5478	0.5517	0.5557	0.5596	0.5636	0.5675	0.5714	0.5753
0.2	0.5793	0.5832	0.5871	0.5910	0.5948	0.5987	0.6026	0.6064	0.6103	0.6141
0.3	0.6179	0.6217	0.6255	0.6293	0.6331	0.6368	0.6406	0.6443	0.6480	0.6517
0.4	0.6554	0.6591	0.6628	0.6664	0.6700	0.6736	0.6772	0.6808	0.6844	0.6879
0.5	0.6915	0.6950	0.6985	0.7019	0.7054	0.7088	0.7123	0.7157	0.7190	0.7224
0.6	0.7257	0.7291	0.7324	0.7357	0.7389	0.7422	0.7454	0.7486	0.7517	0.7549
0.7	0.7580	0.7611	0.7642	0.7673	0.7704	0.7734	0.7764	0.7794	0.7823	0.7852
0.8	0.7881	0.7910	0.7939	0.7967	0.7995	0.8023	0.8051	0.8078	0.8106	0.8133
0.9	0.8159	0.8186	0.8212	0.8238	0.8264	0.8289	0.8315	0.8340	0.8365	0.8389
1.0	0.8413	0.8418	0.8461	0.8485	0.8508	0.8531	0.8554	0.8577	0.8599	0.8621
1.1	0.8643	0.8665	0.8686	0.8708	0.8729	0.8749	0.8770	0.8790	0.8810	0.8830
1.2	0.8849	0.8869	0.8888	0.8907	0.8925	0.8944	0.8962	0.8980	0.8997	0.9015
1.3	0.9032	0.9049	0.9066	0.9082	0.9099	0.9115	0.9131	0.9147	0.9162	0.9177
1.4	0.9192	0.9207	0.9222	0.9236	0.9251	0.9265	0.9279	0.9292	0.9306	0.9319
1.5	0.9332	0.9345	0.9357	0.9370	0.9382	0.9394	0.9406	0.9418	0.9429	0.9441
1.6	0.9452	0.9463	0.9474	0.9484	0.9495	0.9505	0.9515	0.9525	0.9535	0.9545
1.7	0.9554	0.9564	0.9573	0.9582	0.9591	0.9599	0.9608	0.9616	0.9625	0.9633
1.8	0.9641	0.9649	0.9656	0.9664	0.9671	0.9678	0.9686	0.9693	0.9699	0.9706
1.9	0.9713	0.9719	0.9726	0.9732	0.9738	0.9744	0.9750	0.9756	0.9761	0.9767
2.0	0.9772	0.9778	0.9783	0.9788	0.9793	0.9798	0.9803	0.9808	0.9812	0.9817
2.1	0.9821	0.9826	0.9830	0.9834	0.9838	0.9842	0.9846	0.9850	0.9854	0.9857
2.2	0.9861	0.9864	0.9868	0.9871	0.9875	0.9878	0.9881	0.9884	0.9887	0.9890
2.3	0.9893	0.9896	0.9898	0.9901	0.9904	0.9906	0.9909	0.9911	0.9913	0.9916
2.4	0.9918	0.9920	0.9922	0.9925	0.9927	0.9929	0.9931	0.9932	0.9934	0.9936
2.5	0.9938	0.9940	0.9941	0.9943	0.9945	0.9946	0.9948	0.9949	0.9951	0.9952
2.6	0.9953	0.9955	0.9956	0.9957	0.9959	0.9960	0.9961	0.9962	0.9963	0.9964
2.7	0.9965	0.9966	0.9967	0.9968	0.9969	0.9970	0.9971	0.9972	0.9973	0.9974
2.8	0.9974	0.9975	0.9976	0.9977	0.9977	0.9978	0.9979	0.9979	0.9980	0.9981
2.9	0.9981	0.9982	0.9982	0.9983	0.9984	0.9984	0.9985	0.9985	0.9986	0.9986
3.0	0.9987	0.9987	0.9987	0.9988	0.9988	0.9989	0.9989	0.9989	0.9990	0.9990
3.1	0.9990	0.9991	0.9991	0.9991	0.9992	0.9992	0.9992	0.9992	0.9993	0.9993
3.2	0.9993	0.9993	0.9994	0.9994	0.9994	0.9994	0.9994	0.9995	0.9995	0.9995
3.3	0.9995	0.9995	0.9995	0.9996	0.9996	0.9996	0.9996	0.9996	0.9996	0.9997
3.4	0.9997	0.9997	0.9997	0.9997	0.9997	0.9997	0.9997	0.9997	0.9997	0.9998
3.5	0.9998	0.9998	0.9998	0.9998	0.9998	0.9998	0.9998	0.9998	0.9998	0.9998
3.6	0.9998	0.9998	0.9999	0.9999	0.9999	0.9999	0.9999	0.9999	0.9999	0.9999
3.7	0.9999	0.9999	0.9999	0.9999	0.9999	0.9999	0.9999	0.9999	0.9999	0.9999

2 카이제곱분포(누적확률에 대한 카이제곱값)

df	0.9	0.95	0.975	0.99	0.995	df	0.9	0.95	0.975	0.99	0.995
1	2.706	3.841	5.024	6.635	7.879	35	46.059	49.802	53.203	57.342	60.275
2	4.605	5.991	7.378	9.210	10.597	40	51.805	55.758	59.342	63.691	66.766
3	6.251	7.815	9.348	11.345	12.838	45	57.505	61.656	65.410	69.957	73.166
4	7.779	9.488	11.143	13.277	14.860	50	63.167	67.505	71.420	76.154	79.490
5	9.236	11.070	12.832	15.086	16.750	60	74.397	79.082	83.298	88.379	91.952
6	10.645	12.592	14.449	16.812	18.548	70	85.527	90.531	95.023	100.43	104.21
7	12.017	14.067	16.013	18.475	20.278	80	96.578	101.88	106.63	112.33	116.32
8	13.362	15.507	17.535	20.090	21.955	90	107.57	113.15	118.14	124.12	128.30
9	14.684	16.919	19.023	21.666	23.589	100	118.50	124.34	129.56	135.81	140.17
10	15.987	18.307	20.483	23.209	25.188	110	129.39	135.48	140.92	147.41	151.95
11	17.275	19.675	21.920	24.725	26.757	120	140.23	146.57	152.21	158.95	163.65
12	18.549	21.026	23.337	26.217	28.300	130	151.05	157.61	163.45	170.42	175.28
13	19.812	22.362	24.736	27.688	29.819	140	161.83	168.61	174.65	181.84	186.85
14	21.064	23.685	26.119	29.141	31.319	150	172.58	179.58	185.80	193.21	198.36
15	22.307	24.996	27.488	30.578	32.801	160	183.31	190.52	169.92	204.53	209.82
16	23.542	26.296	28.845	32.000	34.267	170	194.02	201.42	208.00	215.81	221.24
17	24.769	27.587	30.191	33.409	35.718	180	204.70	212.30	219.04	227.06	232.62
18	25.989	28.869	31.526	34.805	37.156	190	215.37	223.16	230.06	238.27	243.96
19	27.204	30.144	32.852	36.191	38.582	200	226.02	233.99	241.06	249.45	255.26
20	28.412	31.410	34.170	37.566	39.997	250	279.05	287.88	295.69	304.94	311.35
21	29.615	32.671	35.479	38.932	41.401	300	331.79	341.40	349.87	359.91	366.84
22	30.813	33.924	36.781	40.289	42.796	350	384.31	394.63	403.72	414.47	421.90
23	32.007	35.172	38.176	41.638	44.181	400	436.65	447.63	457.31	468.72	476.61
24	33.196	36.415	39.364	42.980	45.558	450	488.85	500.46	510.67	522.72	531.03
25	34.382	37.652	40.646	44.314	46.928	500	540.93	553.13	563.85	576.49	585.21
26	35.563	38.885	41.923	45.642	48.290	600	644.80	658.09	669.77	683.52	692.98
27	36.741	40.113	43.195	46.963	49.645	700	748.36	762.66	775.21	789.97	800.13
28	37.916	41.337	44.461	48.278	50.994	800	851.67	866.91	880.28	895.98	906.79
29	39.087	42.557	45.722	49.588	52.335	900	954.78	970.90	985.03	1001.6	1013.0
30	40.256	43.773	46.979	50.892	53.672	1000	1057.7	1074.7	1089.5	1107.0	1118.9

3 t분포(누적확률에 대한 t값)

df	0.9	0.95	0.975	0.99	0.995	df	0.9	0.95	0.975	0.99	0.995
1	3.078	6.314	12.706	31.821	63.656	35	1.306	1.690	2.030	2.438	2.724
2	1.886	2.920	4.303	6.965	9.925	40	1.303	1.684	2.021	2.423	2.704
3	1.638	2.353	3.182	4.541	5.841	45	1.301	1.679	2.014	2.412	2.690
4	1.533	2.132	2.776	3.747	4.604	50	1.299	1.676	2.009	2.403	2.678
5	1.476	2.015	2.571	3.365	4.032	55	1.297	1.673	2.004	2.396	2.668
6	1.440	1.943	2.447	3.143	3.707	60	1.296	1.671	2.000	2.390	2.660
7	1.415	1.895	2.365	2.998	3.499	65	1.295	1.669	1.997	2.385	2.654
8	1.397	1.860	2.306	2.896	3.355	70	1.294	1.667	1.994	2.381	2.648
9	1.383	1.833	2.262	2.821	3.250	75	1.293	1.665	1.992	2.377	2.643
10	1.372	1.812	2.228	2.764	3.169	80	1.292	1.664	1.990	2.374	2.639
11	1.363	1.796	2.201	2.718	3.106	85	1.292	1.663	1.988	2.371	2.635
12	1.356	1.782	2.179	2.681	3.055	90	1.291	1.662	1.987	2.368	2.632
13	1.350	1.771	2.160	2.650	3.012	95	1.291	1.661	1.985	2.366	2.629
14	1.345	1.761	2.145	2.624	2.977	100	1.290	1.660	1.984	2.364	2.626
15	1.341	1.753	2.131	2.602	2.947	150	1.287	1.655	1.976	2.351	2.609
16	1.337	1.746	2.120	2.583	2.921	200	1.286	1.653	1.972	2.345	2.601
17	1.333	1.740	2.110	2.567	2.898	250	1.285	1.651	1.969	2.341	2.596
18	1.330	1.734	2.101	2.552	2.878	300	1.284	1.650	1.968	2.339	2.592
19	1.328	1.729	2.093	2.539	2.861	350	1.284	1.649	1.967	2.337	2.590
20	1.325	1.725	2.086	2.528	2.845	400	1.284	1.649	1.966	2.336	2.588
21	1.323	1.721	2.080	2.518	2.831	450	1.283	1.648	1.965	2.335	2.587
22	1.321	1.717	2.074	2.508	2.819	500	1.283	1.648	1.965	2.334	2.586
23	1.319	1.714	2.069	2.500	2.807	600	1.283	1.647	1.964	2.333	2.584
24	1.318	1.711	2.064	2.492	2.797	700	1.283	1.647	1.963	2.332	2.583
25	1.316	1.708	2.060	2.485	2.787	800	1.283	1.647	1.963	2.331	2.582
26	1.315	1.706	2.056	2.479	2.779	900	1.282	1.647	1.963	2.330	2.581
27	1.314	1.703	2.052	2.473	2.771	1000	1.282	1.646	1.962	2.330	2.581
28	1.313	1.701	2.048	2.467	2.763	1500	1.282	1.646	1.962	2.329	2.579
29	1.311	1.699	2.45	2.462	2.756	2000	1.282	1.646	1.961	2.328	2.578
30	1.310	1.697	2.042	2.457	2.750	inf	1.282	1.645	1.960	2.326	2.576

4 F분포(95% 확률에 대한 F값)

* 첫째 행의 숫자가 분모의 자유도(ν_1)이고, 첫째 열의 숫자가 분자의 자유도(ν_2)임.

	1	2	3	4	5	6	7	8	9	10	15	20	30	40	50
10	4.96	4.10	3.71	3.48	3.33	3.22	3.14	3.07	3.02	2.98	2.85	2.77	2.70	2.66	2.64
11	4.84	3.98	3.59	3.36	3.20	3.09	3.01	2.95	2.90	2.85	2.72	2.65	2.57	2.53	2.51
12	4.75	3.89	3.49	3.26	3.11	3.00	2.91	2.85	2.80	2.75	2.62	2.54	2.47	2.43	2.40
13	4.67	3.81	3.41	3.18	3.03	2.92	2.83	2.77	2.71	2.67	2.53	2.46	2.38	2.34	2.31
14	4.60	3.74	3.34	3.11	2.96	2.85	2.76	2.70	2.65	2.60	2.46	2.39	2.31	2.27	2.24
15	4.54	3.68	3.29	3.06	2.90	2.79	2.71	2.64	2.59	2.54	2.40	2.33	2.25	2.20	2.18
16	4.49	3.63	3.24	3.01	2.85	2.74	2.66	2.59	2.54	2.49	2.35	2.28	2.19	2.15	2.12
17	4.45	3.59	3.20	2.96	2.81	2.70	2.61	2.55	2.49	2.45	2.31	2.23	2.15	2.10	2.08
18	4.41	3.55	3.16	2.93	2.77	2.66	2.58	2.51	2.46	2.41	2.27	2.19	2.11	2.06	2.04
19	4.38	3.52	3.13	2.90	2.74	2.63	2.54	2.48	2.42	2.38	2.23	2.16	2.07	2.03	2.00
20	4.35	3.49	3.10	2.87	2.71	2.60	2.51	2.45	2.39	2.35	2.20	2.12	2.04	1.99	1.97
21	4.32	3.47	3.07	2.84	2.68	2.57	2.49	2.42	2.37	2.32	2.18	2.10	2.01	1.96	1.94
22	4.30	3.44	3.05	2.82	2.66	2.55	2.46	2.40	2.34	2.30	2.15	2.07	1.98	1.94	1.91
23	4.28	3.42	3.03	2.80	2.64	2.53	2.44	2.37	2.32	2.27	2.13	2.05	1.96	1.91	1.88
24	4.26	3.40	3.01	2.78	2.62	2.51	2.42	2.36	2.30	2.25	2.11	2.03	1.94	1.89	1.86
25	4.24	3.39	2.99	2.76	2.60	2.49	2.40	2.34	2.28	2.24	2.09	2.01	1.92	1.87	1.84
26	4.23	3.37	2.98	2.74	2.59	2.47	2.39	2.32	2.27	2.22	2.07	1.99	1.90	1.85	1.82
27	4.21	3.35	2.96	2.73	2.57	2.46	2.37	2.31	2.25	2.20	2.06	1.97	1.88	1.84	1.81
28	4.20	3.34	2.95	2.71	2.56	2.45	2.36	2.29	2.24	2.19	2.04	1.96	1.87	1.82	1.79
29	4.18	3.33	2.93	2.70	2.55	2.43	2.35	2.28	2.22	2.18	2.03	1.94	1.85	1.81	1.77
30	4.17	3.32	2.92	2.69	2.53	2.42	2.33	2.27	2.21	2.16	2.01	1.93	1.84	1.79	1.76
35	4.12	3.27	2.87	2.64	2.49	2.37	2.29	2.22	2.16	2.11	1.96	1.88	1.79	1.74	1.70
40	4.08	3.23	2.84	2.61	2.45	2.34	2.25	2.18	2.12	2.08	1.92	1.84	1.74	1.69	1.66
45	4.06	3.20	2.81	2.58	2.42	2.31	2.22	2.15	2.10	2.05	1.89	1.81	1.71	1.66	1.63
50	4.03	3.18	2.79	2.56	2.40	2.29	2.20	2.13	2.07	2.03	1.87	1.78	1.69	1.63	1.60
60	4.00	3.15	2.76	2.53	2.37	2.25	2.17	2.10	2.04	1.99	1.84	1.75	1.65	1.59	1.56
70	3.98	3.13	2.74	2.50	2.35	2.23	2.14	2.07	2.02	1.97	1.81	1.72	1.62	1.57	1.53
80	3.96	3.11	2.72	2.49	2.33	2.21	2.13	2.06	2.00	1.95	1.79	1.70	1.60	1.54	1.51
90	3.95	3.10	2.71	2.47	2.32	2.20	2.11	2.04	1.99	1.94	1.78	1.69	1.59	1.53	1.49
100	3.94	3.09	2.70	2.46	2.31	2.19	2.10	2.03	1.97	1.93	1.77	1.68	1.57	1.52	1.48
200	3.89	3.04	2.65	2.42	2.26	2.14	2.06	1.98	1.93	1.88	1.72	1.62	1.52	1.46	1.41
1000	3.85	3.00	2.61	2.38	2.22	2.11	2.02	1.95	1.89	1.84	1.68	1.58	1.47	1.41	1.36

4 F분포(99% 확률에 대한 F값)

	1	2	3	4	5	6	7	8	9	10	15	20	30	40	50
11	9.65	7.21	6.22	5.67	5.32	5.07	4.89	4.74	4.63	4.54	4.25	4.10	3.94	3.86	3.81
12	9.33	6.93	5.95	5.41	5.06	4.82	4.64	4.50	4.39	4.30	4.01	3.86	3.70	3.62	3.57
13	9.07	6.70	5.74	5.21	4.86	4.63	4.44	4.30	4.19	4.10	3.82	3.66	3.51	3.43	3.38
14	8.86	6.51	5.56	5.04	4.69	4.46	4.28	4.14	4.03	3.94	3.66	3.51	3.35	3.27	3.22
15	8.68	6.36	5.42	4.89	4.56	4.32	4.14	4.00	3.89	3.80	3.52	3.37	3.21	3.13	3.08
16	8.53	6.23	5.29	4.77	4.44	4.20	4.03	3.89	3.78	3.69	3.41	3.26	3.10	3.02	2.97
17	8.40	6.11	5.19	4.67	4.34	4.10	3.93	3.79	3.68	3.59	3.31	3.16	3.00	2.92	2.87
18	8.29	6.01	5.09	4.58	4.25	4.01	3.84	3.71	3.60	3.51	3.23	3.08	2.92	2.84	2.78
19	8.18	5.93	5.01	4.50	4.17	3.94	3.77	3.63	3.52	3.43	3.15	3.00	2.84	2.76	2.71
20	8.10	5.85	4.94	4.43	4.10	3.87	3.70	3.56	3.46	3.37	3.09	2.94	2.78	2.69	2.64
21	8.02	5.78	4.87	4.37	4.04	3.81	3.64	3.51	3.40	3.31	3.03	2.88	2.72	2.64	2.58
22	7.95	5.72	4.82	4.31	3.99	3.76	3.59	3.45	3.35	3.26	2.98	2.83	2.67	2.58	2.53
23	7.88	5.66	4.76	4.26	3.94	3.71	3.54	3.41	3.30	3.21	2.93	2.78	2.62	2.54	2.48
24	7.82	5.61	4.72	4.22	3.90	3.67	3.50	3.36	3.26	3.17	2.89	2.74	2.58	2.49	2.44
25	7.77	5.57	4.68	4.18	3.85	3.63	3.46	3.32	3.32	3.13	2.85	2.70	2.54	2.45	2.40
26	7.72	5.53	4.64	4.14	3.82	3.59	3.42	3.29	3.18	3.09	2.81	2.66	2.50	2.42	2.36
27	7.68	5.49	4.60	4.11	3.78	3.56	3.39	3.26	3.15	3.06	2.78	2.63	2.47	2.38	2.33
28	7.64	5.45	4.57	4.07	3.75	3.53	3.36	3.23	3.12	3.03	2.75	2.60	2.44	2.35	2.30
29	7.60	5.42	4.54	4.04	3.73	3.50	3.33	3.20	3.09	3.00	2.73	2.57	2.41	2.33	2.27
30	7.56	5.39	4.51	4.02	3.70	3.47	3.30	3.17	3.07	2.98	2.70	2.55	2.39	2.30	2.25
35	7.42	5.27	4.40	3.91	3.59	3.37	3.20	3.07	2.96	2.88	2.60	2.44	2.28	2.19	2.14
40	7.31	5.18	4.31	3.83	3.51	3.29	3.12	2.99	2.89	2.80	2.52	2.37	2.20	2.11	2.06
45	7.23	5.11	4.25	3.77	3.45	3.23	3.07	2.94	2.83	2.74	2.46	2.31	2.14	2.05	2.00
50	7.17	5.06	4.20	3.72	3.41	3.19	3.02	2.89	2.78	2.70	2.42	2.27	2.10	2.01	1.95
60	7.08	4.98	4.13	3.65	3.34	3.12	2.95	2.82	2.72	2.63	2.35	2.20	2.03	1.94	1.88
70	7.01	4.92	4.07	3.60	3.29	3.07	2.91	2.78	2.67	2.59	2.31	2.15	1.98	1.89	1.83
80	6.96	4.88	4.04	3.56	3.26	3.04	2.87	2.74	2.64	2.55	2.27	2.12	1.94	1.85	1.79
90	6.93	4.85	4.01	3.53	3.23	3.01	2.84	2.72	2.61	2.52	2.24	2.09	1.92	1.82	1.76
100	6.90	4.82	3.98	3.51	3.21	2.99	2.82	2.69	2.59	2.50	2.22	2.07	1.89	1.80	1.74
200	6.76	4.71	3.88	3.41	3.11	2.89	2.73	2.60	2.50	2.41	2.13	1.97	1.79	1.69	1.63
1000	6.66	4.63	3.80	3.34	3.04	2.82	2.66	2.53	2.43	2.34	2.06	1.90	1.72	1.61	1.54

5 DW통계량(5% 유의수준에서의 d_L과 d_U)

* k는 절편을 제외한 독립변수의 수

n	k=1		k=2		k=3		k=4		k=5	
	d_L	d_U	d_L	d_U	d_L	d_U	d_L	d_U	d_L	d_U
6	0.610	1.400								
7	0.700	1.356	0.467	1.896						
8	0.763	1.332	0.559	1.777	0.368	2.287				
9	0.824	1.320	0.629	1.699	0.455	2.128	0.296	2.588		
10	0.879	1.320	0.697	1.641	0.525	2.016	0.376	2.414	0.243	2.822
11	0.927	1.324	0.758	1.604	0.595	1.928	0.444	2.283	0.316	2.645
12	0.971	1.331	0.812	1.579	0.658	1.864	0.512	2.177	0.379	2.506
13	1.010	1.340	0.861	1.562	0.715	1.816	0.574	2.094	0.445	2.390
14	1.045	1.350	0.905	1.551	0.767	1.779	0.632	2.030	0.505	2.296
15	1.077	1.361	0.946	1.543	0.814	1.750	0.685	1.977	0.562	2.220
16	1.106	1.371	0.982	1.539	0.857	1.728	0.734	1.935	0.615	2.157
17	1.133	1.381	1.015	1.536	0.897	1.710	0.779	1.900	0.664	2.104
18	1.158	1.391	1.046	1.535	0.933	1.696	0.820	1.872	0.710	2.060
19	1.180	1.401	1.074	1.536	0.967	1.685	0.859	1.848	0.752	2.023
20	1.201	1.411	1.100	1.537	0.998	1.676	0.894	1.828	0.792	1.991
21	1.221	1.420	1.125	1.538	1.026	1.669	0.927	1.812	0.829	1.964
22	1.239	1.429	1.147	1.541	1.053	1.664	0.958	1.797	0.863	1.940
23	1.257	1.437	1.168	1.543	1.078	1.660	0.986	1.785	0.895	1.920
24	1.273	1.446	1.188	1.546	1.101	1.656	1.013	1.775	0.925	1.902
25	1.288	1.454	1.206	1.550	1.123	1.654	1.038	1.797	0.953	1.886
26	1.302	1.461	1.224	1.553	1.143	1.652	1.062	1.759	0.979	1.873
27	1.316	1.469	1.240	1.556	1.162	1.651	1.084	1.753	1.004	1.861
28	1.328	1.476	1.255	1.560	1.181	1.650	1.104	1.747	1.028	1.850
29	1.341	1.483	1.270	1.563	1.198	1.650	1.124	1.743	1.050	1.841
30	1.352	1.489	1.284	1.567	1.214	1.650	1.143	1.739	1.071	1.833
31	1.343	1.496	1.297	1.570	1.229	1.650	1.160	1.735	1.090	1.825
32	1.373	1.502	1.309	1.574	1.244	1.650	1.177	1.732	1.109	1.819
33	1.383	1.508	1.321	1.577	1.258	1.651	1.193	1.730	1.127	1.813
34	1.393	1.514	1.333	1.580	1.271	1.652	1.208	1.728	1.144	1.808
35	1.402	1.519	1.343	1.584	1.283	1.653	1.22	1.726	1.160	1.803
36	1.411	1.525	1.354	1.587	1.295	1.654	1.236	1.724	1.175	1.799
37	1.419	1.530	1.364	1.590	1.307	1.655	1.249	1.723	1.190	1.795
38	1.427	1.535	1.373	1.594	1.318	1.656	1.261	1.722	1.204	1.792
39	1.435	1.540	1.382	1.597	1.328	1.658	1.273	1.722	1.218	1.789
40	1.442	1.544	1.391	1.600	1.338	1.659	1.285	1.721	1.230	1.786
45	1.475	1.566	1.430	1.615	1.383	1.666	1.336	1.720	1.287	1.776
50	1.503	1.585	1.462	1.628	1.421	1.674	1.378	1.721	1.335	1.771
55	1.528	1.601	1.490	1.641	1.452	1.681	1.414	1.724	1.374	1.768
60	1.549	1.616	1.514	1.652	1.480	1.689	1.444	1.727	1.408	1.767
65	1.567	1.629	1.536	1.662	1.503	1.696	1.471	1.731	1.438	1.767
70	1.583	1.641	1.554	1.672	1.525	1.703	1.494	1.735	1.464	1.768
75	1.598	1.652	1.571	1.680	1.543	1.709	1.515	1.739	1.487	1.770
80	1.611	1.662	1.586	1.688	1.560	1.715	1.534	1.743	1.507	1.772
85	1.624	1.671	1.600	1.696	1.575	1.721	1.550	1.747	1.525	1.774
90	1.635	1.679	1.612	1.703	1.589	1.726	1.566	1.751	1.542	1.776
95	1.645	1.687	1.623	1.709	1.602	1.732	1.579	1.755	1.557	1.778
100	1.654	1.694	1.634	1.715	1.613	1.736	1.592	1.758	1.571	1.780
150	1.720	1.746	1.706	1.760	1.693	1.774	1.679	1.788	1.665	1.802
200	1.758	1.778	1.748	1.789	1.738	1.799	1.728	1.810	1.718	1.820

n	k=6		k=7		k=8		k=9		k=10	
	d_L	d_U	d_L	d_U	d_L	d_U	d_L	d_U	d_L	d_U
11	0.203	3.005								
12	0.268	2.832	0.171	3.149						
13	0.328	2.692	0.230	2.985	0.147	3.266				
14	0.389	2.572	0.286	2.848	0.200	3.111	0.127	3.360		
15	0.447	2.472	0.343	2.727	0.251	2.979	0.175	3.216	0.111	3.483
16	0.502	2.388	0.398	2.624	0.304	2.860	0.222	3.090	0.155	3.304
17	0.554	2.318	0.451	2.537	0.356	2.757	0.272	2.975	0.198	3.184
18	0.603	2.257	0.502	2.461	0.407	2.667	0.321	2.873	0.244	3.073
19	0.649	2.206	0.549	2.396	0.456	2.589	0.369	2.783	0.290	2.974
20	0.692	2.162	0.595	2.339	0.502	2.521	0.416	2.704	0.336	2.885
21	0.732	2.124	0.637	2.290	0.547	2.460	0.461	2.633	0.380	2.806
22	0.769	2.090	0.677	2.246	0.588	2.407	0.504	2.571	0.424	2.734
23	0.804	2.061	0.715	2.208	0.628	2.360	0.545	2.514	0.465	2.670
24	0.837	2.035	0.751	2.174	0.666	2.318	0.584	2.464	0.506	2.613
25	0.868	2.012	0.784	2.144	0.702	2.280	0.621	2.419	0.544	2.560
26	0.897	1.992	0.816	2.117	0.735	2.246	0.657	2.379	0.581	2.513
27	0.925	1.974	0.845	2.093	0.767	2.216	0.691	2.342	0.616	2.470
28	0.951	1.958	0.874	2.071	0.798	2.188	0.723	2.309	0.650	2.431
29	0.975	1.944	0.900	2.052	0.826	2.164	0.753	2.278	0.682	2.396
30	0.998	1.931	0.926	2.034	0.854	2.141	0.782	2.251	0.712	2.363
31	1.020	1.920	0.950	2.018	0.879	2.120	0.810	2.226	0.741	2.333
32	1.041	1.909	0.972	2.004	0.904	2.102	0.836	2.203	0.769	2.306
33	1.061	1.900	0.994	1.991	0.927	2.085	0.861	2.181	0.795	2.281
34	1.080	1.891	1.015	1.979	0.950	2.069	0.885	2.162	0.821	2.257
35	1.097	1.884	1.034	1.967	0.971	2.054	0.908	2.144	0.845	2.236
36	1.114	1.877	1.053	1.957	0.991	2.041	0.930	2.127	0.868	2.216
37	1.131	1.870	1.071	1.948	1.011	2.029	0.951	2.112	0.891	2.198
38	1.146	1.864	1.088	1.939	1.029	2.017	0.970	2.098	0.912	2.180
39	1.161	1.859	1.104	1.932	1.047	2.007	0.990	2.085	0.932	2.160
40	1.175	1.854	1.120	1.924	1.064	1.997	1.008	2.072	0.952	2.149
45	1.238	1.835	1.189	1.895	1.139	1.958	1.089	2.022	1.038	2.088
50	1.291	1.822	1.246	1.875	1.201	1.930	1.156	1.986	1.110	2.044
55	1.334	1.814	1.294	1.861	1.253	1.909	1.212	1.959	1.170	2.010
60	1.372	1.808	1.335	1.850	1.298	1.894	1.260	1.939	1.22	1.984
65	1.404	1.805	1.370	1.843	1.336	1.882	1.301	1.923	1.266	1.964
70	1.433	1.802	1.401	1.837	1.369	1.873	1.337	1.910	1.305	1.948
75	1.458	1.801	1.428	1.834	1.399	1.867	1.369	1.901	1.339	1.935
80	1.480	1.801	1.453	1.831	1.425	1.861	1.397	1.893	1.369	1.925
85	1.500	1.801	1.474	1.829	1.448	1.857	1.422	1.886	1.396	1.916
90	1.518	1.801	1.494	1.827	1.469	1.854	1.455	1.881	1.420	1.909
95	1.535	1.802	1.512	1.827	1.489	1.852	1.465	1.877	1.442	1.903
100	1.550	1.803	1.528	1.826	1.506	1.850	1.484	1.874	1.462	1.898
150	1.651	1.817	1.637	1.832	1.622	1.847	1.608	1.862	1.594	1.877
200	1.707	1.831	1.697	1.841	1.686	1.852	1.675	1.863	1.665	1.874

자료 : N. E. Savin and K. J. White, "The Durbin-Watson Test for serial Correlation with Extreme Sample Sizes of Many Regressors," *Econometrica*, 45, pp.1,992~1,995.

참고문헌

1. Alexander, C. (2001), *Market Models*, Wiley.
2. Campbell, J.Y., A.W.Lo and A.C.MacKinlay (1997), *Thc Econometrics of Financial Markets*, Princeton University Press.
3. Christoffersen, P. (1998), "Evaluating Interval Forecasts," *International Economic Review* 39, pp.841~863.
4. Cuthbertson (1996), *Quantitative Financial Analysis*, Wiley.
5. Elton, E. and M.J. Gruber (1995), *Modern Portfolio Theory and Investment Analysis*, 5th ed., Wiley.
6. Enders, W. (1995). *Applied Econometric Time Series*, Wiley.
7. Engle R.F. (ed.) (1995), ARCH : Selected Readings, Oxford University Press.
8. Engle, R.F. and K.F. Kroner (1995), "Multivariate Simultaneous Generalized ARCH," *Econometric Theory* 11, pp.122~150.
9. Fama, E.F. (1991), "Efficient Capital Markets Ⅱ," *Journal of Finance* 46, pp.1575~1678.
10. Greene, W, H. (1997), *Econometric Analysis*, 3rd ed., MacMillan.
11. Hull, J.C. (2000), *Options, Futures and Other Derivatives*, 4th ed., Prentice-Hall.
12. Johansen, S. (1995), *Likelihood-based Inference in Cointegrated Vector Autoregressive Models*, Oxford University Press.
13. Jorion, P. (2001), *Value at Risk : The New Benchmark for Managing Financial Risk*, 2nd ed., McGraw-Hill.
14. Kupiec, P. (1995), "Techniques for Verifying the Accuracy of Risk Measurement Models", *Journal of Derivatives* 2, pp.73~84.
15. MacKinnon, J.G. (1996), "Numerical Distribution Functions for Unit Root and Cointegration Tests," *Journal of Applied Econometrics* 11, pp.601~618.
16. Maddala, G.S. & I.Kim (1998), *Unit Roots, Cointegration and Structural Change*, Cambridge University Press.
17. Ramanathan, R. (2002), *Introductory Econometrics with Applications*, 5th ed., Southwestern.
18. Tsay, S.T. (2002), *Analysis of Financial Time Series*, Wiley.
19. Agresti, A. (1990). *Categorical Data Analysis*. New York: Wiley

20. Agresti, A., and Caffo, B. (2000). Simple and Effective Confidence Intervals for Proportions and Differences of Proportions Result from Adding Two Successes and Two Failures. *Amer. Statist.* 54 280–288.

21. Berger, J.O. (1994). An Overview of Robust Bayesian Analysis (with discussion). *Test3* 5–124.

22. Billingsley, P. (1995). *Probability and Measure*, 3rd edition. New York: Wiley.

23. Blaker, H. (2000). Confidence Curves and Improved Exact Confidence Intervals for Discrete Distributions. *Can. J. Statist.* 28.

24. Boos, D.D., and Hughes–Oliver, J.M. (1998). Applications of Basu's Theorem. *Amer.* Statist. 52 218–221.

25. Brown, D., and Rothery, P. (1993) *Models in Biology: Mathematics, Statistics and Computing*. New York: Wiley.

26. Brown, L.D., Casella, G., and Hwang, J.T.G. (1995). Optimal Confidence Sets, Bioequivalence, and the Limacon of Pascal. *J. Amer. Statist.* Assoc. 90 880–889.

27. Brown, P.J., and Fuller, W.A.(1991). *Statistical Analysis of Measurement Error Models and Applications*. Province, R.I.: American Mathematical Society.

28. Carlin, B.P., and Louis, T.A. (1996). *Bayes and Empirical Bayes Methods for Data Analysis*. London: Chapman and Hall.

29. Carroll, R.J., Ruppert, D., and Stefanski, L.A. (1995). *Measurement Error in Nonlinear Models*. London: Chapman and Hall.

30. Casella, G., and Robert, C.P. (1996). Rao–Blackwellisation of Sampling Schemes. *Biometrika* 83 81–94.

31. Christensen, R. (1996). *Plane Answers to Complex Questions. The Theory of Linear Models*, 2nd edition. New York: Springer–Verlag.

32. Dean, A., and Voss, D.(1999). *Design and Analysis of Experiments*. New York: Springer–Verlag.

33. Draper, N.R., and Smith, H. (1998). *Applied Regression Analysis*, 3rd edition. New York: Wiley.

34. Efron, B., and Tibshirani, R.J. (1993). *An Introduction to the Bootstrap*. London: Chapman and Hall.

35. Ferguson, T.S. (1996). *A Course in Large Sample Theory*. London: Chapman and Hall.

36. Freedman, D., Pisani, R., Purves, R., and Adhikari, A. (1991). *Statistics*. 2nd edition. New York: Norton.

37. Hettmansperger, T.P., and McKean, J.W.(1998). *Robust Nonparametric Sta–*

tistical Methods. London: Kendall's Library of Statistics, 5. Edward Arnord; New York: Wiley.

38. Hsu, J.C. (1996). *Multiple Comparisons: Theory and Methods*. London: Chapman and Hall.
39. Kuehl, R.O. (2000). *Design of Experiments: Statistical Principles of Research Design and Analysis*, 2nd edition. Pacific Grove, CA: Duxbury.
40. McLachlan, G., and Krishnan, T. (1997). *The EM Algorithm and Extensions*. New York: Wiley.
41. Resnick, S.I. (1999). *A Probability Path*. Basel: Birkhauser
42. Schafer, J.L. (1997). *Analysis of Incomlplete Multivariate Data*. London: Chapman and Hall.
43. Shao, J. (1999). *Mathematical Statistics*. New York: Springer-Verlag.
44. Stuart, A., Ord, J.K., and Arnord, S. (1999). *Advanced Theory of Statistics, Volume 2A: Classical Inference and the Linear Model*, 6th edition. London: Oxford University Press.
45. Tanner, M.A. (1996). *Tools for Statistical Inference: Observed Data and Data Augmentation Methods*, 3rd edition. New York: Springer-Verlag.
46. Tsao, C.A., and Hwang, J.T. (1999). Generalized Bayes Confidence Estimator for Fieller's Confidnce Sets. *Statistica Sinica* 9 795-810.
47. Waller, L.A. (1995). Does the Characteristic Function Numerically Distinguish Distributions? *Amer. Statist.* 249 150-151.

찾아보기

경영분석을 위한 고급통계학 값 19,000원

2015년 1월 5일 1판1쇄 인쇄
2015년 1월 10일 1판1쇄 발행

공 저 자 : 송두한 · 허 훈 · 이명호
발 행 인 : 주 영 일
발 행 처 : **계 축 문 화 사**

서울특별시 종로구 통일로12길 16-17
우편번호 110-091
TEL : 735-2257 · 738-9746
FAX : 723-9025
E-mail : gyechuk@hanmail.net
홈페이지 : http://gyechuk.co.kr
1973. 10. 31 등록번호 제300-1973-8호
ISBN 978-89-5629-355-4 93320

판권소유

* 저자와의 협의하에 인지는 생략합니다.